T0326898

KUNST-STOFFE

IN ARCHITEKTUR UND KONSTRUKTION

STEPHAN ENGELSMANN
VALERIE SPALDING
STEFAN PETERS

KUNST-
STOFFE

IN ARCHITEKTUR UND KONSTRUKTION

Birkhäuser
Basel

VORWORT 7

1 DER WEG ZUR
KUNSTSTOFFARCHITEKTUR 9

GRUNDLAGEN

2 MATERIALEIGENSCHAFTEN VON
KUNSTSTOFFEN 15
Formbarkeit und
Bauteilherstellung 15
Beständigkeit gegen
Umwelteinflüsse 16
Mechanische Eigenschaften 16
Thermische Eigenschaften 17
Brennbarkeit und Brandverhalten 17
Additive, Füll- und
Verstärkungsstoffe 18

3 WERKSTOFFTECHNISCHE
GRUNDLAGEN 21
Polymerstruktur 21
Morphologie der Makromoleküle 22
Klassifizierung der Kunststoffe
nach ihrem Vernetzungsgrad 24
Syntheseverfahren 27

4 KUNSTSTOFFARTEN UND
HERSTELLUNG 29
Elastomere 29
Thermoplaste 32
Werkstoffe 32
Herstellung 39
Bearbeitung 44
Recycling 46
Duromere 48
Werkstoffkomponenten 48
Herstellung 51
Bearbeitung 57
Eigenschaften 58

KONSTRUKTION

5 HALBZEUGE UND PRODUKTE 61
Monolithische Platten 61
Profilierte Platten 66
Sandwichplatten 70
Schäume 76
Profile 77
Sonderprodukte 79

6 KONSTRUIEREN MIT
KUNSTSTOFFEN 81
Thermoplaste 81
Schrauben 81
Klemmen 81
Kleben 82
Schweißen 85
Duromere 86
Schrauben 87
Kleben 88
Dimensionierung 92
Beständigkeit und
Dauerhaftigkeit 94

BEISPIELE UND PROJEKTE

7 KUNSTSTOFF IN HÜLLENDER
FUNKTION 95
Chanel Mobile Art Pavilion 96
Hongkong, China; Tokio, Japan; New York, USA
BMW Bubble 98
Frankfurt und Berlin, Deutschland
Kunsthaus Graz 100
Graz, Österreich
Bahnhof Emsdetten 102
Emsdetten, Deutschland
Idee Workstation 106
Tokio, Japan
Reiss Headquarters 108
London, Großbritannien
Verwaltungs- und Produktionsgebäude
Fiberline 110
Middelfart, Dänemark

Farben des Konsums 112
Berlin, Deutschland

Laban Creekside 114
London, Großbritannien

Terminal V 116
Lauterach, Österreich

Forum Soft 118
Yverdon, Schweiz

Polymer Engineering Centre 120
Melbourne, Australien

Dornier Museum 122
Friedrichshafen, Deutschland

Tagungs- und Kongresszentrum 124
Badajoz, Spanien

8 KUNSTSTOFF IN TRAGENDER
FUNKTION 127

Plastik-Turmskulptur 128
Stuttgart, Deutschland

D-Turm 130
Doetinchem, Niederlande

Busstation Hoofddorp 132
Hoofddorp, Niederlande

Dach Yitzhak Rabin Centre 136
Tel Aviv, Israel

GFK-Glas-Pavillon 138
Düsseldorf, Deutschland

Kunststoff-Faltwerk 140
Stuttgart, Deutschland

9 KUNSTSTOFF IN TRAGENDER
UND HÜLLENDER FUNKTION 143

Clip-On 144
Utrecht, Niederlande

Eiertempel 146
Bern, Schweiz

Fünf Blasen 148
Wien, Österreich

fg 2000 150
Altenstadt, Deutschland

Futuro 152
weltweit mehrere Standorte

MYKO 154
Weimar, Rostock, Deutschland

Empfangsgebäude

Novartis Campus 156
Basel, Schweiz

10 ENTWICKLUNGSTENDENZEN 159

Hochleistungswerkstoff für
Tragstrukturen 159

Hochleistungswerkstoff für
Gebäudehüllen 160

Verbund mit anderen Werkstoffen 162

Nachträgliche Ertüchtigung von
Tragstrukturen 164

Materialgerechte
Fügetechnologien 164

Neue Produktionsmethoden 165

Technologietransfer 166

Glossar 167

Bibliographie 170

Autoren 173

Danksagung 173

Register 174

Bildnachweis 176

VORWORT

Die Autoren beabsichtigen, mit dem Buch „Kunststoffe in Architektur und Konstruktion" das Interesse am Bauen mit Kunststoffen anzuregen. Gebäude aus oder mit Plastik sind architektonisch und ingenieurtechnisch einer der spannendsten Teilbereiche der Architektur. Die Publikation soll relevante Informationen in einer übersichtlichen und verständlichen Form aufbereiten sowie Architekten und Ingenieuren, aber auch interessierten Nichtfachleuten die Möglichkeit bieten, sich ohne Vorkenntnisse mit dem Werkstoff Kunststoff und seinen Einsatzmöglichkeiten in der Architektur auseinanderzusetzen.

Das Buch beginnt mit einem kurzen geschichtlichen Abriss der Kunststoffarchitektur, gefolgt von einer Einführung in die werkstofftechnischen und chemischen Grundlagen. Die Beschreibung der Materialeigenschaften beschränkt sich auf für das Bauwesen relevante Kunststoffe und Anforderungen. Herstellung und Verarbeitung von Kunststoffen werden beschrieben, denn sie haben eine nicht zu unterschätzende Bedeutung für das Planen und Bauen. Das nächste Kapitel stellt eine Auswahl von Halbzeugen und Produkten vor und gibt Architekten und Ingenieuren einen Überblick über die interessantesten Kunststoffprodukte. Kenntnisse der Bemessungsregeln, Konstruktionsprinzipien und Fügetechnologien sind eine notwendige Voraussetzung für den Einsatz von Kunststoffen im Bauwesen und werden in einem weiteren Abschnitt beschrieben.

Beispiele sollen das Potenzial von Kunststoffen für Anwendungen in der Architektur verdeutlichen. Von wenigen Ausnahmen abgesehen, werden in diesem Buch vor allem neue Gebäude beschrieben, um den aktuellen Kenntnisstand zu spiegeln. Außerdem wurde die Kunststoffarchitektur der 1960er und 1970er Jahre bereits in anderen Publikationen ausführlich dargestellt. Der Schwerpunkt der Erläuterungen liegt auf dem architektonischen Kontext und der konstruktiven Ausbildung. Die Projektauswahl ist subjektiv und erhebt keinen Anspruch auf Vollständigkeit. Sie beschränkt sich auf Kunststoffgebäude, um den Umfang der Publikation nicht zu sprengen. Pneumatische und textile Strukturen aus Kunststoffgeweben und -folien sind nicht Bestandteil des Buches. Nicht beschrieben werden auch die vielfältigen und sehr interessanten ingenieurtechnischen Anwendungen von Kunststoffen, beispielsweise im Brückenbau. Sie verdienen nach Ansicht der Autoren eine eigene Publikation. Eine Erwähnung von ausgewählten Entwicklungstendenzen gestattet es, abschließend einen Blick in Forschung und Entwicklung zu werfen.

1 DER WEG ZUR KUNSTSTOFFARCHITEKTUR

Kunststoffe sind hochleistungsfähige Werkstoffe mit sehr unterschiedlichen Eigenschaften, die uns in vielen unterschiedlichen Formen und Anwendungen begegnen. Eines der Einsatzgebiete von Kunststoffen ist die Architektur. Bauen mit Kunststoffen ist ein experimentelles und sehr interessantes Sondergebiet der Architektur. Nachfolgend werden die bedeutsamsten Entwicklungsschritte zur Kunststoffarchitektur beschrieben.

Kunststoffe sind vergleichsweise junge Werkstoffe, obwohl die natürlichen Vorläufer der modernen Kunststoffe, insbesondere aus dem Gummibaum gewonnene Kautschukprodukte, bereits vor über 500 Jahren bekannt waren. Heute werden Kunststoffe im Regelfall artifiziell produziert. Hintergrund für die Entwicklung der modernen Kunststoffe zu Beginn der Industrialisierung war die Suche nach künstlich herstellbaren Alternativen zu den begehrten, aber teuren natürlichen Rohstoffen. Es entwickelte sich eine rege Forschungstätigkeit auf der Suche nach kostengünstigen, künstlichen Ersatzstoffen für natürliche Produkte, die sich in großen Mengen synthetisch herstellen lassen sollten. Der Begriff „Kunststoffe" etablierte sich mit dem Erscheinen der gleichnamigen Zeitschrift im Jahre 1911. Neben der synthetischen Herstellung von Werkstoffen wird insbesondere auch die Optimierung von speziellen Werkstoffeigenschaften als wichtiges Motiv für die Entwicklung von Kunststoffen genannt.

1.1 Ein erheblicher Teil der heute im Bauwesen verwendeten Kunststoffe sind bereits bis zum Ende der 1940er Jahre entwickelt worden. Hierzu zählen beispielsweise Polyvinylchlorid (PVC), Polymethylmethacrylat (PMMA), Polystyrol (PS), Polyethylen (PE), Polyurethan (PUR) und Polytetrafluorethylen (PTFE). Neben den Grundtypen gibt es eine große Anzahl von Modifikationen, deren spezielle Rezeptur von den Herstellerunternehmen für besondere Einsatzgebiete entwickelt worden ist. Kunststoffe, insbesondere die faserverstärkten Kunststoffe, eröffnen die grundsätzliche Möglichkeit, einen Werkstoff für eine spezielle Anwendung zu konfektionieren. Die Verbesserung bzw. Optimierung von Werkstoffeigenschaften beruht heute aus diesem Grund weniger auf der Entwicklung neuer Werkstoffe als vielmehr auf der Weiterentwicklung bereits bekannter Kunststoffe sowie auf deren Kombination zu Verbundwerkstoffen.

Die Grundlagen für einen hochleistungsfähigen Verbundwerkstoff wurden in den 1940er Jahren mit der Entwicklung des Polyesterharzes in Verbindung mit im industriellen Maßstab produzierten Glasfasern gelegt. Dieses Prinzip des Verbundkunststoffs fand bereits früh vielfältige Anwendung, beispielsweise für Bauteile von Flugzeugen, Booten und Fahrzeugen. Die neuen Werkstoffe etablierten sich in kurzer Zeit in vielen Industriebereichen.

1.1 Titelblatt der ersten Ausgabe der Zeitschrift „Kunststoffe", erschienen am 1. Januar 1911
1.2 Geodätische Kuppel aus GFK-Elementen, R. Buckminster Fuller, 1954   1.3 Mobile Hotelkabine,
I. Schein, R.-A. Coulon, Y. Magnant, 1956. Die GFK-Kunststoffzelle wurde modular konzipiert und
für den Transport optimiert.

1.1

1.2

1.3

Die besonderen Eigenschaften der faserverstärkten Kunststoffe, insbesondere
das geringe Gewicht, die hohe Witterungsbeständigkeit und die hervorragende
Formbarkeit in Verbindung mit einer vergleichsweise hohen Festigkeit, ließen sie
sehr schnell auch interessant für Anwendungen in der Architektur erscheinen. Die
ersten Projekte für Kunststoffhäuser wurden bereits in den 1940er Jahren in Großbritannien entwickelt. Nach dem Ende des Zweiten Weltkriegs sollten die für eine
Serienproduktion vorgesehenen Gebäude aus vorgefertigten Bauelementen den
kriegsbedingten Mangel an herkömmlichen Baustoffen kompensieren helfen. Eine
Realisierung des geplanten Vorhabens fand jedoch nicht statt.

Nach dem Krieg versuchten verschiedene Kunststoffhersteller auf der Suche
nach neuen Absatzmärkten in der Architektur Fuß zu fassen. Die ersten Architekten
und Ingenieure experimentierten mit den neuen Werkstoffen. Die erste Anwendung
im Bauwesen für glasfaserverstärkten Kunststoff (GFK) waren 1954 Hüllen für mili-
1.2 tärische Radarstationen. Die von Richard Buckminster Fuller entwickelten geodä-
tischen Kuppeln waren eine optimale Anwendung für die leichten, transluzenten und
für elektromagnetische Strahlung durchlässigen GFK-Elemente.

Bauteile aus faserverstärktem Polyesterharz können im Gegensatz zu thermoplastischen Kunststoffen ohne großen maschinellen Aufwand gefertigt werden und
eignen sich daher hervorragend zur Herstellung von Prototypen.

Das erste Wohngebäude aus Kunststoff wurde 1956 in Frankreich gebaut. In Zusammenarbeit mit dem französischen Chemieunternehmen Camus et Cie. entwickelten die Architekten Ionel Schein und René-André Coulon zusammen mit dem Ingenieur Yves Magnant verschiedene Wohnzellen und ein Gebäude aus dem neuen Werkstoff. Das wegen seiner Grundrissgeometrie als „Schneckenhaus" bezeichnete Gebäude wurde aus einer Kombination von ebenen und einachsig gekrümmten GFK-Sandwichplatten mit GFK-Stegen konstruiert. In der organisch geformten Sanitärzelle des Schneckenhauses und der noch im selben Jahr entwickelten mobilen Hotelkabine ist bereits das gestalterische Potenzial des neuen Werkstoffs erkennbar.

Ein bedeutsamer Schritt war die Entwicklung von Bauteilkomponenten in Sandwichbauweise, bei denen die faserverstärkten Kunststoffe mit PUR-Dämmstoffen kombiniert wurden. Mit dieser Technologie, bei der dünne GFK-Schichten mit einer wärmedämmenden Kernschicht verbunden wurden, standen leichte und gleichzeitig steife Sandwichelemente zur Verfügung, die für einen Einsatz in selbsttragenden Gebäudehüllen hervorragend geeignet waren. Das „Monsanto House of the Future" (Architekten: Richard Hamilton, Marvin Goody, Ingenieur: Albert Dietz, USA, 1957) machte sich dieses Prinzip zunutze. Es war das erste bis zur Serienreife entwickelte Kunststoffhaus. Es sollte industriell produziert werden, tatsächlich wurde jedoch nur der Prototyp realisiert. Es stellte nicht nur die statisch-konstruktive und bauphysikalische Leistungsfähigkeit von Kunststoffkonstruktionen, sondern mit seiner futuristischen Formensprache vor allem auch die gestalterischen Möglichkeiten des neuen Werkstoffs unter Beweis.

In der Folge erwachte weltweit das Interesse an Kunststoffhäusern. Ingenieure und Architekten erforschten das Material und entwickelten eine Vielzahl von Projekten, in denen die Vorzüge der Kunststoffe zum Tragen kamen. Insbesondere die 1960er Jahre sind geprägt von vielfältigen architektonischen Experimenten auf der Suche nach einer dem Material angemessenen Form. Der Einsatz der neuen Werkstoffe führte auch zu einer neuen Formensprache. Bei vielen Kunststoffhäusern sind runde Formen und gekrümmte Bauteile in unterschiedlich starker Ausprägung zu finden. Neben einer zeitgeistigen Vorliebe für abgerundete Formen kann der Einsatz von gekrümmten Bauteilen auch auf das Bestreben zurückgeführt werden, die vergleichsweise geringe Steifigkeit des Materials durch Krümmung und/oder Aufkantungen zu kompensieren und die dünnwandigen Gebäudehüllen durch eine entsprechende Formgebung zu stabilisieren. Eine entscheidende Rolle spielten aber auch die Möglichkeit der Vorfertigung und ein niedriger Unterhaltungsaufwand für Gebäude aus Kunststoffen. Einen Höhepunkt der Kunststoffarchitektur bildete die Internationale Kunststoffhaus-Ausstellung in Lüdenscheid, auf der ab 1971 und in den folgenden Jahren eine Reihe von Prototypen für Wohn- und Ferienhäuser präsentiert wurden, unter anderem „Futuro" (Architekt: Matti Suuronen, Ingenieur: Yrjö Ronkka), „Rondo" (Architekten: Casoni & Casoni, Ingenieur: René Walther), „fg 2000" (Architekt: Wolfgang Feierbach, Ingenieure: Gerhard Dietrich, Carsten Langlie) und „Bulle Six Coques" (Architekt: Jean Benjamin Maneval, Ingenieur: Yves Magnant).

Produktionstechnische Anforderungen der Serienfertigung bildeten häufig die Grundlage der Planungsüberlegungen, obwohl die Prototypen selbst in arbeitsintensiver Handarbeit hergestellt wurden. Die Absicht der Planer bestand in der Nutzung bestehender Herstellungsmethoden für eine kostengünstige Produktion von Kunst-

1.3

1.4

1.5

stoffhäusern mit hohem technischem Standard. 1973 veröffentlichte das Darmstädter Institut für das Bauen mit Kunststoffen einen umfangreichen Bericht, in dem 232 internationale, konzipierte und realisierte Projekte dokumentiert wurden. Die Mehrzahl der Projekte blieben Prototypen, nur 38 % der dargestellten Beispiele wurden mehrfach gebaut, meist nur in sehr kleinen Serien. Eine Ausnahme bildet die sogenannte „Polyvilla", eine rechteckige, an traditionelle Hausformen angelehnte Mischkonstruktion aus Leichtbeton und Kunststoff, die innerhalb von zehn Jahren über 500-mal gebaut wurde. In der abschließenden Zusammenfassung wird den Kunststoffhäusern zwar eine Zukunft im Bereich der industriellen Serienfertigung prognostiziert, andererseits aber die daraus resultierende Typisierung als nachteilig für die Vermarktung als Wohnhaus erkannt.

Die gebauten Kunststoffhäuser belegen, dass Kunststoffe für einen Einsatz in der Architektur grundsätzlich infrage kommen und im Hinblick auf Tragfähigkeit, bauphysikalische Anforderungen und Dauerhaftigkeit anstelle von konventionellen Baustoffen eingesetzt werden können. Die Verwendung beschränkte sich überwiegend auf eingeschossige Gebäude. Neben kompletten Gebäuden, die als Fertigprodukte mit integrierter Ausstattung geliefert wurden, kamen vor allem Teilkomponenten aus Kunststoff, beispielsweise Sandwich-Fassadenelemente, vorgefertigte Sanitärzellen und Überdachungen zum Einsatz. Die experimentellen Versuchsbauten aus dieser Periode enthielten viele grundlegende Überlegungen und leisteten insgesamt bedeutende Beiträge zu einer Kunststoffarchitektur.

Das tragstrukturelle Potenzial bzw. die technische Leistungsfähigkeit von faserverstärkten Kunststoffen wurde vor allem für weitgespannte Überdachungen genutzt. Eine Reihe von Ingenieuren entwickelten hervorragend konzipierte und hochleistungsfähige Tragstrukturen. Ein Beispiel ist der Pavillon „Les échanges" des Schweizer Ingenieurs Heinz Hossdorf auf der Expo 1964 in Lausanne, eine vorgespannte, aus 3 mm dünnen GFK-Elementen zusammengesetzte Schirmkonstruktion mit einer Spannweite von 18 m pro Element. Die modularen Schalenkonstruktionen des französischen Ingenieurs Stéphane du Château sind ein weiteres Beispiel für weitgespannte GFK-Tragstrukturen. Die segmentierte Kuppelschale der Marktüberdachung in Argenteuil, die aus 30 vorgefertigten 6 mm dünnen GFK-Schalenelementen besteht, erreicht in Kombination mit einer leichten Stahlkonstruktion einen Durchmesser von 30 m.

Die Pionierbauten aus den 1950er bis 1970er Jahren führten nicht zu einer breiten Anwendung von Kunststoffhäusern. Es wurde bis 1973 nicht ein einziges der reinen Kunststoffhäuser in Großserie produziert. Die hohen Erwartungen, welche Planer und Industrie in das Bauen mit den neuen Werkstoffen gesetzt hatten, wurden nicht erfüllt, die erhoffte Nachfrage blieb aus. Die Ursachen dafür waren vielfältig, beispielsweise führte die Ölkrise in den 1970er Jahren zu einer erheblichen Verteuerung der Kunststoffe. Die Unterbrechung in der Entwicklung einer Kunststoffarchitektur ist aber nicht ausschließlich auf die Ölkrise zurückzuführen. Eine nicht zu unterschätzende Rolle spielte vor allem auch die geringe gesellschaftliche Akzeptanz der zwar materialgerechten, aber unkonventionellen Formen und Wohnkonzepte. Kaum ein Bauherr wollte sich den Traum vom individuellen Eigenheim in Form eines in hoher Stückzahl industriell produzierten Kunststoffhauses erfüllen, das in der Regel kaum preiswerter war als ein konventionelles Haus. Die

1.4 Das „Monsanto House of the Future", R. Hamilton, M. Goody, A. Dietz, 1957, war das erste bis
zur Serienreife konzipierte Kunststoffgebäude.   1.5 Internationale Kunststoffhaus-Ausstellung IKA
Lüdenscheid, 1971. Vorn links „Futuro" (M. Suuronen, Y. Ronkka), vorn rechts „Bulle Six Coques"
(J. B. Maneval, Y. Magnant), „Rondo" (Casoni & Casoni, R. Walther).

1.4

1.5

geringe Nachfrage verhinderte wiederum eine Serienfertigung, die eine Reduzierung
der Kosten und die wirtschaftliche Konkurrenzfähigkeit gegenüber herkömmlichen
Fertighäusern ermöglicht hätte.

Neben diesen Gründen führten Probleme wie beispielsweise die Erteilung einer
bauaufsichtlichen Zulassung, bauphysikalische Mängel von Prototypen und der
mangelhafte Brandschutz zu einem vorzeitigen Ende der Entwicklung. Nichtsdestotrotz sind eine Reihe von Kunststoffgebäuden, beispielsweise das „Futuro" oder
das „fg 2000", zu Meilensteinen einer modernen Architektur geworden. Nach dieser
Zeit wurden Kunststoffe zwar in vielfältiger Weise in einzelnen Bauteilen eingesetzt,
aber nur in seltenen Fällen und bei besonderen Anforderungen gelangten komplette
Kunststoffgebäude zur Realisierung.

Seit einigen Jahren erfahren Kunststoffe im Hinblick auf einen Einsatz im Bauwesen eine Neubewertung. Neben Bauteilen und Komponenten der technischen
bzw. konstruktiven Gebäudeausstattung, beispielsweise Rohrleitungen und Dämmstoffe, werden sie heute in zunehmendem Maße als leistungsfähige Werkstoffe für
Tragstrukturen und Gebäudehüllen verwendet. Dabei können grundsätzlich Anwendungen für tragende und nichttragende Bauteile unterschieden werden. Nichttragende Anwendungen sind beispielsweise im Innenausbau oder vor allem bei Fassaden zu finden. Bei einer ausreichenden Stückzahl können solche Komponenten in
hochautomatisierten Verfahren mit einer hohen geometrischen Komplexität und
Genauigkeit produziert werden. Der Einsatz von Kunststoffen für Gebäudehüllen
ist von den bauphysikalischen Anforderungen abhängig. Für tragende Strukturen
werden nach wie vor insbesondere die faserverstärkten Kunststoffe verwendet. Einsatzgebiete sind die Tragwerke von Gebäuden, aber auch der Industriebau sowie
Ingenieurbauwerke.

Sonderbauteile mit komplexer Geometrie sind eine andere sinnvolle Anwendung
für Kunststoffe. Die Herstellung der Formwerkzeuge für solche Bauteile erfordert
zwar in der Regel einen hohen handwerklichen Aufwand mit entsprechenden Lohn-
kosten, gleichzeitig bieten Kunststoffe aber auch die Möglichkeit, hochdifferen-
zierte Bauteile mit geringen Toleranzen in hoher Stückzahl zu produzieren. Dies ist
insbesondere für modulare Systeme von Bedeutung. Das geringe Eigengewicht des

1.6 Modulare Kunststoff-Fassade aus vorgefertigten Sandwichelementen.   1.7 Markthalle, Argenteuil bei Paris, S. du Château, 1967. Die Kuppel mit einem Durchmesser von 30 m besteht aus 30 vorgefertigten 6 mm dünnen GFK-Schalenelementen, die auf eine tragende Stahlrohrkonstruktion montiert wurden.
1.8 Pavillon „Les échanges", Expo Lausanne, H. Hossdorf, 1964. Eine modulare Überdachung aus GFK-Hypar-Flächen, die auf Stahlrahmen geklebt und vorgespannt wurden.

1.6

1.7

1.8

Werkstoffs ist vor allem im Hinblick auf den Transport von Vorteil. Die vergleichs-weise hohen Investitionskosten im Bereich der Fertigung müssen durch den Absatz großer Stückzahlen kompensiert werden. Weiterhin spielen in der Bauwerkserhal-tung seit geraumer Zeit die kohlefaserverstärkten Kunststoffe zur Ertüchtigung von Betonkonstruktionen eine große Rolle.

Erstaunlich ist die immer wieder anzutreffende Einstufung von Kunststoffen als minderwertiges Ersatzmaterial. Tatsächlich handelt es sich bei Kunststoffen um Hightechprodukte. Eine adäquate Wahrnehmung der Kunststoffe ist aber Voraus-setzung für die Nutzung ihrer vielfältigen hervorragenden Eigenschaften und die Entstehung einer neuen Kunststoffarchitektur. Von großer Bedeutung ist dabei auch die Frage nach materialgerechten Konstruktionsformen. In diesem Punkt besteht noch Entwicklungsbedarf.

2 MATERIALEIGENSCHAFTEN VON KUNSTSTOFFEN

Kunststoffe bilden eine Werkstoffgruppe, deren weites Spektrum an Eigenschaften sie für eine Vielzahl von Einsatzgebieten prädestiniert. Es werden vier Kategorien von Kunststoffen unterschieden: Elastomere und Duromere besitzen eine vernetzte, Thermoplaste eine unvernetzte Molekülstruktur. Thermoplastische Elastomere (TPE) entstehen aus der Kombination von thermoplastischen und elastomeren Komponenten und weisen Charakteristika beider Gruppen auf. In Abhängigkeit vom Vernetzungsgrad unterscheiden sich Kunststoffe hinsichtlich Festigkeit, Steifigkeit, thermischer und chemischer Beständigkeit. Die Kennwerte einzelner Kunststoffe sind in der Regel sehr spezifisch. Nichtsdestotrotz gibt es eine Reihe von Eigenschaften, die Kunststoffe allgemein charakterisieren. Sie sollen, sofern architekturrelevant, nachfolgend kurz beschrieben werden.

FORMBARKEIT UND BAUTEILHERSTELLUNG

Eine herausragende Eigenschaft von vielen Kunststoffen ist die freie Formbarkeit, die sie für den Einsatz bei Bauteilen mit komplexer Geometrie prädestiniert. Die Umsetzung individueller Sonderformen, wie sie in der Architektur nicht selten konzipiert werden, kann aber hohe Kosten nach sich ziehen. Prototypen aus duromeren faserverstärkten Kunststoffen können in Abmessungen von bis zu mehreren Metern in Handarbeit erstellt werden, was jedoch vergleichsweise arbeitsintensiv und entsprechend teuer ist. Eine Reihe von thermoplastischen Werkstoffen lassen sich mithilfe von Rapid-Prototyping-Verfahren ohne aufwendige Herstellung eines Formwerkzeugs verarbeiten. Grundlage für die Herstellung eines dreidimensionalen Bauteils ist ein digitales Modell. CNC-gesteuerte Herstellungsverfahren sind beispielsweise Drucken oder Fräsen. Diese Verfahren sind in der Regel nur für Bauteile mit begrenzten Abmessungen anwendbar.

Elastomere und Thermoplaste sind auch für eine Herstellung von geometrisch hochdifferenzierten Bauteilen mit industriellen Verfahren in hohen Stückzahlen geeignet. Eine Vorfertigung von Bauteilen hat bei Anwendungen im Bauwesen große Vorteile, weil witterungsunabhängig gefertigt und montiert werden kann. Erzeugung des Werkstoffs und Formgebung des Bauteils erfolgen bei Kunststoffen häufig in einem Arbeitsgang. Die Möglichkeit der Konfektionierung erlaubt die Herstellung von Werkstoffen, die den auf sie einwirkenden Belastungen angepasst werden können, beispielsweise durch die gezielte Anordnung von Verstärkungsfasern in einer Kunststoffmatrix. Eigenschaften wie beispielsweise Festigkeit oder Steifigkeit können so gezielt optimiert werden.

2.1 Plastikturm, Staatliche Akademie der Bildenden Künste Stuttgart, 2007. Im Handlaminierverfahren gefertigte Sonderbauteile mit komplexer Geometrie.   2.2 Architekturmodellbau mit Rapid-Prototyping-Verfahren.

2.1

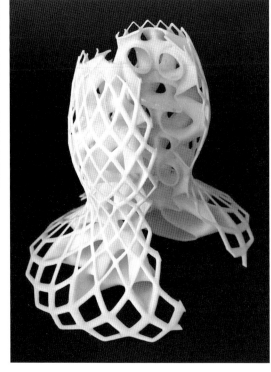 2.2

BESTÄNDIGKEIT GEGEN UMWELTEINFLÜSSE

Kunststoffe sind in der Regel witterungsbeständig. Feuchtigkeitsaufnahme und UV-Strahlung können allerdings die Festigkeit und auch die Lebensdauer beeinträchtigen. Die UV-Beständigkeit kann bei vielen Kunststoffen durch entsprechende Additive optimiert werden. Die Alterungsbeständigkeit ist auch abhängig vom Schutz des Materials vor Witterungseinflüssen. Die meisten Kunststoffe sind außerdem beständig gegen chemischen Angriff, insbesondere Salze und Säuren. Kunststoffe sind insgesamt wenig unterhaltungsaufwendig.

MECHANISCHE EIGENSCHAFTEN

Eine hohe Festigkeit bei vergleichsweise geringem Eigengewicht ist eine besondere Eigenschaft der faserverstärkten Kunststoffe. Sie können aus diesem Grund sehr gut in hochbeanspruchten Tragwerken eingesetzt werden. Nachteilig für eine Verwendung im Bauwesen ist das Fehlen von bauaufsichtlichen Zulassungen für zahlreiche Kunststoffprodukte. Für standardisierte Produkte sind teilweise Zulassungen und Kennwerte der Hersteller vorhanden, für Sonderkonstruktionen müssen unter Umständen kostenintensive Versuche durchgeführt und aufwendige Genehmigungsverfahren durchlaufen werden.

Kunststoffe besitzen im Vergleich mit anderen Werkstoffen, die im Bauwesen Verwendung finden, eine geringe Steifigkeit. Für tragende Bauteile kann dieser Mangel teilweise durch eine geeignete Formgebung kompensiert werden. Eine

Möglichkeit ist die Versteifung des Einzelbauteils, etwa durch Randaufkantungen, Krümmung oder einen Sandwichaufbau. Eine andere Möglichkeit ist die Erhöhung der Steifigkeit der Gesamtstruktur durch die Wahl eines verformungsunempfindlichen, räumlichen Tragsystems. Tragstrukturen wie Schalen und Faltwerke eignen sich aus diesem Grund in besonderem Maße für den Einsatz von Kunststoffen. Kunststoffelemente, die üblicherweise kostenbedingt nur in geringen Materialstärken hergestellt werden, können so zu leistungsfähigen Tragstrukturen kombiniert werden.

Einige Thermoplaste besitzen eine hohe Schlagzähigkeit, während andere Kunststoffe eher spröde sind. Die Schlagzähigkeit kann bei einer Reihe von Kunststoffen innerhalb einer gewissen Bandbreite eingestellt werden. Eine andere Möglichkeit, die Schlagzähigkeit von Thermoplasten und Duromeren zu erhöhen, ist die Zugabe von Verstärkungsfasern.

THERMISCHE EIGENSCHAFTEN

Thermoplastische Kunststoffe besitzen einen hohen Temperaturausdehnungskoeffizienten, der bei der Detailausbildung zu berücksichtigen ist. Wird PMMA (Plexiglas) oder Polycarbonat anstelle von Glas in einer Gebäudehülle verwendet, müssen bei der Planung die im Vergleich zu Glas ca. siebenmal so großen Dehnungen berücksichtigt werden.

Die meisten Kunststoffe besitzen ein gutes elektrisches und thermisches Isolationsvermögen und eine ausreichende Temperaturbeständigkeit bei Kälte und Wärme. Die Obergrenze der Langzeitgebrauchstemperatur bei den im Bauwesen gebräuchlichen Thermoplasten liegt bei ca. 80 °C, bei Temperaturen unterhalb –30 °C können bei nicht entsprechend modifizierten Kunststoffen Versprödungserscheinungen einsetzen.

BRENNBARKEIT UND BRANDVERHALTEN

Eine sehr große Bedeutung für die Verwendung von Kunststoffen in der Architektur haben die baulichen Brandschutzanforderungen. In Deutschland maßgebende Richtlinien bezüglich der Brandschutzanforderungen sind die „Richtlinien für die Anwendung brennbarer Baustoffe im Hochbau (RbBH)" in den jeweiligen Bauordnungen der Länder. Kunststoffe sind aufgrund ihres organischen Aufbaus grundsätzlich brennbar und weisen nur eine kurze Feuerwiderstandsdauer auf. Dieser Umstand ist einer der Hauptgründe dafür, dass der Einsatz von Kunststoffen auf Bauteile/Bauwerke mit geringen Anforderungen an den baulichen Brandschutz, beispielsweise Fassaden, fliegende Bauten oder Überdachungen beschränkt bleiben muss, sofern keine besonderen Vorkehrungen getroffen werden.

Brandschutzkonzepte setzen sich aus baulichen, technischen und organisatorischen Maßnahmen zusammen. Für tragende Bauteile kommen aus Gründen der Festigkeit in der Regel nur faserverstärkte Kunststoffe in Betracht, die wiederum der Zustimmung im Einzelfall unterliegen. Brandversuche und Bewertungen im Hinblick auf den Feuerwiderstand können in Verbindung mit der mechanischen Belastung betrachtet werden. Der Einsatz faserverstärkter Kunststoffe für die Tragstrukturen von mehrgeschossigen Gebäuden ist in der Praxis sehr selten. Ein Prototyp ist das Eyecatcher-Gebäude in Basel.

2.3

Prinzipiell wird zwischen Brennverhalten und Brandverhalten unterschieden. Das Brennverhalten beschreibt die chemischen und physikalischen Prozesse im Werkstoff bei einer kontrollierten Beflammung, während das Brandverhalten Relevanz hat für die Verwendung von Werkstoffen und/oder Produkten, die einem unkontrollierten Feuer ausgesetzt sind. Brenn- und Brandverhalten sind keine spezifischen Werkstoffeigenschaften, da beide durch äußere Parameter, wie beispielsweise Bauteilform und -abmessungen, Einbauzustand, Art und Intensität der Zündquelle und Sauerstoffzufuhr, beeinflusst werden.

Ein Brand besteht aus drei Brandphasen, dem Entstehungsbrand, dem Vollbrand und dem abklingenden Brand. Ist die Phase des Vollbrandes erreicht, so brennen Kunststoffe wegen des organischen Aufbaus stets. Sie können jedoch mit einer Brandschutzausrüstung versehen werden, die vor allem im Stadium des Entstehungsbrands hilft, weil die Wirkung von Flammschutzmitteln auf die Verhinderung der Entzündung und die Reduktion der Flammenausbreitung abzielt. Eine Beurteilung des Verhaltens von Werkstoffen und Bauteilen im Brandfall gründet unter anderem auf den Faktoren Entzündbarkeit, Flammenausbreitung, Wärmeabgabe, Rauchentwicklung und Toxizität. Ein spezifisches Problem ist das brennende Abtropfen einiger thermoplastischer Kunststoffe im Brandfall, das zu einer unkontrollierten Ausbreitung des Brandherds führen kann.

Reine Kunststoffprodukte erreichen auch bei Zusatz von flammhemmenden Mitteln höchstens die Baustoffklasse B1 (brennbar, schwer entflammbar nach DIN 4102). Bei Komponenten von Verbundwerkstoffen mit geringem Kunststoffanteil ist eine Klassifizierung in Baustoffklasse A2 (nicht brennbar, mit organischen Bestandteilen, Nachweis erforderlich) möglich.

2.4   Die Testverfahren, auf denen die Kategorisierung der Baustoffklassen erfolgt, sind in den Staaten der Europäischen Union unterschiedlich geregelt. Um eine Harmonisierung der technischen Spezifikationen innerhalb der EU-Mitgliedsstaaten in die Wege zu leiten, wurde parallel zu den national gültigen Vorschriften, in Deutschland aktuell DIN 4102, die DIN EN 13501 „Klassifizierung von Bauprodukten und Bauarten zu ihrem Brandverhalten" erlassen. Teil 1 regelt die Einteilung in Brandklassen A1, A2, B, C, D, E und F. Entsprechend der deutschen Richtlinie besitzt die Brandklasse A auch bei der Europäischen Norm die höchste Feuerresistenz. Darüber hinaus gibt es zusätzliche Anforderungen, die das Brandverhalten kennzeichnen: Die Klassen s1, s2 und s3 beschreiben die Rauchentwicklung, die Klassen d0, d1 und d2 das brennende Abtropfen. Sie sind Bestandteil der jeweiligen Brandklasse. Je höher die Zahl, desto höher die Rauchentwicklung bzw. desto stärker das Abtropfen.

ADDITIVE, FÜLL- UND VERSTÄRKUNGSSTOFFE

Die Mehrzahl der polymeren Werkstoffe werden mit diversen Zusätzen versetzt, welche die Eigenschaften der Kunststoffe beeinflussen und optimieren sollen. Nachfolgend werden einige wichtige Zusätze beschrieben.

Füll- und Verstärkungsstoffe sind Zusätze in fester Form, während man als Additive chemische Zusätze bezeichnet, die verschiedene Eigenschaften der Kunststoffe, wie beispielsweise Brennbarkeit, UV-Stabilität, Schlagzähigkeit, Farbe, Festigkeit oder Verarbeitbarkeit, in positiver Weise beeinflussen können.

2.3 Eyecatcher-Gebäude, Swissbau Basel, Artevetro Architekten, Felix Knobel, 1999. Die Tragstruktur des fünfgeschossigen Bürogebäudes besteht aus schwer entzündlichen und selbstverlöschenden pultrudierten GFK-Profilen.   2.4 Test des Brandverhaltens von PMMA-Scheiben für die Fassade des Kunsthauses Graz, Arbeitsgemeinschaft Kunsthaus, 2003.

2.3

2.4

Füllstoffe werden insbesondere zur Verbesserung der Verarbeitbarkeit sowie zur Gewichts- und Volumenvergrößerung eingesetzt, um so die Materialkosten für den Werkstoff zu senken. Sie können auch einen Beitrag zur Optimierung der Wärmeformbeständigkeit oder Schlagzähigkeit leisten. Füllstoffe sind zum Beispiel Kaoline, Kreide, Glaskugeln oder Talkum. Unter Umständen können sich Füllstoffe negativ auf die Festigkeit auswirken.

Verstärkungsstoffe werden zur Verbesserung der mechanischen Eigenschaften in Form von Fasern, Rovings, Matten oder Geweben in eine Matrix eingebettet. Matrixwerkstoffe können Elastomere, Thermoplaste oder Duromere sein. Faserverstärkte Kunststoffe kommen im Bauwesen vor allem als duromere Kunststoffe mit Polyesterharzmatrix zur Anwendung.

Stabilisatoren sind Additive, die dem durch Umwelteinflüsse ausgelösten thermo- und photooxidativen Abbau von Polymeren entgegenwirken. Sonneneinstrahlung, Feuchtigkeit und hohe Temperaturen führen zur Zersetzung von Polymeren und setzen Festigkeit und Alterungsbeständigkeit herab. Antioxidantien und Lichtschutzmittel verhindern die Zersetzung.

Flammhemmende Additive, wie Aluminiumhydroxid, Magnesiumhydroxid, Chlor, Brom und Phosphor, entfalten ihre Wirkung, indem sie den Verbrennungsprozess hemmen oder ganz unterbinden. Reaktive Flammschutzmittel werden der Kunststoffmasse während der Polymerisierung, additive Substanzen danach zugegeben. Aluminiumhydroxid als Zusatz initiiert im Brandfall einen endothermen Prozess im Polymer, der verhindert, dass die zur Verbrennung notwendige Temperatur erreicht wird. Eine Alternative besteht in der Zugabe inerter Füllstoffe, die zu einer Verdünnung des brennbaren Materials führen. Intumeszierende Systeme sind Beschichtungen, die sich im Brandfall, ähnlich wie beim Stahlbau, zu einem isolierenden Schaum aufblähen. Darüber hinaus können Flammschutzmittel aber auch die mechanischen Werkstoffeigenschaften und die elektrische Leitfähigkeit negativ beeinflussen.

Treibmittel sind Zusätze in flüssiger oder fester Form, die zum Aufschäumen von Kunststoffen zugegeben werden. Bei der Polymerisation werden Gasblasen gebildet, die eine Gewichtsersparnis und/oder Verbesserung der Wärmeisolation bewirken.

Haftvermittler erhöhen den Verbund zwischen dem Polymer und anderen anorganischen Substanzen wie Glasfasern. Sie finden darüber hinaus Anwendung bei der Mischung von miteinander unverträglichen Polymeren.

Farbmittel werden der Formmasse entweder als unlösliche Pigmente in Pulverform oder als lösliche Farbstoffe beigemischt. Organische Pigmente besitzen im Vergleich zu anorganischen Farbmitteln eine höhere Farbbrillanz, anorganische Additive sind lichtecht und zeichnen sich durch eine höhere Temperaturstabilität aus.

3 WERKSTOFFTECHNISCHE GRUNDLAGEN

Die Mehrheit der Kunststoffe besteht überwiegend aus den Elementen Kohlenstoff (C), Wasserstoff (H) und Sauerstoff (O). Elemente wie Schwefel (S), Stickstoff (N), Chlor (Cl) und Fluor (F) sowie Silizium (Si) oder Bor (B) können zusätzlich vorhanden sein. Obwohl die meisten Kunststoffe also aus wenigen unterschiedlichen Elementen bestehen, können ihre Eigenschaften sehr unterschiedlich sein. Für diese Unterschiede verantwortlich ist der molekulare Aufbau. Häufigkeit und Verteilung einzelner Elemente beeinflussen die Bindungskräfte der Polymerketten und somit deren Anordnung und Zusammenhalt innerhalb der Gesamtstruktur. Regelmäßigkeit der Struktur und Vernetzung der Polymerketten variieren, wodurch sich große Unterschiede im Hinblick auf thermisches Verhalten, Verarbeitbarkeit, Härte oder auch Transparenz ergeben. Grundkenntnisse vom molekularen Aufbau der Kunststoffe sind erforderlich, um ihre Eigenschaften zu verstehen.

Kunststoffe sind organische Makromoleküle, deren sich wiederholende molekulare Grundbausteine als Monomere bezeichnet werden. In der Natur bilden Makromoleküle die Bausteine für Kohlenhydrate wie Zellulose, aus denen Pflanzenfasern aufgebaut sind, oder Kohlenwasserstoffverbindungen wie Erdöl. Der Großteil der Ausgangsstoffe für die industrielle Produktion von Kunststoffen stammt aus der Erdöl- und Erdgasindustrie. Eine steigende Bedeutung erfahren Bio-Kunststoffe, die aus nachwachsenden Rohstoffen gewonnen werden.

3.1 Bei der Kunststoffherstellung werden Monomere durch geeignete Syntheseverfahren zu Polymeren verbunden. Dieser Prozess wird im Allgemeinen als Polymerisation bezeichnet. Voraussetzung für die Polymerisation ist das Vorhandensein von mindestens zwei Verknüpfungsstellen im Monomer, mit denen sich benachbarte Monomere verbinden können. Nach der Anzahl dieser Verknüpfungsstellen wird die sogenannte Funktionalität bestimmt. Bifunktionelle Monomere bilden lineare Polymerketten, polyfunktionelle hingegen verzweigte Polymere. Die Synthese kann durch Katalysatoren oder Temperatur- und Druckführung gesteuert werden, um die Bildung der Polymerketten bzw. die Molekülstruktur gezielt zu beeinflussen. Auf diese Weise können Kunststoffe mit definierten Eigenschaften produziert werden.

POLYMERSTRUKTUR

Ein Polymer, das aus nur einer Monomerart aufgebaut ist, wird als Homopolymer bezeichnet. Bilden dagegen verschiedenartige Monomere die Ausgangsstoffe für ein 3.2 Polymer, entsteht entweder ein Copolymer (= Mischpolymer) oder ein Blend (= Polymergemisch). Bei der Synthese von Copolymeren werden die Ausgangskomponenten durch Atombindungen zu einem Makromolekül verbunden. Es entsteht ein neuer Stoff mit spezifischen Eigenschaften, die anders als die der Ausgangskomponenten

3.1 Monomere werden zu Polymeren verbunden, hier das Beispiel Polyvinylchlorid (PVC).
3.2 Polymerarten.

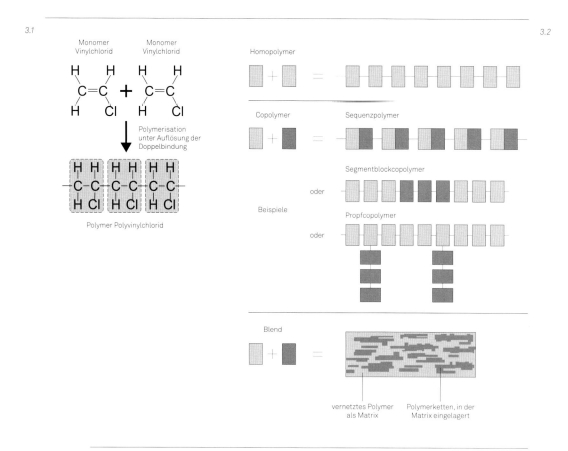

3.1

Monomer Vinylchlorid   Monomer Vinylchlorid

Polymerisation unter Auflösung der Doppelbindung

Polymer Polyvinylchlorid

3.2

Homopolymer

Copolymer   Sequenzpolymer

Beispiele   Segmentblockcopolymer

oder

Propfcopolymer

oder

Blend

vernetztes Polymer als Matrix   Polymerketten, in der Matrix eingelagert

sind. Die verschiedenen Typen von Copolymeren unterscheiden sich in der Anordnung der Ausgangskomponenten.

Bei Polymergemischen, den sogenannten Blends, handelt es sich lediglich um die Mischung verschiedenartiger Polymere, deren jeweilige Ketten jedoch im Gegensatz zu Copolymeren keine chemischen Bindungen miteinander eingehen. Bei heterogenen Blends können vorteilhafte Eigenschaften der Ausgangsstoffe miteinander kombiniert werden, um beispielsweise die Verarbeitbarkeit zu verbessern. Homogene Blends auf molekularer Basis hingegen bilden eine Ausnahme, da das Mischverfahren energetisch aufwendig ist. Blends wurden ursprünglich zur Verbesserung der Verarbeitbarkeit und Schlagzähigkeit entwickelt. Sie können darüber hinaus aber auch verbesserte Eigenschaften im Hinblick auf Wärmeformbeständigkeit, Verminderung der Spannungsrissbildung oder Brennbarkeit aufweisen.

MORPHOLOGIE DER MAKROMOLEKÜLE

Polymere bilden entweder lineare oder verzweigte Kettenstrukturen, deren Anordnung innerhalb des Makromoleküls durch Art und Anzahl der jeweiligen Bindungs-

3.3   kräfte beeinflusst wird. Dabei sind die stärkeren Hauptvalenzkräfte für die Bildung und den Zusammenhalt innerhalb der Monomere und Polymerketten verantwortlich, während die Polymerketten untereinander durch Nebenvalenzkräfte verbunden sind. Nebenvalenzkräfte sind temperaturabhängig und lösen sich bei Energiezufuhr.

3.3 Makromolekül mit Haupt- und Nebenvalenzbindungen. 3.4 Grundstruktur von Polymeren.
3.5 Knäuelstruktur eines Makromoleküls, das aus linearen Polymerketten besteht. 3.6 Polymer mit amorphen und geordneten, kristallinen Bereichen. Die kristalline Struktur beruht auf dem Zusammenhalt der Polymerketten untereinander durch Nebenvalenzkräfte, die durch Wärmezufuhr gelöst werden können.

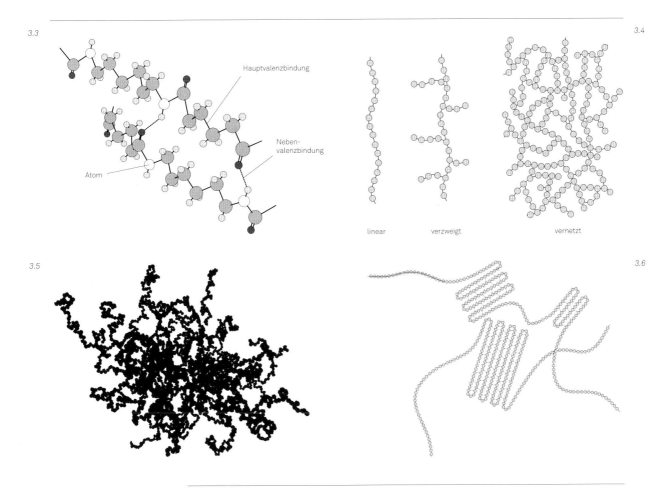

3.3

Hauptvalenzbindung

Nebenvalenzbindung

Atom

linear   verzweigt   vernetzt

3.4

3.5

3.6

Polymere, deren Makromolekülstruktur von Nebenvalenzkräften bestimmt wird, können aus diesem Grund durch Erhitzen dauerhaft plastisch verformt werden. Die Makromolekülstruktur besitzt also erheblichen Einfluss auf Eigenschaften wie beispielsweise die Wärmeformbeständigkeit.

3.5 Makromoleküle besitzen in der Regel eine amorphe oder eine kristalline bzw. teilkristalline Struktur. Während die Polymerketten eines amorphen Makromoleküls ungeordnet vorliegen, bildet sich in einer kristallinen Struktur eine gleichmäßige dreidimensionale Anordnung. Dabei begünstigen ein regelmäßiger Aufbau der Makromoleküle und eine flexible Molekülstruktur die Fähigkeit zur Kristallisation, weil sich die Molekülketten hinreichend annähern und parallele oder gefaltete Anordnungen bilden können, deren Zusammenhalt auf Nebenvalenzbindungen beruht.

Mit zunehmendem Kristallisationsgrad wächst der Zusammenhalt und damit die Festigkeit eines Stoffes. Kunststoffe sind jedoch immer nur teilkristallin. Faktoren, die der Kristallisation entgegenwirken, sind insbesondere die Verschlingung der Polymerketten und die Größe des zu kristallisierenden Makromoleküls. Kristallisation ist nur innerhalb eines engen Temperaturbereichs möglich, in dem die thermische Bewegung der Polymerketten reduziert ist. Kennzeichnend für Kunststoffe sind fließende Temperaturübergangsbereiche im Gegensatz zu den klar definierten Gefrier-, Schmelz- und Siedepunkten der Elemente. Die Zustandsbereiche von Kunststoffen bei Energiezufuhr reichen von hart über gummielastisch bis zu plastisch. Kunststoffe zersetzen sich, bevor ein gasförmiger Zustand erreicht werden kann.

3.6

KLASSIFIZIERUNG DER KUNSTSTOFFE NACH IHREM VERNETZUNGSGRAD

Kunststoffe werden in der Regel nach dem Grad der Vernetzung unterschieden. Eine solche Klassifizierung bietet eine sinnvolle Orientierung, weil grundlegende Materialeigenschaften wie Festigkeit, Wärmeformbeständigkeit, Härte, Verarbeitbarkeit und thermoplastische Formbarkeit direkt vom Vernetzungsgrad des Polymers abhängen.

Im Hinblick auf Art und Grad der Vernetzung unterscheidet man die vier Gruppen der Duromere, Elastomere, Thermoplaste und thermoplastischen Elastomere. Die Grenzen sind fließend und die Zuordnung von Kunststoffen in eine Gruppe nicht in jedem Fall eindeutig. Werkstoffe mit einer teilkristallinen Struktur sind unvernetzt und gehören zur Gruppe der Thermoplaste. Kunststoffe mit amorphen Strukturen finden sich in allen Gruppen und können sowohl unvernetzt (Thermoplaste) als auch in verschiedenen Graden dreidimensional vernetzt sein (Duromere, Elastomere).

3.4

THERMOPLASTE Thermoplaste sind unvernetzt und bestehen aus Polymerketten, die linear oder verzweigt sein können. Sie sind thermoplastisch verformbar, weil die Polymerketten keine Atombindungen untereinander formen, sondern lediglich durch Nebenvalenzkräfte verbunden sind. Der Prozess der thermoplastischen Verformung ist wiederholbar. Thermoplaste können amorph oder teilkristallin vorliegen. Bei amorphen Thermoplasten liegen die linearen oder verzweigten Molekülketten in einer ungeordneten Knäuelstruktur vor. Sie besitzen aufgrund ihrer Sprödigkeit eine hohe Spannungsrissempfindlichkeit. Das Erscheinungsbild variiert von opak bis transparent. Durch geeignete Lösungsmittel sind amorphe Thermoplaste lösbar. Beispiele für amorphe Thermoplaste sind PMMA, Polystyrol (PS) und Polyvinylchlorid (PVC).

3.7

Teilkristalline Thermoplaste hingegen weisen zumindest in Teilbereichen eine regelmäßige dreidimensionale Struktur der Molekülketten auf. Die höhere Dichte des kristallinen im Vergleich zum amorphen Zustand bewirkt bei Energiezufuhr eine Volumenvergrößerung. Teilkristalline Thermoplaste lassen sich schlechter lösen als amorphe. Polyethylen (PE), Polypropylen (PP), Polyamide (PA) sind Beispiele für teilkristalline Thermoplaste.

3.8

ELASTOMERE Elastomere besitzen eine dreidimensional gering vernetzte amorphe Struktur, die nicht durch Wärme gelöst werden kann, ohne dass sich das Material zersetzt. Sie sind aus diesem Grund nicht thermoplastisch formbar, schmelzbar oder schweißbar. Die verknäulte Struktur der Polymerketten ist die Ursache der ausgeprägten Elastizität; nach Wegnahme der Last nehmen Elastomere wieder ihren ursprünglichen Zustand an. Ethylen-Propylen-Dien-Kautschuk (EPDM) und die große Gruppe der Kautschuke sind elastomere Kunststoffe.

3.9

3.7 Amorpher Thermoplast: Die Polymerketten bilden eine ungeordnete Struktur.   *3.8* Teilkristalliner Thermoplast: Neben ungeordneten, amorphen Bereichen gibt es regelmäßig angeordnete, kristalline Bereiche.   *3.9* Elastomer: Die amorphen, verknäulten Polymerketten sind weitmaschig durch Atombindungen vernetzt.   *3.10* Duromer: Amorphe Polymerketten sind engmaschig durch Atombindungen vernetzt.   *3.11* Thermoplastisches Elastomer, Beispiel Polymer-Blend.

3.7

3.8

3.9

3.10

3.11

3.12 Polymerisation am Beispiel von Vinylchlorid: Die Doppelbindung eines Monomers wird gelöst und ermöglicht so die Bindung an andere Monomere.   *3.13* Polyaddition: Die Verschiebung des H-Atoms von Monomer 2 zu Monomer 1 bricht die Doppelbindung zwischen N- und C-Atom auf und ermöglicht so die Verknüpfung der beiden Monomere am C-Atom.   *3.14* Polykondensation: Zwei Monomere verbinden sich in einer stufenförmigen Reaktion unter Abspaltung von Reaktionsprodukten.

3.12

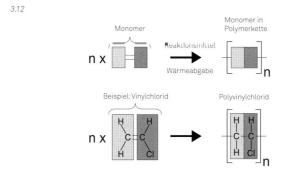

3.13

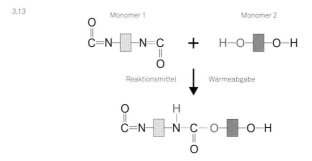

3.14

DUROMERE Duromere, die auch als Duroplaste bezeichnet werden, sind engmaschig dreidimensional vernetzt mit einer amorphen Struktur. Sie werden in der Regel aus verschiedenen flüssigen Ausgangskomponenten hergestellt, die miteinander chemisch reagieren und eine stark dreidimensional vernetzte Molekülstruktur formen, die vor allem durch Hauptvalenzbindungen bestimmt wird. Bei Erwärmung ist die Bewegungsfreiheit der einzelnen Atome so stark eingeschränkt, dass die Schmelztemperatur höher liegt als die Zersetzungstemperatur, bei der sich die Atombindungen lösen. Duromere sind aufgrund der engen Vernetzung hart und spröde, aber auch resistent gegenüber Säuren und Laugen. Festigkeit und Steifigkeit sind deutlich höher als bei den Elastomeren. Epoxid- und Polyesterharze sind die wichtigsten Vertreter im Bauwesen. Die Abgrenzung zwischen Elastomeren und

3.10 Duromeren ist von praxisüblichen Konventionen abhängig, die Unterscheidung wird nach Härte und Steifigkeit getroffen.

THERMOPLASTISCHE ELASTOMERE Thermoplastische Elastomere (TPE) vereinigen die elastischen Eigenschaften der Elastomere mit der Verarbeitbarkeit der Thermoplaste. Dies ist auf die dreidimensionale Vernetzung von Polymerketten durch physikalische, also thermisch reversible Bindungen zurückzuführen. Reine Elastomere sind im Gegensatz dazu durch nichtlösbare Atombindungen vernetzt. Eine andere Möglichkeit ist das Mischen vernetzter und unvernetzter Polymere zu einem Blend, so dass ein Werkstoff erzeugt wird, bei dem die Elastomer-Komponente als Matrix fungiert, in die sich die thermoplastische Komponente einlagert. TPE weisen aufgrund der geringen Vernetzung innerhalb eines großen Temperaturbereichs gummielastische Eigenschaften auf, sind bei diesen Temperaturen jedoch nicht plastisch verformbar. Oberhalb dieser Temperaturspanne hingegen sind sie wie Thermoplaste form- und schweißbar. Beispiele für thermoplastische Elastomere sind 3.11 TPS aus Styrol- und Butadienblöcken, TPV mit vernetztem Kautschuk und TPA mit Polyamid-Komponente.

SYNTHESEVERFAHREN

Kunststoffe können mit unterschiedlichen Syntheseverfahren bzw. deren Kombination erzeugt werden. Nachfolgend werden die drei Grundprinzipien der Synthese beschrieben.

POLYMERISATION Die Ausgangskomponenten bilden meist ungesättigte, d.h. instabile organische Verbindungen mit Doppelbindungen oder ringförmigen Bindungen. Diese werden unter Einfluss von Reaktionsmitteln gelöst und bilden unter Freiwerden von Reaktionswärme langkettige Polymere. Es findet eine exotherme Kettenreaktion ohne Abspaltung von Nebenprodukten statt. Die Produkte der Polymerisation werden als Polymerisate bezeichnet; Beispiele sind Polyethylen (PE), Polypropylen (PP), Poly-3.12 vinylchlorid (PVC), Polystyrol (PS) und ungesättigte Polyesterharze (UP).

POLYADDITION Ausgangsstoffe für die Polyaddition bilden verschiedenartige Monomere, wobei mindestens eine Monomergruppe Doppelbindungen aufweisen muss. Durch die intermolekulare Verschiebung von Wasserstoffatomen werden die Doppelbindungen gelöst und damit die Verknüpfung der Monomere untereinander ermöglicht. Wie die Polymerisation bedarf auch die Polyaddition der Zugabe von Reaktionsmitteln, der Prozess verläuft stufenweise unter Wärmeabgabe und ohne die Abspaltung von Nebenprodukten. Die einzelnen Komponenten sind mengenmäßig genau abzumessen. Die so synthetisierten Kunststoffe heißen Polyaddukte. Bei-3.13 spiele sind Epoxidharze (EP) und Polyurethane (PUR).

POLYKONDENSATION Die Ausgangskomponenten für die Polykondensation verfügen über mindestens zwei funktionelle Gruppen, die besonders reaktionsfähig sind wie beispielsweise eine Hydroxid-Gruppe (–OH). Diese reagieren unter Abspaltung von flüchtigen niedermolekularen Nebenprodukten wie Wasser oder Alkohole. Die Polykondensation ist eine Stufenreaktion, bei der die Nebenprodukte zur Aufrechterhaltung der Reaktion laufend abgeführt werden müssen. Zu den Beispielen zählen Polyamide (PA) und Phenolharze (PF).

3.14

Eine Zuordnung der Kunststoffe nach der zur Polymerbildung angewandten Synthesemethode ist nicht bei allen Stoffen möglich. So kann in Ausnahmefällen die Herstellung eines spezifischen Polymers sowohl durch Polymerisation, Polyaddition oder Polykondensation durchgeführt werden. Andererseits können bei der Synthese in verschiedenen Reaktionsstufen sich unterschiedliche Syntheseprozesse vollziehen.

4 KUNSTSTOFFARTEN UND HERSTELLUNG

Kunststoffe bzw. Kunststoffprodukte werden in einer großen Vielfalt hergestellt. Die weltweite Produktion von Kunststoffen vervielfachte sich von 1,5 Mio. Tonnen im Jahr 1950 auf 245 Mio. Tonnen im Jahr 2008. Ein nicht geringer Teil des Kunststoffverbrauchs entfällt auf das Bauwesen. Kunststoffprodukte für das Bauwesen sind insbesondere Fenster- und Türprofile, Rohre und Dämmstoffe, aber auch Folien, Platten, Boden- und Wandbeläge sowie Abdichtungen. Der Dämmstoffsektor verzeichnet infolge der steigenden gebäudeenergetischen Anforderungen das größte Wachstum. Es ist festzustellen, dass der überwiegende Teil der Kunststoffe im Bereich der technischen Gebäudeausstattung verwendet wird. Der Einsatz von Kunststoffen für Tragstrukturen und Gebäudehüllen ist, von Dämmstoffen abgesehen, quantitativ gering.

Nachfolgend werden Kunststoffe, die in der Architektur Verwendung finden, mit ihren typischen Werkstoffeigenschaften beschrieben. Die Einteilung folgt nach der beschriebenen Kategorisierung der Kunststoffe in Elastomere, Thermoplaste und Duromere. Für zahlreiche Kunststoffe existieren Abkürzungen für die chemischen Bezeichnungen, beispielsweise PVC für Polyvinylchlorid. Diese Kurzzeichen kennzeichnen die Zugehörigkeit eines Produkts zu einer chemischen Familie. In vielen Fällen besitzen Produkte eines Herstellers spezifische Merkmale, durch die sie sich von anderen Produkten derselben Familie unterscheiden. Sie werden oft nicht unter ihrem Kurzzeichen, sondern unter einem firmenabhängigen Handelsnamen vertrieben, der erst eine eindeutige Identifikation des Produkts ermöglicht. Die nachfolgend aufgeführten Handelsnamen stellen eine subjektive Auswahl dar und erheben keinen Anspruch auf Vollständigkeit.

ELASTOMERE

Elastomere besitzen einen niedrigen E-Modul und sind bei Gebrauchstemperatur elastisch. Sie sind nicht thermoplastisch form- oder schweißbar und zersetzen sich bei Überschreiten der Gebrauchstemperatur, ohne sich vorher zu verflüssigen. Die Verarbeitung zu Formteilen oder Halbzeugen erfolgt üblicherweise durch Extrudieren oder Kalandrieren. Die Bedeutung der Elastomere im Bauwesen liegt in der Verwendung als Abdichtungen in Form von Profilen und Dichtungsbahnen sowie im Bereich der Elastomerlager.

Die Shore-Harten A und D nach DIN 53505/ISO 868 sind häufig verwendete und wichtige Kennwerte von Elastomeren und, in geringerem Umfang, weichen Thermoplasten. Sie bilden eine von mehreren Kategorien, die über die Härte eines Kunststoffs Aufschluss geben. In einem Prüfverfahren wird der Widerstand gemessen, den ein Kunststoff dem Eindringen eines definierten Prüfkörpers entgegensetzt.

4.1 Kunststoffverwendung in Deutschland, 2007. *4.2* Anwendungen im Baubereich in Deutschland, 2007. *4.3* Kurzzeichen für Kunststoffe nach DIN EN ISO 1043-1 (Basispolymere) und DIN ISO 1629 (Kautschuke und Latices).

4.1

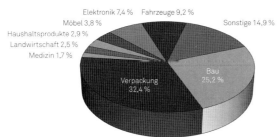

4.2

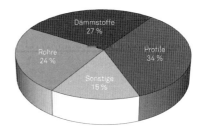

4.3

Kurzbezeichnung	Chemische Bezeichnung	Kurzbezeichnung	Chemische Bezeichnung
ABS	Acrylnitril-Butadien-Styrol-Copolymer	PE-HD	Polyethylen High Density
ACM	Acrylat-Kautschuk	PE-LD	Polyethylen Low Density
ACS	Acrylnitril-chloriertes Polyethylen-Styrol	PE-LLD	Polyethylen Linear Low Density
ASA	Acrylnitril-Styrol-Acrylester-Copolymer	PE-MD	Polyethylen Medium Density
AU	Polyurethan-Kautschuk	PE-UHMW	Polyethylen Ultra High Molecular Weight
BR	Butadien-Kautschuk	PE-ULD	Polyethylen Ultra Low Density
CA	Celluloseacetat	PE-VLD	Polyethylen Very Low Density
CH	Hydratisierte Cellulose, Zellglas (Cellophan)	PEEK	Polyetheretherketon
CR	Chloropren-Kautschuk (Neopren)	PEK	Polyetherketon
CSF	Casein-Formaldehyd-Harz (Kunsthorn)	PET	Polyethylenterephthalat
EP	Epoxidharze	PET-G	Polyethylenterephthalat glykolmodifiziert
EPDM	Ethylen-Propylen-Dien-Kautschuk	PF	Phenol-Formaldehyd-Harz
EPM	Ethylen-Propylen-Kautschuk	PI	Polyimid
ETFE	Ethylen-Tetrafluorethylen-Copolymer	PMA	Polymethylacrylat
EU	Polyetherurethan-Kautschuk	PMMA	Polymethylmethacrylat
EVAC	Ethylen-Vinylacetat-Copolymer	PMMI	Polymethacrylmethylimid
IIR	Butyl-Kautschuk	POM	Polyoxymethylen (Polyacetalharz)
IR	Isopren-Kautschuk	PP	Polypropylen
LCP	Liquid Crystal Polymer	PPE	Polyphenylenether
MF	Melamin-Formaldehyd-Harz	PS	Polystyrol
MPF	Melamin-Phenol-Formaldehyd-Harz	PTFE	Polytetrafluorethylen
MUF	Melamin-Harnstoff-Formaldehyd-Harz	PUR	Polyurethan
NBR	Arcrylnitril-Butadien-Kautschuk	PVAC	Polyvinylacetat
NR	Naturkautschuk	PVB	Polyvinylbutyral
PA	Polyamid	PVC	Polyvinylchlorid
PAC	Polyacetylen	SAN	Styrol-Acrylnitril-Copolymer
PAEK	Polyacryletherketon	SB	Styrol-Butadien-Copolymer
PAN	Polyacrylnitril	SP	Aromatische (gesättigte) Polyester
PB	Polybuten	TPE	Thermoplastische Elastomere
PBT	Polybutylenterephthalat	UF	Harnstoff-Formaldehyd-Harz
PC	Polycarbonat	UP	Ungesättigtes Polyesterharz
PE	Polyethylen		

4.4 EPDM-Dichtungsprofile.   4.5 Prüfkörper zur Bestimmung der Härte von Kunststoffen nach Shore-Klassifizierung

4.4

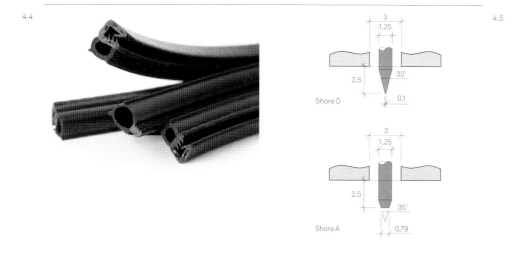

4.5

Shore A dient zur Bestimmung der Härte von weicheren Kunststoffen und wird mit einem Kegelstumpf mit einer 0,79 mm breiten Spitze gemessen. Für härtere Kunststoffe der Kategorie Shore D wird eine Nadel mit einer Kugelspitze von 0,1 mm Durchmesser verwendet. Die Bezeichnung der jeweiligen Shore-Härte erfolgt unter Angabe der Kategorie auf einer Skala von 0 bis 100, bei der die Härte mit der Zahl zunimmt.

4.4

ETHYLEN-PROPYLEN-DIEN-KAUTSCHUK (EPDM)   Unter den Elastomeren ist EPDM das mit der größten Verbreitung im Hinblick auf Anwendungen im Bauwesen. Das Basispolymer EPM (Ethylen-Propylen-Kautschuk) verfügt über eine hervorragende Alterungs-, Witterungs- und Chemikalienresistenz. Durch Hinzufügen eines Diens können die Polymerketten durch Schwefelbrücken zu Ethylen-Propylen-Dien-Kautschuk (EPDM) vernetzt werden. EPDM ist dauerelastisch und weist auch bei langem Einsatz gute mechanische Eigenschaften auf. Es eignet sich aufgrund seiner hervorragenden UV- und Ozonbeständigkeit für den ständigen Außeneinsatz. Der Werkstoff besitzt einen breiten Gebrauchstemperaturbereich von −30 °C bis +140 °C. Er ist widerstandsfähig gegen organische Medien wie beispielsweise Alkohole sowie anorganische Medien wie Salze, Laugen und Säuren. EPDM weist ein starkes Quellverhalten in Ölen und Kraftstoffen auf, was die Lebensdauer einiger EPDM-Produkte herabsetzt.

Handelsnamen Nordel (DuPont), Buna (Lanxess), Dutral (Polimeri), Keltan (DSM), Vistalon (Exxon Mobil Chemical)

Herstellung Kalandrieren von Dachbahnen; Extrudieren von Schläuchen, Profilen und Rohren

Bearbeiten, Fügen Kleben; EPDM-Dachbahnen können entlang der Ränder aus unvernetztem PE durch Heißluftschweißen gefügt werden.

Anwendung Brückenlager; Bauwerksabdichtungen, z. B. Flachdachbahnen; Dichtungen im Fenster- und Fassadenbereich; Fugenbänder in Arbeitsfugen von Betonbauteilen

4.6 Molekülstruktur Polycarbonat. 4.7 Stegplatte und ebene Platte aus Polycarbonat.

4.6

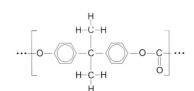

4.7

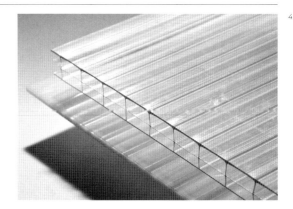

THERMOPLASTE

Thermoplaste werden üblicherweise in Form von Granulat zu Beginn einer mechanisierten Produktionskette geschmolzen und anschließend zu Halbzeugen oder Produkten verarbeitet. Sie gelangen im Bauwesen insbesondere für nichttragende Bauteile bei Fassaden und in der Innenarchitektur zum Einsatz. Eine große Bedeutung haben sie auch in der technischen Gebäudeausstattung.

Thermoplastische Kunststoffe können spanend bearbeitet werden, sie sind schmelzbar und thermisch umformbar. Als brennbare Baustoffe erreichen sie je nach Sorte die Baustoffklasse B1 bis B3. Eine werkstoffliche Wiederverwertung von Thermoplasten nach verschiedenen Reinheitsgraden ist teilweise möglich. Die nachfolgende Auswahl beschreibt grundlegende Eigenschaften der jeweiligen chemischen Familie. Je nach Produkt können sich Abweichungen infolge der Zugabe von Additiven oder anderen Kunststoffsorten ergeben.

Thermoplaste werden in technische und Standardkunststoffe unterteilt, wobei Letztere mit über 80 % den größten Anteil an der weltweiten Produktion bilden. Technische Kunststoffe sind beispielsweise PC, PMMA, ABS, SAN, PA, POM und PBT, Standardkunststoffe sind unter anderem PVC, PE, PS und EPS, PP und PET.

WERKSTOFFE

POLYCARBONAT (PC) Polycarbonat gehört zur Werkstoffgruppe der gesättigten Polyester. Benzolringe verleihen diesen Polymeren eine hohe Formbeständigkeit und Schmelztemperatur. Infolge seiner amorphen Struktur besitzt PC eine hohe Transparenz und kann aus diesem Grund einen Ersatz für den Werkstoff Glas bilden. Die Lichttransmission bei 3 mm Dicke beträgt ca. 88 % und liegt damit nur geringfügig unter der eines Weißglases gleicher Stärke mit 91,7 %. Der Vorteil gegenüber Glas liegt einerseits in der geringen Dichte von 1,2 g/cm³ (das Eigengewicht ist somit nur ungefähr halb so groß wie das von Glas), andererseits in der um den Faktor 250 gegenüber Glas erhöhten Schlagfestigkeit. Polycarbonat ist in unterschiedlichen Transparenzgraden einfärbbar und besitzt einen hohen Oberflächenglanz.

Die Gebrauchstemperatur umfasst einen vergleichsweise großen Bereich von −150 °C bis +130 °C. Der im Vergleich zu Glas siebenfach höhere Temperaturausdeh-

4.6

4.18

4.8 Molekülstruktur Polymethylmethacrylat (PMMA).   4.9 Verschiedene Produkte aus PMMA.

4.8

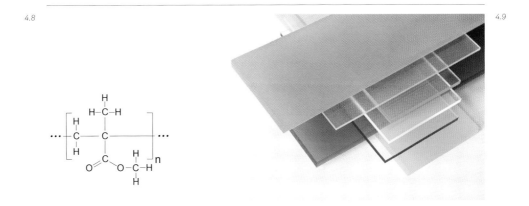

4.9

nungskoeffizient muss bei der Detailausbildung berücksichtigt werden. Der den Thermoplasten eigene geringe E-Modul beträgt bei Polycarbonat 2300–2400 MPa. PC ist dauerhaft witterungsbeständig. Ohne zusätzliche Maßnahmen tritt aber eine Vergilbung ein, PC muss aus diesem Grund in der Regel durch eine UV-Schutzschicht vor vorzeitigen Alterungsprozessen geschützt werden. Die chemische Beständigkeit gegenüber Laugen, Aceton oder aromatischen Kohlenwasserstoffverbindungen ist begrenzt, was zu Spannungsrissen führen kann.

PC wird auch als Komponente in Blends verwendet, um Werkstoffe mit speziell angepassten Eigenschaften zu produzieren. Der Werkstoff ist auch glasfaserverstärkt erhältlich, was die Steifigkeit erhöht bzw. die Gefahr der Spannungsrissbildung verringert.

Handelsnamen Makrolon, Apec (Bayer), Lexan (SABIC)

Herstellung Extrusion zu Platten und Doppelstegplatten

Bearbeiten, Fügen Kleben: Lösungsmittelklebstoff auf Dichlormethan-Basis, Reaktionsklebstoffe; Schweißen; Schrauben; spanende Bearbeitung; thermisches Umformen bei 180–220 °C

4.7 *Anwendung* Platten, Steg- und Doppelstegplatten, Wellplatten für Fassaden und in der Ausstellungsarchitektur; schlagfeste Komponente von Verbundscheiben; bei hoher mechanischer Belastung

POLYMETHYLMETHACRYLAT (PMMA) Ursprünglich 1933 als Glasersatz für Flug-
4.8 zeugcockpits entwickelt, ist Polymethylmethacrylat heute einer der am häufigsten im Bauwesen eingesetzten Kunststoffe. Halbzeuge aus PMMA können gegossen (PMMA GS) oder extrudiert (PMMA XT) werden. Die Gestaltungsvarianten von gegossenem PMMA sind gegenüber extrudiertem PMMA vielfältiger, weil eine individuelle Anpassung im Extrusionsprozess mit einem hohen Aufwand verbunden und somit sehr kostenintensiv ist. Die Gebrauchstemperatur liegt bei −40 °C bis +70 °C tur extrudiertes PMMA bzw. bis zu 80 °C für gegossenes PMMA.

PMMA zeichnet sich grundsätzlich durch eine sehr hohe Transparenz und hohe dauerhafte UV- und Witterungsbeständigkeit aus. Es hat mit 92 % bei 3 mm Dicke den höchsten Lichttransmissionsgrad von allen Kunststoffen. Die für die hohe Transparenz verantwortliche amorphe Molekularstruktur bedingt gleichzeitig eine hohe

Sprödigkeit des Werkstoffs, der zur Spannungsrissbildung neigt und nur mit geeigneten Werkzeugen bearbeitet werden kann. PMMA-Elemente sollten aufgrund der thermischen Längenänderung, die ca. achtmal höher ist als die von Glas, zwängungsfrei gelagert werden. Der E-Modul von PMMA ist mit 3100–3300 MPa vergleichsweise gering, aber immer noch deutlich höher als der von Polycarbonat. PMMA ist beständig gegen schwache Säuren und Laugen, Fette, Öle und Wasser. Gerecktes PMMA GS ist nicht brennend abtropfend und erreicht Baustoffklasse B1.

Eine Modifikation ist schlagzähes PMMA-HI (High Impact). Es besteht aus einer PMMA-Matrix, in der styrolmodifizierte Acrylat-Elastomere fein verteilt sind. Durch diese Mischung ergibt sich eine geringere Spannungsrissempfindlichkeit und höhere Beständigkeit gegen Heißwasser. Die Transparenz und Witterungsbeständigkeit des PMMA bleibt erhalten. PMMA ist grundsätzlich gut rezyklierbar.

Handelsnamen Acrylite, Plexiglas (Evonik), Perspex (Lucite)

Herstellung Extrusion zu Profilen, Platten und Doppelstegplatten; Spritzguss für Prismen in Lichtlenksystemen; Gießen zu Platten

Bearbeiten, Fügen Schweißen (Heißluft, Warmluft, Ultraschall); spanende Bearbeitung (Drehen, Fräsen, Bohren); Kleben (Zweikomponenten-Kleber auf Methacrylat-, Cyanacrylat- oder EP-Basis); Schrauben

4.9 *Anwendung* Lichtkuppeln; Platten, Steg- und Doppelstegplatten, Wellplatten für Fassaden, Gewächshäuser; Lichtprismen und Lichtleitlamellen in der Tageslichttechnik; transluzente Wärmedämmung (TWD)

POLYVINYLCHLORID (PVC) Das aus Ethylen und Chlor polymerisierte Polyvinylchlorid
4.10 wurde 1912 entwickelt und wird seit 1928 industriell hergestellt. Heute werden rund 60 % des in Deutschland produzierten PVC in Form von Fenstern, Rohren oder Folien im Bauwesen eingesetzt. PVC ist ein amorpher Werkstoff, dessen Polymerisationsgrad entscheidend für seine Eigenschaften ist. Die Verarbeitung der Rohstoffe erfolgt überwiegend in Pulverform. Eine grundsätzliche Unterscheidung erfolgt nach Hart-PVC (PVC-U) und Weich-PVC (PVC-P). Innerhalb dieser Klassifizierung sind verschiedene Modifikationen gebräuchlich, die sich insbesondere hinsichtlich Polymerisationsverfahren, Transparenz, Verarbeitbarkeit, Medienbeständigkeit und Wasseraufnahme unterscheiden. Darüber hinaus wird PVC in unterschiedlichen Kombinationen in Copolymerisaten bzw. Blends verarbeitet. PVC wird, je nach Produkt, der Baustoffklasse B1 oder B2 zugeordnet. Die weitreichende Rezyklierung von PVC im Bauwesen ist durch ein flächendeckendes Rücknahmesystem gewährleistet, in dem Bauteile wie Fensterprofile, Rollläden und Rohre getrennt gesammelt und verwertet werden.

Hart-PVC (PVC-U) besitzt eine für thermoplastische Kunststoffe vergleichsweise hohe Festigkeit und einen hohen E-Modul. Der Werkstoff ist weitgehend spannungsrissbeständig und schwer entflammbar. Für einen Außeneinsatz muss Hart-PVC stabilisiert werden. Nachteilig sind die geringe Abriebfestigkeit und die geringe Formbeständigkeitstemperatur von 65–75 °C. Unterhalb des Gefrierpunkts kommt es relativ schnell zu Versprödungserscheinungen. Insgesamt handelt es sich um einen vergleichsweise preisgünstigen Werkstoff, der bei entsprechender Modifizierung vielseitig verwendet werden kann.

Weich-PVC (PVC-P) ist mit Weichmachermolekülen in Volumenanteilen von 20–50 % versetzt, welche die Kettenabstände vergrößern und somit den Molekül-

4.10 Molekülstruktur Polyvinylchlorid.   *4.11* Ebene Platten aus PVC: durchgefärbt, mit Integralschaum-
struktur und als Folie.

4.10

4.11

verbund schwächen. Es besitzt aus diesem Grund eine höhere Zähigkeit bei niedrigen Temperaturen als Hart-PVC. Durch das sogenannte Ausschwitzen des Weich-
machers besteht die Gefahr der Versprödung.

Handelsnamen

Folien: Alkorflex (Renolit), Ultrashield (PolyOne Th. Bergmann), Pentadur, Pentalan
(Kloeckner Pentaplast)

Platten: Forex (Hartschaum, Alcan), Dural (AlphaGary), PVC Glas (Simona)

Rohre, Profile: Renodur, Benvic (Solvay)

Herstellung Kalandrieren zu Folien; Extrudieren zu Rohren, Profilen, Tafeln; Pressen
von Platten

Bearbeiten, Fügen Schweißen; Kleben

4.11 *Anwendung* Platten, Wellplatten; Fensterprofile; Rollläden; Rohre und Dachrinnen;
Dachbahnen, Fugenbänder, Handläufe, Kabelummantelungen; Wand- und Boden-
beläge

POLYSTYROL (PS) Polystyrol ist ein amorpher, harter Thermoplast mit einer hohen
Lichttransmission, der zu transparenten, glasklaren Halbzeugen verarbeitet werden
kann. Der kostengünstige Werkstoff ist unempfindlich gegen Kälte und Feuchtigkeit und beständig gegen Salzlösungen und Laugen. Die Wasseraufnahme ist gering.

4.14 Polystyrol ist als Homopolymer spröde und neigt sehr stark zur Spannungsrissbildung, die Temperaturführung bei der Herstellung ist aus diesem Grund sorgfältig
zu steuern. Thermoplastische Umformprozesse sind nur eingeschränkt anwendbar.

4.12 Verschiedene Produkte aus Polystyrol: EPS, XPS und zellfreie durchgefärbte und transparente Platten.   4.13 PUR-Hartschaum und elastomere Folie aus PUR.   4.14 Molekülstruktur Polystyrol.

4.12

4.13

4.14

Die obere Grenze der Gebrauchstemperatur von Polystyrol liegt bei 60–80 °C. PS-Werkstoffe müssen UV-stabilisiert werden, sind jedoch auch in dieser Form nicht für den Außeneinsatz geeignet. Polystyrol ist leicht entflammbar und brennt nach dem Entzünden weiter.

Eine Vielzahl von Copolymeren und Blends auf der Basis von Polystyrol verfügen über spezielle Eigenschaften im Hinblick auf Spannungsrissempfindlichkeit, Wärmeformbeständigkeit, Steifigkeit, Schlagzähigkeit und chemische Beständigkeit.

Mithilfe von Treibmitteln können aus Styrol-Formmassen Schäume hergestellt werden. Sie bilden den wesentlichen Anwendungsbereich im Bauwesen. Expandiertes Polystyrol (EPS) wird beispielsweise für Strukturformteile im mehrstufigen Thermoplast-Schaum-Spritzgussverfahren verwendet. Extrudiertes Polystyrol (XPS) ist ein geschlossenzelliger Schaum mit verdichteter Oberfläche, der in Plattenform durch Breitschlitzdüsen extrudiert wird.

Handelsnamen Styropor, Styrodur C (BASF), Styraclear (Westlake Plastics), Bapolan (Bamberger Polymers), Benelit (Folie, Benecke-Kaliko)

Herstellung Spritzguss; Extrusion zu Profilen und Tafeln

Bearbeiten, Fügen Schweißen; Kleben (Lösungsmittelklebstoff, Zweikomponenten-Klebstoff); spanende Bearbeitung mit geeignetem Werkzeug; Vakuum-Metallisieren mit Aluminium

4.12 *Anwendung* Dämmelemente aus geschäumtem Polystyrol; Modellbau; Leuchttafeln

POLYURETHAN (PUR) Polyurethan nimmt unter den Kunststoffen eine Sonderstellung ein, weil Polymerstruktur und Zustandsformen beträchtliche Variationen aufweisen. Der Baustein Urethan ist ursächlich für die Namensgebung, spielt aber im Molekülaufbau nur eine untergeordnete Rolle. Die Eigenschaften dieser Kunststoffe werden von anderen am Polymer beteiligten Komponenten bestimmt, die auch für die große Vielfalt und die unterschiedlichen Eigenschaften der PUR-Werkstoffe verantwortlich sind.

4.13

Die Herstellung erfolgt durch Polyaddition aus im Regelfall flüssigen Komponenten in verschiedenen Rezepturen. Neben harten Segmenten enthalten die Moleküle weiche Segmente, die eine gewisse Elastizität des Werkstoffs bewirken und das Temperaturverhalten maßgeblich beeinflussen. PUR als vernetztes Elastomer besitzt eine hohe Zugfestigkeit und eine große Bruchdehnung. Der Werkstoff verfügt über einen hohen Verschleißwiderstand und in Folienform über eine hohe Weiterreißfestigkeit. Der thermische Einsatzbereich liegt bei ca. $-40\,°C$ bis $+80\,°C$.

Die Bedeutung von thermoplastischem PUR im Bauwesen liegt in der Verwendung von Schäumen. Mithilfe von Treibmitteln werden aus der Reaktionsmasse in mehrstufigen exothermen Verfahren Schaumblöcke hergestellt. Weichschaumstoffe mit einer Rohdichte von $20–40\,kg/m^3$ besitzen eine offenzellige Struktur und finden Verwendung für weiche Formteile und Füllschaumstoffe. Hartschaumstoffe weisen eine geschlossene Zellstruktur auf. Ihre Rohdichte liegt bei bis zu $90\,kg/m^3$. Die Herstellung erfolgt in Form von Blöcken oder Platten. Sie zeichnen sich durch eine geringe Feuchteaufnahme aus und eignen sich hervorragend als Dämmstoff. Darüber hinaus kommen zellfreie PUR-Werkstoffe in Form von Lacken, Beschichtungen und Klebstoffen zum Einsatz.

Handelsnamen Adiprene (Elastomer, Chemtura), Technogel (Technogel), Baydur, Desmodur, Vulkollan (Bayer)

POLYTETRAFLUORETHYLEN (PTFE) Polytetrafluorethylen gehört ebenso wie ETFE

4.15 der Gruppe der Fluorpolymere an, bei denen Wasserstoffatome ganz oder zum Teil durch Fluoratome ersetzt sind. Fluorpolymere weisen aufgrund der stabilen Fluor-Kohlenstoff-Bindung grundsätzlich eine hohe chemische und thermische Beständigkeit auf. Der Gebrauchstemperaturbereich liegt bei $-270\,°C$ bis $+260\,°C$. PTFE hat eine für Kunststoffe vergleichsweise hohe Dichte von $2,2\,g/cm^3$. Fluor enthaltende Kunststoffe besitzen eine hohe chemische Resistenz, sind ohne Stabilisierung wetterfest, nicht entflammbar und verspröden praktisch nicht. Sie sind knickbeständig, schwer benetzbar und nehmen kein Wasser auf. Sie sind hervorragend geeignet für den Außeneinsatz und werden im Bauwesen vorwiegend als Membranwerkstoffe in Form von Geweben sowie für Beschichtungen von Glasfasergeweben verwendet. Nachteile liegen hingegen in der geringen Festigkeit und Steifigkeit sowie im hohen Preis. Schweißen und Kleben sind wegen der ausgeprägten Antihafteigenschaften als Fügetechnik nicht geeignet.

Handelsnamen Algoflon (Solvay Solexis), Hostaflon (Hoechst), Teflon (DuPont), Tenara (Gore)

ETHYLEN-TETRAFLUORETHYLEN (ETFE) Wird PTFE mit Ethylen versetzt, entsteht

4.16 der Kunststoff Ethylen-Tetrafluorethylen, der die thermoplastische Verarbeitung erleichtert. Die Wärmeformbeständigkeit wird verringert, Steifigkeit, Zug- und Reißfestigkeit werden jedoch deutlich erhöht. Der transparente Werkstoff besitzt eine dem PTFE vergleichbare chemische Beständigkeit, muss jedoch gegen thermischen und photochemischen Abbau stabilisiert werden. Die Knickbeständigkeit ist im Vergleich zu PTFE geringer. Im Gegensatz zu PTFE, das in Form von Geweben oder

4.15 Molekülstruktur Polytetrafluorethylen (PTFE).   4.16 Molekülstruktur Ethylen-Tetrafluorethylen (ETFE).   4.17 ETFE-Folienkissen am Eden Project in St. Austell, Großbritannien; Grimshaw Architects, 2001.   4.18 Materialkennwerte von Kunststoffen und Glas im Vergleich.

4.15

4.16

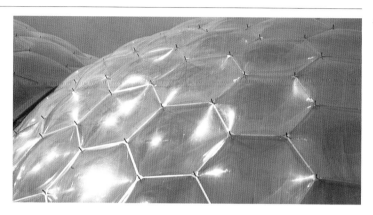

4.17

4.18

	PC	PMMA hochmolekular	PVC-U	PVC-P mit DOP 60/40	PP	Glas
Dichte (g/cm³)	1,2	1,17–1,19	1,38–1,4	1,15–1,3	0,9	2,5
E-Modul Zug (MPa)	2300–2400	3300	2700–3000	–	1300–1800	70000
Zulässige Biegezugspannung (MPa)	–	–	–	–	–	18 (Float) 50 (ESG)
Bruchdehnung (%)	–	4,5–5,5	-	–	–	
Bruchspannung (MPa)	–	70–80	-	–	-	
Streckdehnung (%)	6–7	–	4–6	–	8–18	
Streckspannung (MPa)	55–65	–	50–60	–	25–40	
Untere Gebrauchstemperatur (°C) (einsetzende Versprödung)	–150	–40	–5 (bis –40)	–10 bis –50	0	
Obere Gebrauchstemperatur (°C)	+130	+70–80	+65	+80	+100	
Temperaturausdehnungskoeffizient bei 23–55°C 10^{-6}/K	65–70	70	70–80	230–250	120–150	9
Baustoffklasse DIN 4102	B1(B2*)	B2	B1			A1

* mit Flammschutzmittel

Beschichtungen verwendet wird, kommt ETFE in der Regel in Form dünner Folien zum Einsatz, die mithilfe von Breitschlitzextrudern produziert werden. Typische Anwendungen sind pneumatisch vorgespannte Membrankonstruktionen, beispielsweise in Form von Kissen, mit einer Folienstärke von 0,05–0,25 mm. ETFE-Folien sind prinzipiell schweißbar. Die Lichtdurchlässigkeit beträgt ca. 95 %. ETFE-Folien haben eine vergleichsweise geringe Festigkeit. Sie sind aus diesem Grund ohne Verstärkungsmaßnahmen nur für geringe Spannweiten einsetzbar. Es besteht aber die Möglichkeit, die Einzelkissen beispielsweise durch ein Seilnetz zu ertüchtigen oder eine Unterkonstruktion einzufügen und sie auf diese Weise zu einer größeren Struktur zusammenzusetzen.

4.17

Handelsnamen Dyneon ETFE (3M/Dyneon), Nowoflon ET (Nowofol), Toyoflon (Toray)

HERSTELLUNG

Thermoplastische Kunststoffe werden in industriellen Verfahren in Form von Halbzeugen oder fertigen Produkten hergestellt. Die hohen Investitionskosten der Produktionsanlagen elastomerer und thermoplastischer Kunststoffe amortisieren sich erst bei entsprechend hohen Stückzahlen. Die zur Herstellung verwendeten Apparaturen werden als Werkzeuge bezeichnet. Um die Nachbearbeitung zu minimieren, werden Formteile in der Regel durch präzise Ausbildung der Werkzeuge in ihren endgültigen Abmessungen hergestellt. Thermoplastische Halbzeuge und Produkte können nach dem Urformprozess warmverformt oder spanend bearbeitet werden.

4.19 Die zur Kunststoffherstellung benötigten Rohstoffe können als flüssige oder feste Komponenten in Form von Pulver oder Granulat verarbeitet werden. Für die Herstellung von Pulver werden Rohstoffe in Mühlen gemahlen. Um die Erwärmung und damit eine vorzeitige Polymerisierung der Masse zu verhindern, wird der Mahlvorgang in der Regel in mehreren Schritten durchgeführt. Für die Herstellung von Granulaten wird eine Schmelze in Strang- oder Bandform hergestellt, geschnitten und dann gekühlt und getrocknet. Die anschließende Verarbeitung der Rohstoffe erfolgt unter Wärmezufuhr.

Nachfolgend werden Grundprinzipien der wichtigsten Herstellungsmethoden thermoplastischer Halbzeuge und Formteile beschrieben. Die Beschreibung beschränkt sich auf Verfahren, die für das Bauwesen von Bedeutung sind.

4.22 *SPRITZGIESSEN* Der Spritzguss ist das am häufigsten angewandte Verfahren zur Herstellung von Formteilen hoher Qualität, die keine oder nur eine minimale Nachbearbeitung erfordern. Über einen Trichter wird eine Formmasse, üblicherweise als Granulat, in das Werkzeug geleitet. In einer rotierenden Schnecke wird die Formmasse zur Schmelze verarbeitet und in Richtung Düse transportiert. Durch diese wird die Masse schließlich in ein temperiertes Formwerkzeug gedrückt, das zur Entnahme des fertigen Formteils geöffnet werden kann. Dieses Prinzip kann in Abhängigkeit von Werkstoff und Form variieren.

4.21 *SANDWICH-SPRITZGIESSEN* Das Sandwich-Spritzgussverfahren ist geeignet für Formteile mit einer Sandwichstruktur. Zwei getrennt aufbereitete Formmassen werden nacheinander über eine Düse in ein Werkzeug gespritzt. Im ersten Schritt wird das Werkzeug zum Teil mit einer der beiden Formmassen gefüllt, welche im nächsten Schritt durch Einspritzen der zweiten Formmasse an die Oberfläche des Werkzeugs verdrängt wird. Die erste Formmasse bildet die Außenhaut, die zweite den Kern. Mit diesem Verfahren sind unterschiedliche Sandwichkombinationen realisierbar.

4.20 *EXTRUDIEREN* Die Formmasse wird wie beim Spritzguss kontinuierlich über einen Trichter in eine Schnecke eingefüllt und in dieser durch Reibungswärme und Beheizung des Werkzeugs geschmolzen, homogenisiert und verdichtet. Am Ende der Schnecke wird die Mischung durch eine Düse gepresst, die der Masse ihre endgültige Form verleiht. Im Anschluss werden die auf diese Weise extrudierten Formlinge gekühlt und auf Länge geschnitten. Das Werkzeug wird der herzustellenden Form angepasst. Mit diesem Verfahren können Hohlprofile, beispielsweise Rohre, Platten, Folien, Schlauchfolien, und Monofile bis zu einer Länge von mehreren Metern extrudiert werden.

4.19 Granulat aus thermoplastischen Werkstoffen wird geschmolzen und anschließend zu Halbzeugen oder Produkten verarbeitet.   4.20 Extrudieren: Die Formmasse wird über einen Trichter in eine Schnecke eingefüllt, in dieser geschmolzen und dann durch eine Düse gepresst, die der Masse ihre endgültige Form verleiht.   4.21 Sandwich-Spritzgießen: Zunächst wird die Formmasse 1, die die Oberfläche ausbildet, in das Formwerkzeug gespritzt, anschließend Formmasse 2, welche Formmasse 1 an die Oberfläche verdrängt.   4.22 Spritzgießen: Über einen Trichter wird die Formmasse in eine rotierende Schnecke geleitet, zur Schmelze verarbeitet und durch eine Düse in ein Formwerkzeug gedrückt.

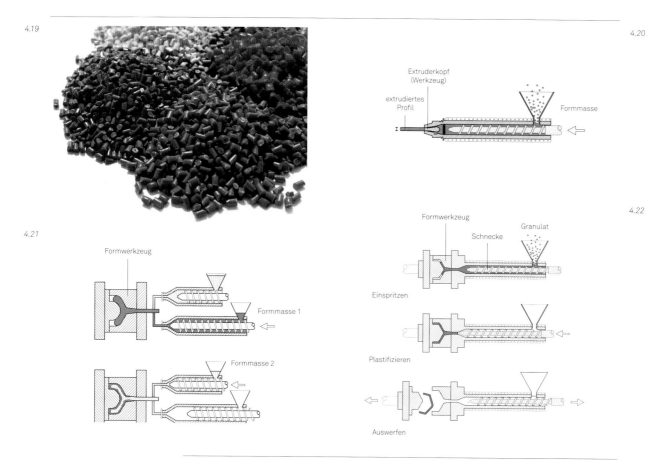

Eine Verfahrensvariante ist die Coextrusion (Mehrschichtextrusion). Hierbei werden Schmelzen aus verschiedenen Schnecken im oder unmittelbar nach dem Austritt aus dem Werkzeug zusammengeführt und durch die hohe Temperatur unablösbar miteinander verschmolzen. In mehreren Schichten können gleiche oder unterschiedliche Kunststoffe zu Formteilen mit entsprechend kombinierten Eigenschaften verbunden werden. Profile, Platten oder Folien mit Beschichtungen oder Ummantelungen sind übliche Anwendungen.

KALANDRIEREN Folien können auch in Kalanderstraßen produziert werden. Eine meist pulverförmige Formmasse wird durch Mischen und Kneten zur Schmelze aufbereitet, bevor sie zwischen beheizten und gekühlten Walzen in mehreren Stufen gleichmäßig zu immer dünneren Folien ausgewalzt wird. Über entsprechend ausgebildete Walzenoberflächen ist das Einprägen von Mustern möglich. Nach dem Kalandrieren wird die Folie aufgewickelt. Dieses Verfahren eignet sich insbesondere für Kunststoffe, deren Schmelze zähflüssig ist wie beispielsweise PVC. Speziell anpassbare Kalander können auch Werkstoffe wie PMMA oder PC verarbeiten.

4.23 Kalandrieren: Die pulverisierte Formmasse wird zunächst geschmolzen, bevor sie zwischen beheizten und gekühlten Walzen in mehreren Stufen zu immer dünneren Folien ausgewalzt wird.   4.24 Pressen: Die Formmasse wird in eine beheizte Negativform gefüllt und von einem Stempel in die gewünschte Form gepresst.

4.23

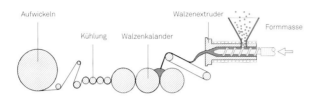

4.24

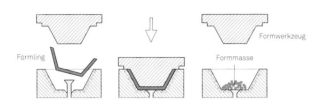

Mehrschichtige Folien können hergestellt werden, indem die unterschiedlichen Folien durch Erwärmung und Druck oder Zugabe von Klebstoffen miteinander verpresst werden. Für die Beschichtung von Membranen werden in einer Modifizierung dieses Prozesses Deckschichten in flüssiger Form auf ein textiles oder folienartiges Trägermaterial appliziert.

PRESSEN Beim Pressverfahren wird die Formmasse in eine beheizte Negativform gefüllt und von einem Stempel in die gewünschte Form gepresst. Die Formlinge müssen vor dem Öffnen des Werkzeugs abgekühlt werden, es ergeben sich vergleichsweise lange Produktionszyklen. Mithilfe dieses Verfahrens können Tafeln und Blöcke erzeugt sowie faserverstärkte thermoplastische Halbzeuge und Prepregs verarbeitet werden. Es wird darüber hinaus für die Nachbearbeitung von Kalanderbahnen zur Oberflächenoptimierung eingesetzt.

GIESSEN Dieses drucklose Herstellungsverfahren kommt bei der Produktion massiver Platten und Formteile zur Anwendung. Für den Guss größerer Teile eignen sich insbesondere teilkristalline Thermoplaste, die als dünnflüssige Schmelze verarbeitet werden können. Die Schmelze wird in ein offenes Formwerkzeug gegossen und dort unter Energiezugabe polymerisiert. Da die Synthese zum Polymer erst im Formwerkzeug stattfindet und die Entformung erst nach abgeschlossener Polymerisation stattfinden kann, können die Taktzeiten je nach Größe des gegossenen Teils bis zu einer Woche beanspruchen.

Verbreitete Anwendung findet dieses Verfahren beispielsweise bei der Herstellung von PMMA GS, das als gegossenes Halbzeug eine geringere Neigung zur Spannungsrissbildung aufweist als extrudiertes Material und sich daher besser zur Umformung und Weiterverarbeitung eignet. Es können Plattenstärken von 2–250 mm

4.25 Thermoplast-Schaum-Gießen (TSG): Durch Zusatz von Treibmitteln werden Integralschäume mit verringerter Dichte erzeugt.   4.26 Gießen: Bei diesem drucklosen Verfahren wird die Schmelze in ein offenes Formwerkzeug gegossen und dort unter Energiezugabe polymerisiert.   4.27 Schäumen: Der Formmasse werden Treibmittel zugegeben, die Lufträume bilden.

4.25
4.26
4.27

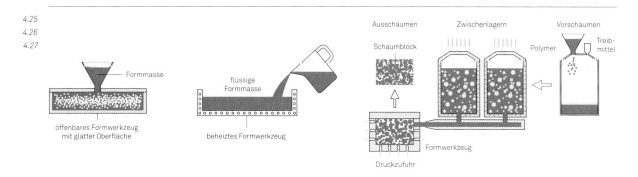

gegossen werden, allerdings kann die Polymerisation bei großen Plattenstärken und -abmessungen mehrere Wochen in Anspruch nehmen.

SCHÄUMEN Schäume sind Werkstoffe mit geringer Rohdichte, die vollständig aus
4.27 Zellstrukturen bestehen. Es werden offenzellige, geschlossenzellige und gemischt-zellige Schäume unterschieden. In der Formmasse bilden sich Lufträume durch Treibmittel, die der Formmasse zugegeben werden und unter Erhitzung verdampfen, oder durch Gase, die bei der Polymerisation entstehen. Der Prozess gliedert sich in die Schritte Vorschäumen, Zwischenlagern und Ausschäumen. Im letzten Schritt erhält das vorgeschäumte Material in Formwerkzeugen seine endgültige Form. Übliche Verfahren sind Spritzgießen oder In-Mould-Skinning für Formteile aus Integralschaum oder Extrudieren zu Halbzeugen. Obwohl sich theoretisch alle Thermoplaste zum Schäumen eignen, werden vornehmlich Polystyrol und Polyurethan zu Schäumen verarbeitet.

Schäume unterscheiden sich von der kompakten Form des Ausgangswerkstoffs insbesondere durch eine geringere Dichte und eine entsprechend stark reduzierte Wärmeleitfähigkeit. Sie sind aus diesem Grund hervorragend geeignet für einen Einsatz als Wärmedämmstoffe. Die Steifigkeit von Hartschäumen kann höher sein als die des Ausgangswerkstoffs in kompakter Form. Die Brennbarkeit des Ausgangswerkstoffs verändert sich nicht.

Das Thermoplast-Schaum-Gießen (TSG) ist eine Variante des Spritzgusses,
4.25 bei der durch Zusatz von Treibmitteln wie CO_2 oder Stickstoff sogenannte Integralschäume mit verringerter Dichte produziert werden. Das Aufschäumen der
4.28 Formmasse wird von den Abmessungen des Formwerkzeugs begrenzt, welche für die geschlossene Oberfläche des späteren Formlings verantwortlich sind. Die dabei entstehende Schaumstruktur besitzt einen porösen Kern und eine zellfreie Oberfläche.

DIRECT DIGITAL MANUFACTURING Die unter dem Oberbegriff Direct Digital Manufacturing (DDM) bzw. Generative Fertigung zusammengefassten Methoden des Rapid Prototyping (RP), Rapid Tooling (RT) und Rapid Manufacturing (RM) ermöglichen die Erstellung von physischen Formteilen aus digitalen Computerdateien. DDM-Ver-

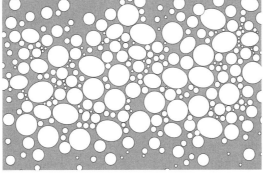

4.28 Der Integralschaum besitzt einen porösen Kern und eine zellfreie Oberfläche.

4.28

fahren sind überwiegend additive Verfahren, bei denen der dreidimensionale Körper durch schichtweises Auftragen des Materials erzeugt wird. Eine Ausnahme bildet das CNC-Fräsen (CNC = Computerized Numerical Control), bei dem ein Formteil auf der Grundlage eines Computermodells durch spanende Bearbeitung aus einem massiven Block herausgefräst wird. Da das bei herkömmlichen Produktionsmethoden verwendete Formwerkzeug durch die digitale Vorlage ersetzt wird, ist die Produktion entsprechend flexibel im Hinblick auf Form, Menge und Vorlaufzeit. Mit DDM-Verfahren können Prototypen und Kleinserien realisiert werden, die früher nur mithilfe von speziell für den jeweiligen Formling entwickelten Formwerkzeugen produziert werden konnten. Die Wirtschaftlichkeit des Verfahrens ist in Abhängigkeit von der Stückzahl und im Vergleich mit den Kosten für konventionelle Herstellungsmethoden wie beispielsweise dem Spritzguss zu bewerten. Bei der Formgebung bedarf es keiner Rücksichtnahme auf die Entformbarkeit. Durch die direkte Erprobung und Prüfung des physischen Prototyps können Konstruktionsfehler in der nachfolgenden Fertigung vermieden werden. Die Abmessungen der auf diese Weise herstellbaren Elemente sind in der Regel noch sehr begrenzt, in Einzelfällen sind aber bereits Bauteile mit Abmessungen von mehreren Metern realisiert worden. Die erreichbaren Festigkeiten der Formteile sind abhängig vom Verfahren und vom Werkstoff, liegen aber in der Regel unterhalb der Werte von Formteilen, die mit üblichen thermoplastischen Verfahren hergestellt werden.

Mit Rapid-Prototyping-Verfahren können physische dreidimensionale Prototypen mit komplexer Geometrie und Hohlräumen realisiert werden. Die verschiedenen Techniken werden grundsätzlich nach lasergestützten und nichtlasergestützten Verfahren unterschieden. Je nach Herstellungsmethode stehen verschiedene Kunststoffe in flüssiger und fester Form zur Verfügung, wie beispielsweise ABS, Polyamid, Polycarbonat oder Photopolymere, aber auch elastische Kunststoffe, Papier, Wachs, Keramik und Metall. Auch die Kombination unterschiedlicher Materialien ist möglich. Einige der etablierten Verfahren sind:

Stereolithographie (STL) Schichtweises Aushärten eines flüssigen Photopolymers durch Laserstrahlen. Werkstoffe sind duromere Harze.

Solid Ground Curing (SGC) Schichtweises Aushärten eines Photopolymers durch UV-Licht. Werkstoffe sind duromere Harze.

4.29 Fused Deposition Modelling (FDM): Das flüssige Material wird schichtweise durch eine Extrudierdüse aufgetragen.

4.29

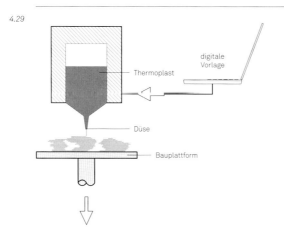

Selektives Lasersintern, Lasersintern (SLS, LS) Schichtweises lokales Verschmelzen von pulverförmigen Ausgangsstoffen. Werkstoffe sind thermoplastische Kunststoffe, Wachs, Metall.

Layer Laminated Manufacturing (LLM) Selbstklebende Folien werden schichtweise
mithilfe eines Lasers zugeschnitten. Werkstoffe sind Folien aus Kunststoff, Papier,
Keramik.

4.29 *Fused Deposition Modelling (FDM)* Schichtweises Auftragen geschmolzenen Materials durch eine Extrudierdüse. Werkstoffe sind ABS, PC, Wachs.

3D-Drucken Schichtweises Auftragen von Pulver mit anschließender Verfestigung
durch eine bindende Substanz (Infiltrieren). Werkstoffe sind Polymere und Keramik.

Rapid Manufacturing (RM) Dieses Verfahren nutzt die Technologie des Rapid Prototyping zur Herstellung von Endprodukten in kleinen und mittleren Serien. Mithilfe
des RM ist beispielsweise eine kurzfristige Bereitstellung von Ersatzteilen möglich.

Rapid Tooling (RT) Die Technik dient der Herstellung von Werkzeugen mithilfe von
RP-Verfahren wie dem Lasersintern oder der Stereolithographie, die wiederum in der
Serienproduktion eingesetzt werden können. Die Anforderungen an die thermische
und mechanische Beständigkeit des auf diese Weise produzierten Werkzeugs sind
bei der Auswahl des Werkstoffs zu berücksichtigen.

BEARBEITUNG

THERMISCHES UMFORMEN Für thermische Umformprozesse eignen sich ebene
Halbzeuge mit geringer Wandstärke. Sofern der Umformprozess zu einer Vergröße-
rung der Oberfläche führt, kommt es gleichzeitig zu einer Abnahme der Materialstärke.

Beim Tiefziehverfahren wird ein Formwerkzeug in eine über diesem fixierte und
4.29 erwärmte Kunststoffplatte gedrückt. Das Formwerkzeug wird langsam angehoben
und zieht das erweichte Plattenmaterial in die Höhe. Durch ein Vakuum auf der Innenseite der Anlage wird der Kunststoff eng an die Form gesogen und die Platte all-
mählich dreidimensional verformt. Eine Verformung der Kunststoffplatte mit Druckluft ist ebenfalls möglich. Die erforderliche Temperatur ist vom jeweiligen Kunststoff

4.30 Tiefziehen: Eine ebene Kunststoffplatte wird über einem Formwerkzeug erhitzt und dreidimensional verformt. *4.31* Bearbeitung von PUR-Schaum mithilfe einer CNC-Fräse. *4.32* Bearbeitung einer Sandwichplatte aus Polycarbonat auf einer Kreissäge.

4.30

4.31

4.32

abhängig. Polypropylen und Polystyrol können bei ca. 150 °C verformt werden, Polycarbonat und PMMA machen höhere Temperaturen von 180–220 °C erforderlich. PMMA benötigt im Anschluss eine Temperung bei erhöhter Temperatur von zwei bis drei Stunden zum Spannungsabbau. Das Tiefziehverfahren ermöglicht die Herstellung von Prototypen oder Kleinserien mit vergleichsweise geringem Aufwand. Bei der Vakuumverformung wird eine in ähnlicher Weise wie beim Tiefziehen eingespannte und erhitzte Kunststoffplatte mit Druckluft vorgestreckt und mit einem Stempel in ein negatives Werkzeug gepresst.

SPANENDE BEARBEITUNG Eine spanende Bearbeitung ist bei vielen thermoplastischen Kunststoffen grundsätzlich möglich. Es ist aber zu beachten, dass weiche thermoplastische Werkstoffe, beispielsweise Polyethylen, bei hoher Drehgeschwindigkeit des Werkzeugs zum sogenannten Schmieren neigen, d.h. sie erweichen in den bearbeiteten Zonen und verkleben das Werkzeug. Durch eine reduzierte Drehgeschwindigkeit und die Verwendung geeigneter Werkzeuge kann dieser Effekt vermieden werden.

Fräsen eignet sich zur Bearbeitung der Oberflächen und Kanten von ebenen Halbzeugen. CNC-Fräsen ermöglichen die dreidimensionale Bearbeitung von Bauteilen. Mit diesem Verfahren können beispielsweise geschäumte Kunststoffe zu Formwerk-

4.31

zeugen für den Bau von faserverstärkten Kunststoffen verarbeitet werden. Geeignete Werkstoffe hierfür sind Hartschäume aus PUR oder PS.

4.32 Schneiden und Bohren sind in hohem Maße von der Spannungrissempfindlichkeit des jeweiligen Werkstoffs abhängig. So kann beispielsweise Polycarbonat ähnlich wie ein Holzwerkstoff verarbeitet werden, während das spröde PMMA eine hohe Spannungsrissempfindlichkeit aufweist und den Einsatz entsprechend geeigneter Bohrer und Sägeblätter erfordert.

RECYCLING

4.35 Ein nachhaltiger Einsatz von Kunststoffen im Bauwesen ist unter der Bedingung gewährleistet, dass die verwendeten Kunststoffe integraler Bestandteil eines Stoffkreislaufs werden. Sie müssen also nach dem Ablauf der Lebensdauer der Bauwerke, in denen sie eingesetzt wurden, in irgendeiner Form wiederverwendet werden. Dies bedeutet nicht, dass sie notwendigerweise in der ursprünglichen Form wiederverwendet werden. Kunststoffe einem funktionsfähigen Kreislauf zuzuführen, ist wegen der vielen unterschiedlichen Werkstoffe keine einfache Aufgabe.

Vernetzungs- und Reinheitsgrad sind die wichtigsten Kriterien im Hinblick auf die Art der Wiederverwertung. Voraussetzungen sind ein flächendeckendes Rücknahmesystem von Kunststoffprodukten sowie die Möglichkeit der sortenreinen Trennung und Aufbereitung der Rezyklate. Grundsätzlich wird zwischen werkstofflicher, rohstofflicher und energetischer Verwertung unterschieden. Die Entscheidung über die angemessene Verwertungsmethode ist nach ökologischen und ökonomischen Gesichtspunkten zu treffen. Kunststoffabfälle, die nicht einer unten aufgeführten Verwertungsmethode zugeführt werden können, müssen auf einer Deponie gelagert werden.

WERKSTOFFLICHE VERWERTUNG Die werkstoffliche Verwertung eignet sich insbesondere für thermoplastische Kunststoffe, die entweder als unverschmutzte, sortenreine Abfälle bei der Produktion anfallen oder durch entsprechende Rücknahme- und Sammelsysteme nach Werkstoffen und Form sortiert werden können. Eine geeignete Kennzeichnung ist dabei von Vorteil. Das Material wird in mehreren 4.33 Schritten getrennt, gereinigt und durch Zerkleinerung zu Mahlgut, Regranulat oder ähnlichen Formmassen aufbereitet, die dem Produktionsprozess wieder zugeführt werden können. Die Rezyklate werden nach ihrer Reinheit in verschiedene Qualitätsklassen unterteilt. Oftmals werden Rezyklate nur anteilig der Neuware zugegeben, es 4.34 sind jedoch auch Produkte auf dem Markt erhältlich, die vollständig aus Rezyklaten bestehen. Eine Verwertung der polymeren Abfälle ist auch in hohem Maße von den enthaltenen Additiven abhängig. Beispielsweise dürfen Kunststoffe, die bestimmte Flammschutzmittel enthalten, nicht zu Rezyklaten verarbeitet werden. Aufgrund der an die Produkte gestellten Anforderungen ist die Qualitätskontrolle bei der Sortierung mit einem hohen logistischen und finanziellen Aufwand verbunden. Die Verwertungsmethode der gesammelten Kunststoffabfälle ist somit nicht nur von technischen, sondern vor allem auch von ökonomischen Faktoren abhängig. Eine sorgfältige Abwägung dieser Faktoren bildet die Basis für ein ökonomisch konkurrenzfähiges Angebot von Rezyklaten im Vergleich zu Neuware.

4.33 Das Mahlgut aus PVC-Profilen kann als Füllstoff in der Kunststoffproduktion verwertet werden.
4.34 Materialmuster eines rezyklierten Kunststoffs.   4.35 Verschiedene Arten der Verwertung von
Kunststoffabfällen.

4.33

4.34

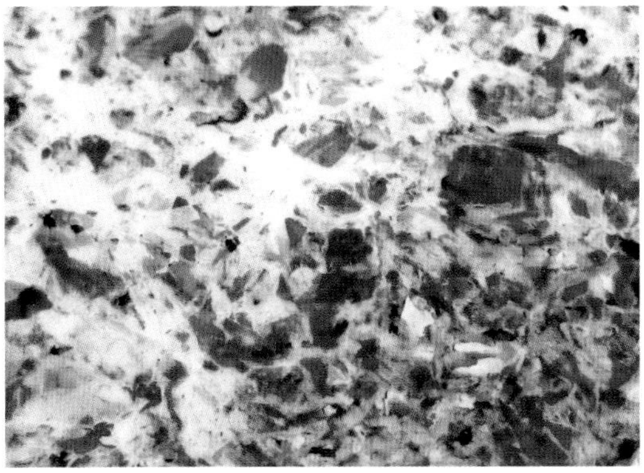

4.35

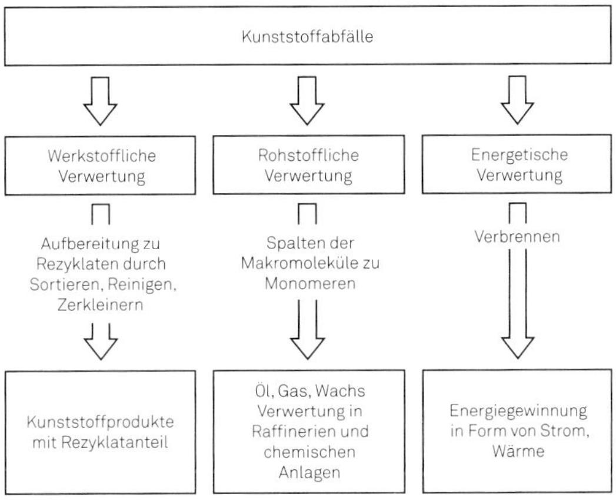

Kunststoffabfälle

Werkstoffliche Verwertung	Rohstoffliche Verwertung	Energetische Verwertung
Aufbereitung zu Rezyklaten durch Sortieren, Reinigen, Zerkleinern	Spalten der Makromoleküle zu Monomeren	Verbrennen
Kunststoffprodukte mit Rezyklatanteil	Öl, Gas, Wachs Verwertung in Raffinerien und chemischen Anlagen	Energiegewinnung in Form von Strom, Wärme

Die Verwertung von PVC-Produkten steht heute beispielhaft für einen weitge-
hend geschlossenen Materialkreislauf. Seit Beginn der 1990er Jahre haben sich
Hersteller und Verarbeiter von PVC zu Arbeitsgemeinschaften zusammengeschlos-
sen, die für die Rücknahme und Aufbereitung beispielsweise von Bodenbelägen,
Fenstern, Rollläden, Dach- und Dichtungsbahnen aus PVC verantwortlich sind. PVC-
Werkstoffe werden nach Produkten sortiert gesammelt und von Fremdstoffe gesäu-
bert, um sie entsprechend aufbereitet wieder zu neuen Produkten zu verarbeiten.
Eine werkstoffliche Verwertung von Elastomeren und Duromeren ist aufgrund der
Vernetzung nur in begrenztem Umfang möglich. Abfälle aus vernetzten Polymeren
können zu Mahlgut aufbereitet und als Füllstoffe in der Kunststoffproduktion verwertet werden. In der Regel ist der Masseanteil des Rezyklats, von einigen Ausnahmen abgesehen, vergleichsweise gering.

ROHSTOFFLICHE VERWERTUNG Vermischte oder verunreinigte Abfälle werden
bei der rohstofflichen (chemischen) Verwertung in ihre Ausgangsstoffe zerlegt. Die
Makromoleküle werden bei Hitze und Druck durch verschiedene Verfahren gespal-
ten und als Monomere, Öle oder Gase wieder dem Produktionskreislauf zugeführt.

Die weitere Verwertung ist dabei nicht auf die Produktion neuer Kunststoffe beschränkt, sondern erstreckt sich auch auf die Nutzung in Raffinerien und chemischen Anlagen.

ENERGETISCHE VERWERTUNG Die energetische Rückgewinnung nutzt den hohen Brennwert der Kunststoffe. Stark schadstoffbelastete und schwer trennbare Kunststoffe werden verbrannt und die dabei gewonnene Energie zur Erzeugung von Strom und Prozesswärme genutzt. Nicht oder mit nicht vertretbarem Aufwand werkstofflich oder rohstofflich verwertbare Kunststoffe können so mindestens einen Beitrag zur Energiegewinnung leisten.

DUROMERE

WERKSTOFFKOMPONENTEN

4.36 In der Praxis werden Duromere in der Regel als faserverstärkte Kunststoffe (FVK) verwendet. Unverstärkte Duromere werden fast gar nicht eingesetzt. Faserverstärkte Kunststoffe bestehen aus zwei Werkstoffkomponenten, den Fasern und einer Matrix, die in der Regel aus duromeren Kunststoffharzen besteht. Eine Verwendung von Thermoplasten als Matrix ist prinzipiell möglich, hat aber nur eine untergeordnete Bedeutung für das Bauwesen. Die Fasern sind die Verstärkungskomponente in diesem Verbundwerkstoff und damit ausschlaggebend für mechanische Eigenschaften wie Festigkeit und Steifigkeit. Die Matrix als formgebende Komponente des Verbundwerkstoffs übernimmt eine Reihe von Aufgaben: von der Fixierung der Fasern in der gewünschten geometrischen Anordnung und Übertragung der Kräfte auf die Fasern über die Stabilisierung der Fasern bei Druckbeanspruchung bis zum Schutz der Fasern vor Einwirkungen von Umgebungsmedien (Feuchtigkeit, Chemikalien usw.). Sie hat auch erheblichen Einfluss auf die chemischen, elektrischen und thermischen Eigenschaften des Werkstoffs.

MATRIXWERKSTOFFE Polyesterharze sind farblose bis schwach gelbliche Lösungen von ungesättigtem Polyester (UP) in reaktionsfähigen Lösungsmitteln, in der Regel Styrol. Der Härtungsvorgang wird durch die Zugabe eines Härters aus organischen Peroxiden ausgelöst. Zur Steuerung des Härtungsvorgangs werden Beschleuniger bzw. Verzögerer zugesetzt. UP-Harze sind leicht zu verarbeiten und sowohl bei Raumtemperatur als auch unter Wärme drucklos verarbeitbar. Sie haben als preiswerte und vielseitige Harzsysteme im Handwerk und in der mittelständischen Industrie eine breite Anwendung für Bauteile wie beispielsweise Profile oder Fassadenbekleidungen gefunden.

Für Bauteile mit geringen Anforderungen an Festigkeit und Maßhaltigkeit bieten sich Polyesterharze auf Orthophthalsäurebasis an. Es sind die kostengünstigsten Polyesterharze für verschiedenste Anwendungsbereiche, und sie kombinieren gute mechanische Eigenschaften mit ausreichender Temperatur- und Chemikalienbeständigkeit.

Polyesterharze auf Isophthalsäurebasis finden Anwendung, wenn erhöhte Feuchte-, Temperatur- oder Chemikalienbeständigkeit erforderlich wird. Sie sind

4.36 Prinzipieller Aufbau von faserverstärktem Kunststoff, hier Beispiel mit unidirektionaler Faseranordnung.

4.36

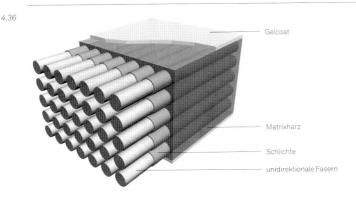

Gelcoat

Matrixharz

Schlichte

unidirektionale Fasern

teurer, bieten aber gleichzeitig bessere mechanische Eigenschaften wie höhere Bruchdehnung und Steifigkeit. Isophthalsäurepolyester werden beispielsweise für die Herstellung von pultrudierten Profilen verwendet.

Vinylesterharze (VE) sind ebenfalls in Styrol gelöste Harze, welche gute chemische Eigenschaften aufweisen. Die Wärme- und vor allem die Chemikalienbeständigkeit sind gegenüber UP- und EP-Harzen erhöht. Preislich liegen sie zwischen UP- und EP-Harzen.

Epoxidharze (EP) sind lösungsmittelfreie Zweikomponentensysteme. Beide Komponenten werden in flüssigem Zustand miteinander vermischt. Der Reaktionsmechanismus ist eine Polyaddition und erfordert das genaue Einhalten des Mischungsverhältnisses zwischen dem Harz und seinem Reaktionspartner. EP-Harze sind etwa drei- bis viermal teurer als UP-Harze. Neben den besseren mechanischen Eigenschaften liegt ihr Hauptvorteil im günstigeren Schwindverhalten. Das Schwinden tritt im Gegensatz zu den UP-Harzen vor dem Gelieren, also in „nassem" Zustand auf. Dadurch können sehr maßgenaue und spannungsarme Bauteile gefertigt werden. Der gesundheitlichen Gefährdung bei der Verarbeitung ist wie bei allen anderen Harzsystemen durch geeignete Arbeitsschutzmaßnahmen Rechnung zu tragen.

Phenolharze (PF) sind die ältesten im Gebrauch stehenden Duromere. Sie sind ein Kondensationsprodukt aus Phenol und Formaldehyd mit sehr guter Hitzebeständigkeit. Die Glasübergangstemperatur derartiger Harze liegt bei ca. 300 °C.

VERSTÄRKUNGSFASERN In der Regel kommen für FVK-Bauteile anorganische Fasern, insbesondere Glasfasern oder Kohlenstoff-Fasern, seltener synthetische Fasern, beispielsweise Aramidfasern, zum Einsatz. Der Vorteil der Glasfasern liegt unter anderem in den geringeren Kosten. Die Fasern werden durch Einfügen weiterer Bestandteile für spezielle Anwendungen optimiert, wie etwa das weitverbreitete und günstige E-Glas. Andere Glasfasern sind hinsichtlich der chemischen Beständigkeit (C-Glas) oder der Temperatur- und Ermüdungsbeständigkeit (R- und S-Glas für „resistance" und „strength") optimiert worden. Im Gegensatz zu Kohlenstoff- oder Aramidfasern sind Glasfasern aufgrund ihrer amorphen Struktur isotrop. Glasfasern sind nicht brennbar, selbst Dauerbeanspruchungen über 250 °C verschlechtern die mechanischen Eigenschaften nicht.

4.37 Glasfaserherstellung: Die Glasbestandteile werden bei etwa 1400 °C geschmolzen, homogenisiert und dann flüssig durch die Vorherde zu den Spinndüsen geleitet.

4.37

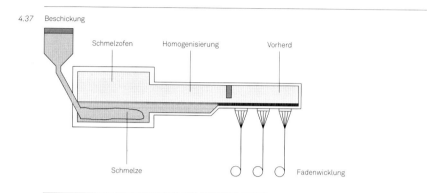

Bei der Herstellung von E-Glas werden Quarzsand, Kalkstein, Kaolin, Dolomit, Borsäure und Flussspat bei etwa 1400 °C geschmolzen, mehrere Tage lang homogenisiert und dann flüssig durch Kanäle, die sogenannten Vorherde, zu den Spinndüsen geleitet. Die Spinndüsen bestehen aus einer Platinlegierung und werden gerade so hoch erhitzt, dass das Glas aus den düsenartigen Öffnungen herausfließen und fadenförmig erstarren kann. Die Fäden haben eine Dicke von ca. 2 mm. Erst durch das Strecken der zähflüssigen Fäden mittels einer schnell rotierenden Aufwickelvorrichtung werden die Fäden auf den gewünschten Durchmesser von 9–24 µm gebracht. Durch weitgehend paralleles Bündeln der Einzelfasern erhält man die sogenannten Spinnfäden. Nach dem Ziehprozess wird auf die Fasern eine wässrige Emulsion aufgebracht. Diese Schlichte verklebt die Filamente zu einem handhabbaren Spinnfaden, schützt die empfindlichen Oberflächen der spröden Glasfilamente und verbessert die Haftung zwischen dem organischem Harz und den anorganischen Fasern.

Die teureren Kohlefasern bieten sich wegen ihres hohen E-Moduls für Anwendungen an, für die Glasfasern eine zu geringe Steifigkeit besitzen. Sie bestehen zu über 90 % aus Kohlenstoff und haben Durchmesser von 5–10 µm. Man unterscheidet hinsichtlich der mechanischen Eigenschaften zwischen Standard-Modul-Fasern (HT), Intermediate-Modul-Fasern (IM) und Hoch-Modul-Fasern (HM). Kohlefasern sind sehr leicht, besitzen eine außerordentlich hohe Korrosionsbeständigkeit, sind gut thermisch und elektrisch leitend und fast vollständig dauerschwingfest. Aufgrund ihres Aufbaus aus überwiegend ein- oder zweidimensionalen Molekülstrukturen in Faserachse verfügen Kohlenstoff-Fasern über eine starke Anisotropie. Die mechanischen Festigkeiten quer zur Faser betragen nur einen Bruchteil der Festigkeit in Längsrichtung. Für die Herstellung gibt es im Wesentlichen zwei Verfahren, die großtechnisch angewandt werden. Das erste Verfahren basiert auf dem Ausgangsprodukt Polyacrylnitril (PAN), das zunächst gereckt wird, um eine hohe Orientierung der Moleküle entlang der Faserachse zu erreichen. Darauf folgen drei Stufen unterschiedlicher Temperaturbehandlungen mit Temperaturen bis zu 3000 °C bei gleichzeitiger Faserverstreckung. Das zweite Verfahren benutzt Steinkohleteer oder Erdölpeche als Rohstoff. Aus der daraus gewonnenen Schmelze werden mit einem Spinnverfahren Fasern mit einem hohen Orientierungsgrad in axialer Richtung gewonnen. Anschließend wird durch thermische Behandlung die Umwandlung in Kohlenstoff erreicht.

4.39

4.38 Glasfasergewebe. *4.39* Kohlefasergewebe. *4.40* Aramidfasergewebe.

4.38
4.39
4.40

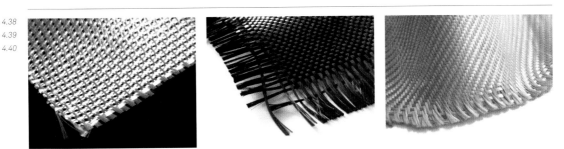

4.38 Glasfasergewebe. *4.39* Kohlefasergewebe. *4.40* Aramidfasergewebe.

4.40 Auch Aramidfasern besitzen günstige mechanische Eigenschaften, insbesondere eine hohe Zugfestigkeit in Verbindung mit einem sehr geringen Eigengewicht. Aramidfasern bestehen aus aromatischen Polyamiden. Die organischen Polymere mit hoher Festigkeit und Steifigkeit werden zu Fasern mit Durchmessern von ca. 12 µm verarbeitet. Ähnlich wie bei den Kohlenstoff-Fasern sind die Festigkeitseigenschaften stark anisotrop, die Druckfestigkeit der Fasern ist wesentlich geringer als die Zugfestigkeit. Obwohl sich aus Aramidfasern sehr schlagzähe Laminate beispielsweise für Schutzwesten fertigen lassen, sind einige Nachteile die Ursache für die relativ geringe Verbreitung im Bauwesen. Aramidfasern neigen zur Feuchtigkeitsaufnahme, die die Haftung zwischen Fasern und Matrix beeinträchtigt. Daneben ist die UV- und Temperaturbeständigkeit von Aramidfasern nicht besonders hoch.

HERSTELLUNG

Da bei faserverstärkten Kunststoffen der fertige Werkstoff erst während der Formgebung entsteht, hat die Art der Verarbeitung nicht nur auf die Formgebungsmöglichkeiten, sondern auch auf die Werkstoffeigenschaften einen entscheidenden Einfluss. Dies betrifft vorrangig die Festigkeit und Steifigkeit. Bereits beim Fertigungsprozess besteht die Möglichkeit, durch gezielte Faserorientierung in den einzelnen Schichten auf den später im Bauteil wirkenden Kraftfluss zu reagieren. Die Herstellungstechniken für Laminate aus glasfaserverstärkten Duromeren reichen von der manuellen Einzelanfertigung bis zum automatisierten Fertigungsprozess: Handlaminieren, Faserspritzen, Vakuumverfahren, Infusionsverfahren, Pressen, Injektionsverfahren, SMC-Verfahren, Wickeln, Schleudern, Flechten und Pultrudieren sind die bekanntesten Herstellungstechniken.

VERARBEITUNGSFORMEN VON FASERN Die Lieferformen für Glas- sowie Kohle- und Aramidfasern sind sehr vielfältig. Die sehr dünnen und langen Spinnfäden aus *4.41* dem Ziehprozess werden zu Rovings oder Garnen weiterverarbeitet. Rovings sind Stränge aus 1000 bis 10 000 Endlosfasern, die ohne Drehung parallel zu einem Fadenstrang zusammengefügt werden. Garne und Rovings können zu textilen Flächengebilden weiterverarbeitet werden. Dies können Schnittmatten, nichtmaschenbildende Systeme (Gewebe, Gelege, Geflechte) oder maschenbildende Systeme (Gewirke, Gestricke) sein.

4.38 Schnittmatten oder Textilglasmatten bestehen aus geschnittenen, regellos liegenden E-Glas-Spinnfäden, die durch einen Binder in mehreren Lagen miteinan-

4.42   der verklebt sind. In der Fläche werden mit dieser Faseranordnung isotrope mechanische Eigenschaften für Laminate erreicht. Durch Verwendung unterschiedlicher Fasergrößen und Binder sind die Matten an verschiedene Einsatzzwecke und Verarbeitungsverfahren anpassbar. Sie werden für die Herstellung von Tanks, Behältern, den Fahrzeugbau und für unterschiedlichste technische Formteile verwendet. Eine besondere Ausführung sind die Sandwichmatten. Sie bestehen in der Kernlage aus einem Vlies sowie Textilglas-Schnittmatten auf beiden Seiten. Diese drei Schichten sind durch einen Steppfaden mechanisch miteinander verbunden. Sandwichmatten lassen sich in ungetränktem Zustand sehr gut drapieren und eignen sich aus diesem Grund für die Herstellung gewölbter Bauteile.

Glasfilamentgewebe bestehen aus zwei Scharen sich rechtwinklig kreuzender Fadensysteme aus E-Glas-Garnen, Kette und Schuss. Der Schussfaden wird dabei senkrecht zur Kette (parallel zur Gewebelängsrichtung) eingetragen und mit diesem verwoben. Durch die Verwebart können maßgebende Eigenschaften gesteuert werden. Die Leinwandbindung ist eine einfache Grundwebart, bei der der Schussfaden jeweils einen Kettfaden überkreuzt. Sie gewährleistet eine gute Dimensionsstabilität und ein geringes Ausfransen beim Zuschneiden. Bei der Köperbindung werden zwei bis drei Kettfäden übersprungen, bei der Atlasbindung bis zu sieben. Solche Gewebe sind schmiegsam und drapierbar und eignen sich besonders gut für gewölbte Formen. Sie lassen sich aber weniger gut zuschneiden. Atlasgewebe ergeben eine besonders glatte Oberfläche. Durch die Verwendung von Geweben mit sehr feinen Fäden sind Bauteile mit einem hohen Maß an Transparenz herstellbar. Eine besonders weiche und saugfähige Version sind die Glasstapelfasergewebe,

4.43   eine besondere Gewebeversion die Abstandsgewebe. Letztere bestehen aus zwei Gewebedecklagen aus E-Glas mit Silanschlichte, die durch senkrechte Stegfäden auf Abstand gehalten werden. Nach der Tränkung mit Polyester- oder Epoxidharz stellen sich Abstandsgewebe selbständig auf die durch die Stegfäden vorgegebene Höhe auf. Damit lassen sich auf einfache Weise sandwichartige Laminate herstellen. Abstandsgewebe werden bevorzugt im Handlaminierverfahren verarbeitet. Die Welligkeit eines Gewebes verringert im Allgemeinen die Dehnsteifigkeit. Insbesondere in der Verarbeitungsrichtung der Kettfäden ist eine gewisse Strukturdehnung unvermeidlich.

MANUELLE VERFAHREN Das Handlaminierverfahren ist ein vergleichsweise einfaches Verfahren und bietet sich für die Herstellung von frei geformten Prototypen und flächigen Bauteilen mit geringen Stückzahlen an. Für das Formwerkzeug kommen verschiedene Werkstoffe infrage. Einfache Formen können mit Blech- oder Holzschalungen hergestellt werden. Polyurethan-Hartschäume mit Dichten bis zu 400 kg/m³ eignen sich gut für die Herstellung von frei geformten, zweiachsig gekrümmten Urformen. Man spricht von einer Negativform, wenn die Form auf der Außenseite des Bauteils liegt und somit die Oberfläche des Bauteils formt. Eine Positivform liegt auf der Innenseite und bestimmt die Innenfläche des Teils. Eine wichtige Anforderung an die Oberfläche des Formwerkzeugs ist die Beständigkeit gegen die Lösungsmittel des Harzes. Für Mehrfachanwendungen benötigt man beständige Formen. Größere Formen werden aus einzelnen Teilen zusammengesetzt und verklebt. Die Oberflächenqualität des Formwerkzeugs definiert die Oberflächenqualität des Bauteils. Die

4.41 Lieferformen für Glasfasern.

4.41

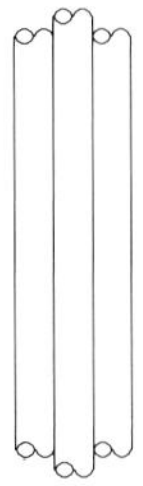

Roving

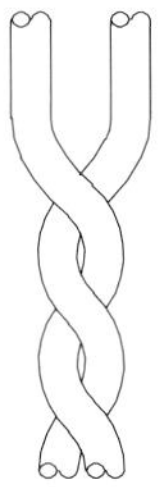

Zwirn

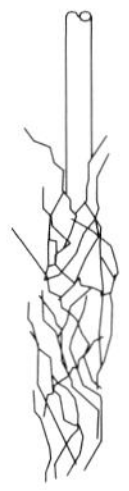

Umspinnungsgarn

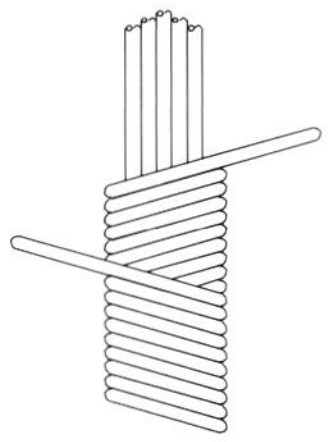

Umwindegarn

Textilglasmatte

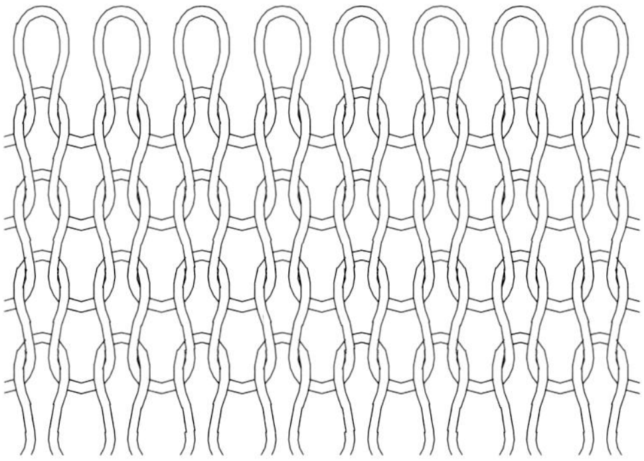

Gestrick

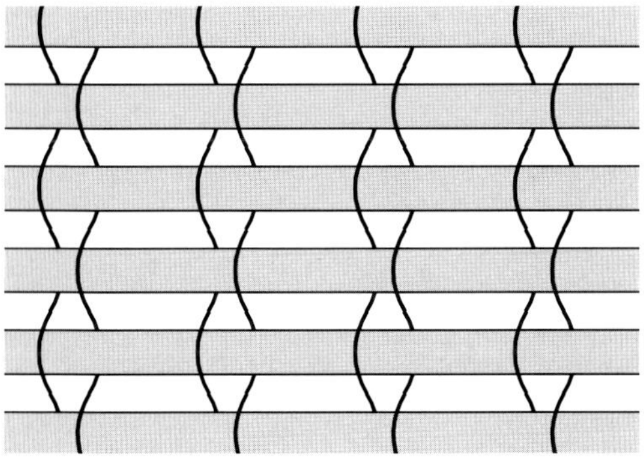

unidirektionales Gelege

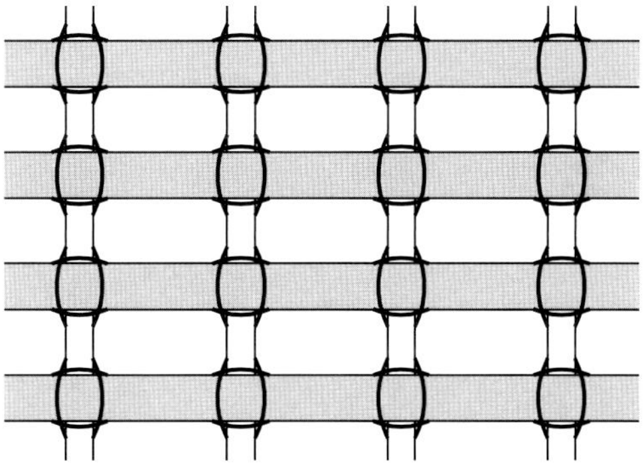

biaxiales Gelege

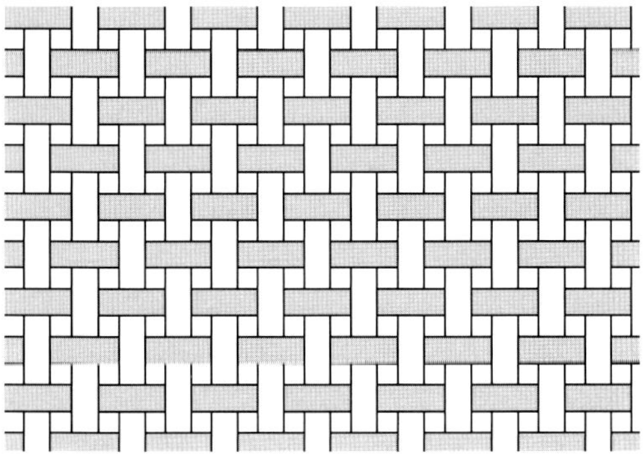

Gewebe: Leinwandbindung

Geflecht

4.42 Glasfasermatte zur Herstellung von Bauteilen mit isotropen mechanischen Eigenschaften.
4.43 Glasfaserabstandsgewebe zur Herstellung von Bauteilen mit Sandwichaufbau.

4.42   4.43

4.42 Glasfasermatte zur Herstellung von Bauteilen mit isotropen mechanischen Eigenschaften.
4.43 Glasfaserabstandsgewebe zur Herstellung von Bauteilen mit Sandwichaufbau.

Oberfläche auf der formabgewandten Seite ist stets rau und muss, sofern Anforderungen an die Oberflächenqualität bestehen, nachbearbeitet werden.

Eine eingrenzende Randbedingung für die Entwicklung von Formen ist der Umstand, dass nicht alle geometrischen Formen entformbar sind. Hinterschnitte oder stark verwundene Formen sind aus diesem Grund zu vermeiden. Beim Laminieren wird zunächst eine 0,3–0,6 mm dicke unverstärkte Feinschicht (Gelcoat) auf die Form aufgetragen. Sie verhindert das Durchzeichnen der Faserstruktur nach außen, dient als Witterungsschutz des Formteils und kann auch für die Farbgebung verwendet werden. Matrix und Fasermatten werden anschließend schichtweise nass auf die Form aufgebracht. Dabei besteht die handwerkliche Kunst in der Fähigkeit, eine gleichmäßig dichte Laminatstärke mit möglichst geringem Luftblaseneinschluss zu erzeugen.

Das Handlaminieren ist ein arbeitsintensives, aber investitionsarmes Verfahren.
4.44 Die Herstellung von Hochleistungsbauteilen im Handlaminierverfahren ist schwierig, da die Werkstoffeigenschaften nicht genau eingestellt werden können und der Faseranteil in der Regel kleiner als 45 Vol.-% ist. Qualitätsverbesserungen der Laminate erreicht man durch Anwendung verschiedener Drucktechniken. Beim Vakuumverfahren wird das noch nasse Laminat mit einer porösen Trennfolie und einem Sauggewebe abgedeckt. Nach Überdeckung mit einer Vakuumfolie und Abdichtung der Ränder wird ein Vakuum angelegt. Es werden alle überflüssigen Harzmengen und Lufteinschlüsse abgesaugt, und das Laminat härtet unter atmosphärischem Druck aus. Es entstehen sehr dichte Laminate mit hohen Fasergehalten. Mit dieser Technik ist es auch möglich, trocken hergestellte Laminate nachträglich mit Harz zu durchtränken. Beim Harzinfusionsverfahren wird an der gegenüberliegenden Stelle der Luftentnahme ein Behälter mit Harz angeschlossen, das beim Evakuieren in das Gewebe eingesaugt wird. Die Vakuumverfahren sind auch mit zweiteiligen Formen denkbar, um zwei glatte Außenflächen zu erhalten. In umgekehrter Form gibt es das Verfahren auch als Überdruckanwendung.

Eine ausgeprägte Verbesserung der Laminatqualität kann durch Verwendung eines Autoklaven erreicht werden. Das Bauteil wird wie beim Vakuumverfahren vorbereitet und anschließend unter Druck und Temperatur ausgehärtet. Die verwende-

4.44 Bauteilherstellung im Handlaminierverfahren.   4.45 Bauteilherstellung im Pressverfahren.

4.44

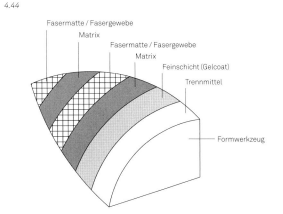

Fasermatte / Fasergewebe
Matrix
Fasermatte / Fasergewebe
Matrix
Feinschicht (Gelcoat)
Trennmittel
Formwerkzeug

4.45

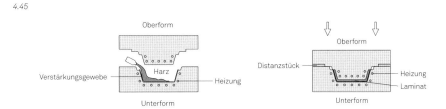

ten Drücke liegen dabei im Bereich von 2–25 bar bei ca. 180 °C. Der große Vorteil des Autoklaven ist der allseitig wirkende Druck, durch den auch dreidimensionale komplexe Bauteile ausgehärtet werden können.

4.45 *PRESS- UND INJEKTIONSVERFAHREN* Das Pressverfahren, das in kaltem oder heißem Zustand möglich ist, eignet sich für flächige Formteile mit erhöhten Ansprüchen an die Festigkeit und die Güte der Fertigteile. Die Formgebung erfolgt dabei durch zweiteilige Werkzeuge in einer Presse bei Werkzeuginnendrücken von 0,2–2,5 N/mm². Für die Maschinen dieses Verfahrens sind vergleichsweise hohe Grundinvestitionen notwendig. Voraussetzung für eine rentable Produktion ist die Fertigung von Serien mit großen Stückzahlen. Beim Kaltpressen können Kunstharzwerkzeuge eingesetzt werden, wobei der erreichbare Fasergehalt der Fertigteile bei nur ca. 50 Vol.-% liegt. Größere Serien und Fertigteile mit erhöhten Anforderungen werden im Heißpressverfahren mit Werkzeugen aus Stahl oder Aluminium hergestellt. Das Heißpressen ermöglicht die Herstellung von Fertigteilen mit Glasgehalten bis zu 65 Vol.-%. Beim Pressen können beispielsweise vorgefertigte Prepregs verwendet werden.

Unter Prepregs versteht man Verstärkungsfasern, die bereits mit Harz imprägniert sind (preimpregnated = vorgetränkt). Sowohl Gewebe als auch unidirektionale Bänder und Gelege sind als Prepregs erhältlich. Als Harzmatrix werden hauptsächlich modifizierte Epoxid- und Phenolharze verwendet, die bei Raumtemperatur nicht fließen. Prepregs werden kalt in eine Form eingelegt und unter Druck und Temperatur ausgehärtet. Die Verarbeitung kann von Hand oder maschinell erfolgen. Beim

4.46   Bauteilherstellung im Wickelverfahren, Frontal- und Seitenansicht.

4.46

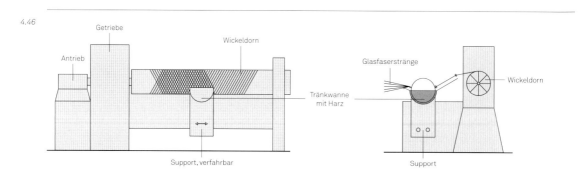

Erwärmen verflüssigt sich das Harz für kurze Zeit und durchtränkt die Fasern, bevor es zu härten beginnt. Neben dem Pressen sind das Vakuum- und das Autoklav-Verfahren geeignete Verarbeitungstechniken für Prepregs. Eine weitere Möglichkeit, Prepregs für große flächige Bauteile zu verarbeiten, ist das Tapelegeverfahren. Dabei legt ein Portalroboter mit einem speziellen Legekopf bandförmige Prepregs von der Rolle in einem bestimmten Muster ab. Gleichzeitig erfolgt ein Anpressen auf die vorherigen Lagen. Zur Aushärtung muss das Laminat unter erhöhter Temperatur, beispielsweise in einem Autoklav, verpresst werden.

Injektionsverfahren vereinen in sich die Eigenheiten des Pressens mit dem Spritzgießen. Beim Resin-Transfer-Moulding (RTM) werden Verstärkungsfasern trocken in eine zweiteilige Werkzeugform eingelegt. Das Harz wird anschließend unter Druck injiziert. Ein zusätzlich angelegtes Vakuum unterstützt den Durchtränkungsvorgang und entfernt die Lufteinschlüsse.

WICKEL- UND FLECHTVERFAHREN Ein weiteres Herstellungsverfahren ist die
4.46   Wickeltechnik, mit deren Hilfe Hohlkörper hergestellt werden. Die hohe Mechanisierung des Verfahrens ergibt eine gute Reproduzierbarkeit und hohe Genauigkeit. Ein Kern aus beispielsweise Aluminium oder Stahl wird mit matrixgetränkten Rovings oder Gewebebahnen umwickelt. Über die Drehzahl des Kerns sowie die Geschwindigkeit der Fadenablage kann dabei die Faserverstärkung des Laminats beeinflusst werden. Bauteile können auch trocken gewickelt werden und anschließend im Harzinfusionsverfahren getränkt werden. Das Verfahren wird hauptsächlich bei rotationssymmetrischen Bauteilen verwendet. Je nach Stückzahl und Geometrie des Bauteils werden wiederverwendbare Kerne aus Metall (meistens mit konischer Form) oder verlorene Kerne aus löslichen Stoffen eingesetzt. Hauptanwendungsgebiet sind Rohre und Behälter.

Eine Sonderform des Wickelns ist das Flechtverfahren. Dabei wird eine große Anzahl Fäden von einer verfahrbaren, rotierenden Flechtmaschine auf einen stationären Kern abgelegt. Die sich überschneidenden Fasern erzeugen flechtartige Verstärkungen auch für komplexe Geometrien. Zusätzlich können den Belastungen entsprechend verschiedene Faserarten (z. B. Glas- und Kohlefasern) gemischt werden. Im Gegensatz zum Wickelverfahren können auch Fasern in Kernachsenrichtung (0-Grad-Richtung) abgelegt werden. Nach dem Flechtvorgang wird das Harz im Infusions- oder Injektionsverfahren eingebracht.

4.47 Bauteilherstellung im Pultrusionsverfahren.

4.47

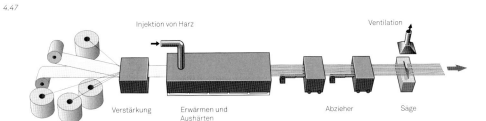

Injektion von Harz
Ventilation

Verstärkung   Erwärmen und   Abzieher   Säge
                Aushärten

PULTRUSIONSVERFAHREN Mit dem Pultrusionsverfahren können Endlosprofile
4.47 kostengünstig hergestellt werden. Die Formgebung findet in einem Werkzeug statt,
durch welches mit Harz getränkte Rovings, Gewebe oder Matten gezogen werden. Für
die Biegesteifigkeit und Biegefestigkeit in Profillängsrichtung ist hauptsächlich die
Rovingverstärkung maßgebend. Für die Schubsteifigkeit und Schubfestigkeit ist die
Gewebeverstärkung mit ihren Fasern senkrecht zur Herstellungsrichtung ausschlaggebend. Matten oder Vliese werden vor allem als Oberflächenschutzschicht mit in
die Profile eingebracht. Der industrielle Herstellprozess des Pultrusionsverfah-
rens bietet einen optimalen Fasergehalt, gleichmäßig hohe Qualität der Produkte und
eine geringe Streuung der mechanischen Eigenschaften. Er ermöglicht eine präzise
und zuverlässige Angabe von zulässigen Spannungen, Steifigkeiten und Traglasten.
Dies ist ein Vorteil, den Formgebungsverfahren mit herstellungsbedingten größeren
Unwägbarkeiten wie bspw. das Handlaminieren nicht in dieser Weise bieten. Prinzipiell ist im Pultrusionsverfahren nahezu jede Querschnittform denkbar, jedoch bedeutet die einmalige Herstellung des benötigten Werkzeugs eine hohe Investition.
Diese lohnt sich ab einem Profilbedarf von etwa 2000 lfm. Die auf dem Markt erhält-
lichen Profile orientieren sich weitgehend an stahlbautypischen Querschnitten bzw.
Sonderformen aus der Elektroindustrie oder dem Anlagenbau.

BEARBEITUNG

Die Bearbeitungsmöglichkeiten für faserverstärkte Kunststoffe sind in hohem Maße
von der Beschaffenheit der verwendeten Verstärkungsfasern abhängig. Mit gewissen Einschränkungen können faserverstärkte Kunststoffe mit herkömmlichen Werkzeugen bearbeitet werden. In der Praxis gelangen überwiegend hartmetall- oder dia-
mantbesetzte Werkzeuge zum Einsatz, um den Verschleiß zu reduzieren. Flächige
FVK-Bauteile besitzen stets überhängende Ränder, die besäumt werden müssen.
Zuschnitte unter Verwendung von Wasserstrahlschneideanlagen ergeben sehr präzise Sägeschnitte bei gleichzeitiger Vermeidung von Staubentwicklung. Die Material-
bzw. Profilhöhen sind bei diesem Verfahren allerdings begrenzt.

   Die Oberfläche eines GFK-Bauteils ist immer nur so präzise wie die Oberfläche
der Form oder des verwendeten Werkzeugs. In Abhängigkeit vom Anspruch an die
Oberflächenbeschaffenheit ist in vielen Fällen eine Nachbearbeitung erforderlich.
Diese teilt sich in Schleifen, Füllern und nochmaliges Schleifen. Die so bearbeiteten
Flächen können anschließend lackiert werden.

4.48 Fasergehalte von Laminaten für unterschiedliche Herstellungsmethoden.   *4.49* Werkstoffeigenschaften im Vergleich.

4.48

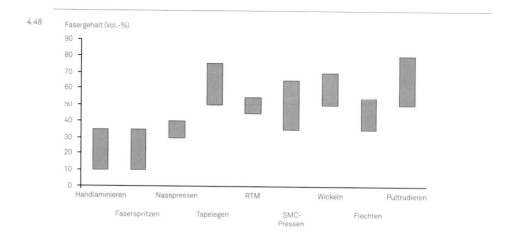

4.49

Kennwerte	GFK pultrudiert	GFK Matten-laminat	Stahl S 235 JR	Holz S 10	Glas Kalknatron-glas	Aluminium
Zugfestigkeit (N/mm²)	240	~60	360	14	30–90	150–230
E-Modul (N/mm²)	23000	~6800	210000	11000	70000	72000
Bruchdehnung (%)	1–3	~1,0	26	~0,8	0,1	2–8
Dichte (g/cm³)	1,8	~1,4	7,85	0,6	2,5	2,7
Temperaturausdehnungskoeffizient (in Faserrichtung) (10⁻⁶/K)	9	~25	12	~4,5	8–9	23
Wärmeleitfähigkeit (W/mK)	0,25	~0,25	50	0,13	0,8	160

EIGENSCHAFTEN

Faserverstärkte Kunststoffe sind Hochleistungskunststoffe. Sie finden Anwendung in unterschiedlichen Bereichen, beispielsweise Luft- und Raumfahrttechnik, Maschinen- und Anlagenbau sowie Bauwesen. Technisch bedeutsame Eigenschaften sind die hohe mechanische Festigkeit, das geringe Eigengewicht, die gute thermische Isolation, die hohe Korrosionsbeständigkeit und die vielfältige Formbarkeit. Die Entwicklung von Bauteilen aus faserverstärkten Kunststoffen folgt allerdings speziellen Gesetzmäßigkeiten. Der Werkstoff wird in vielen Fällen für die Einzelanwendung konfektioniert.

    Ein entscheidender Gradmesser für maßgebende mechanische Eigenschaften *4.48* von faserverstärkten Kunststoffen, insbesondere Steifigkeit und Festigkeit, ist der Fasergehalt. Der erreichbare Fasergehalt ist vor allem vom Herstellungsverfahren abhängig, beispielsweise sind hohe Fasergehalte insbesondere mit dem Pultru- *4.49* sionsverfahren erreichbar. Die Festigkeit von mit diesem Verfahren hergestellten Kunststoffprodukten reicht in den Bereich der metallischen Werkstoffe. Kohlefaserverstärkte Kunststoffe können diesen Wert sogar übertreffen. Ein Vergleich fällt besonders dann günstig aus, wenn dabei das geringe Eigengewicht der Kunst-

4.50 Werkstoffkennlinien im Vergleich.

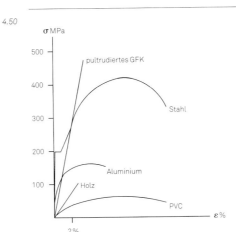

stoffe berücksichtigt wird. Faserverstärkte Kunststoffe besitzen andererseits nur eine vergleichsweise geringe Steifigkeit. Sie sind aus diesem Grund nicht für verformungsempfindliche Konstruktionen geeignet, bei denen eine große Schlankheit gefordert wird. Die hohe Festigkeit in Verbindung mit der geringen Steifigkeit führt allerdings auch zu einem hohen Maß an Flexibilität, eine besondere Werkstoffeigenschaft der faserverstärkten Kunststoffe.

Neben den großen Unterschieden im Hinblick auf die absoluten Steifigkeitswerte bestehen im Vergleich mit den metallischen Werkstoffen erhebliche Unterschiede vor allem im anisotropen und zeitabhängigen Materialverhalten. Der E-Modul der faserverstärkten Kunststoffe ist von der Faserrichtung abhängig. Neben der Faseranordnung spielt auch die Art der verwendeten Glastextilien eine Rolle. Bei dünnwandigen Laminaten kann praktisch keine Faserverstärkung in Dickenrichtung eingebracht werden. Dieser Umstand erklärt die großen Festigkeitsunterschiede in Platten- und Dickenrichtung. Bei Krümmungen oder an den Rändern treten zudem interlaminare Spannungen in Dickenrichtung auf, die zu Delaminationen führen können. Die ausgeprägt anisotropen Eigenschaften der FVK sind eine große Hürde in der Konstruktion und bei der Berechnung, sie bieten aber auch die Möglichkeit für die Entwicklung beanspruchungsgerechter Konstruktionen.

Kunststoffe zeigen normalerweise ein stark zeitabhängiges Verformungsverhalten, sie neigen zum Kriechen. Glas- und Aramidfasern kriechen im Vergleich mit der Kunststoffmatrix sehr viel weniger, Kohlenstoff-Fasern kriechen nicht. Je stärker also die Eigenschaften eines Laminats von der Matrix bestimmt werden, desto höher ist dessen Kriechneigung. Kriechversuche an UP-Laminaten haben gezeigt, dass das Kriechverhalten über Jahre als linear zu bezeichnen ist. Bei der Bemessung wird dieser Eigenschaft der faserverstärkten Kunststoffe durch eine Abminderung der zulässigen Festigkeit in Abhängigkeit von der Belastungsdauer Rechnung getragen.

Eigenschaften, die den Einsatz von faserverstärkten Kunststoffen für den Gebäudebau stark einschränken können, sind Temperaturbeständigkeit und Brandverhalten. Kohlenwasserstoffverbindungen als Grundbausteine fast aller Kunststoffe sind Ursache für deren Brennbarkeit. Trotz der Brennbarkeit faserverstärkter Kunststoffe existieren aber Produkte, die als schwer entflammbar gelten, oder die beim Brand keine giftigen Dämpfe entwickeln. Die Temperaturabhängigkeit der mechanischen Eigenschaften der Fasern kann in den meisten Fällen vernachlässigt werden, jedoch reagiert die Matrix sehr empfindlich auf höhere Temperaturen, obwohl infolge der geringen Wärmeleitung des Materials die Hitzeentwicklung in einem Bauteil etwa 200-mal langsamer voranschreitet als bei Stahl. Bei hohen Temperaturen sinken die Festigkeiten, während sie bei niedrigen Temperaturen ansteigen. So gibt beispielsweise Fiberline Composites Werkstoffkennwerte von GFK-Profilen für einen Temperatureinsatzbereich von −20 °C bis +60 °C an. Bei höheren Temperaturen sind die Festigkeits- und Steifigkeitswerte mit höheren Sicherheitsbeiwerten zu versehen. Im Vergleich mit Stahl beginnt der Festigkeitsverlust bei Kunststoffen sehr viel früher, bei Polyester bereits bei ca. 100 °C. Diese Temperaturgrenze kann durch die Verwendung von Phenolharz nach oben verschoben werden. Nichtsdestotrotz bleibt das Brandverhalten ein großer Nachteil bei der Verwendung faserverstärkter Kunststoffe für Tragstrukturen, bei denen Anforderungen an die Feuerwiderstandsdauer und/oder die Baustoffklasse bestehen.

5   HALBZEUGE UND PRODUKTE

Der Einsatz von Kunststoffen im Bauwesen erfolgt in der Regel in Form von Halbzeugen und Produkten. Nachfolgend wird eine Auswahl von für das Bauwesen relevanten Halbzeugen vorgestellt. Produktauswahl und die Beschreibung von Produktanwendungen sind beispielhaft, es existieren in vielen Fällen auch vergleichbare Produkte von anderen Herstellern. Die Produktbeschreibungen sind stark verkürzt, weiterführende Informationen sind bei den Herstellern erhältlich.

MONOLITHISCHE PLATTEN

Werkstoff Polymethylmethacrylat (PMMA)
Produkt Plexiglas, Acrylite,
Plexicor
Hersteller Evonik Röhm
GmbH
www.evonik.com
www.plexiglas.de
www.plexiglas-shop.de

PMMA, umgangssprachlich auch als Acrylglas bezeichnet, wird im Bauwesen häufig als Glasersatz eingesetzt. Unter dem Markennamen Plexiglas werden PMMA-Platten von der Evonik Röhm GmbH in vielfältiger Form hergestellt. Acrylglas zeichnet sich durch eine hohe Witterungs- und Alterungsbeständigkeit sowie eine hohe Oberflächenhärte und Kratzfestigkeit aus. Plexiglas ist von seiner chemischen Natur aus UV-beständig.

Plexiglas GS bezeichnet gegossene Halbzeuge. Als Platten sind standardmäßig Dicken von 2–120 mm verfügbar, als Sonderanfertigung beispielsweise für Unterwasserwelten können auch Dicken von bis zu 250 mm monolithisch gegossen werden. Das Standardformat ist 3050 × 2030 mm, als Sonderanfertigung sind Formate bis zu 3000 × 8000 mm herstellbar. Die obere Gebrauchstemperatur liegt bei 80 °C.

Plexiglas XT wird im Gegensatz zum gegossenen Plexiglas GS extrudiert. Die Standarddicken der Massivplatten liegen bei 1,5–25 mm, das Standardformat beträgt 3050 × 2050 mm. Überlängen sind bei einer Breite von 2050 mm bis zu 10 m möglich. Die obere Grenze der Gebrauchstemperatur liegt mit 70 °C etwas niedriger als die von Plexiglas GS.

Plexiglas GS besitzt im Vergleich zu XT eine höhere Wärmeformbeständigkeit, eine geringfügig höhere Zug- und Biegefestigkeit und ist einfacher zu bearbeiten. Bei der Kaltverformung muss ein Mindestradius in Abhängigkeit von der jeweiligen Plattendicke eingehalten werden. Die besseren optischen Eigenschaften von GS sind herstellungsbedingt durch die spiegelglatte Oberfläche begründet. Die Farbauswahl von GS-Produkten ist größer.

Eigenschaften und Gestaltungsmöglichkeiten:
— Hohe Transparenz
— Verschiedene Einfärbungen in transparent farbig, transparent fluoreszierend, opak farbig *5.3* *5.6*
— Oberfläche hochglänzend oder satiniert in verschiedenen Abstufungen *5.2*
— Oberfläche strukturiert *5.1*

5.1 PMMA-Produkte mit unterschiedlichen, satinierten oder strukturierten Oberflächen.   *5.2* Plexiglas SATINICE, durchgefärbt, mit satinierter Oberfläche.   *5.3* Plexiglas Fluorescent fluoreszierend, in verschiedenen Farben erhältlich.

5.1

5.2

5.3

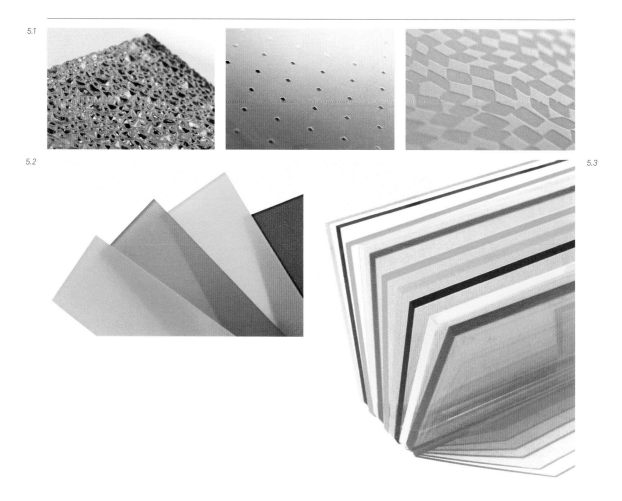

5.5

— Beschichtungen metallisch glänzend, dichroitisch (das Lichtspektrum wird in einen transmittierten und einen komplementären reflektierten Bereich zerlegt)
— Halbes Gewicht im Vergleich zu Glas
— Absolut witterungsstabil (bis zu 30 Jahre Garantie auf die Eigenschaften)
— Wiederholt polierbar
— Baustoffklasse B2 (DIN 4102), Brandklasse E (EN 13501)

Werkstoff Polymethylmeth-
acrylat (PMMA)
Produkt Chroma
Hersteller 3form
www.3form.eu

Die Produkte der Serie „Chroma" bestehen aus gegossenen PMMA-Platten, die in verschiedenen Farben hergestellt werden. Mit löslichen Farben eingefärbt, eignen sich die Platten für Anwendungen im Innenbereich. Alternativ bietet eine Farbbeschichtung auf der Innenseite der Platten die Möglichkeit, das Produkt im Außenbereich zu verwenden. Die Oberfläche ist ein- oder beidseitig mattiert. Nach Absprache können auch individuelle Anforderungen berücksichtigt werden. Bei Plattendicken von 12 mm und 25 mm betragen die maximalen Abmessungen 1219 × 3048 mm, bei einer Dicke von 50 mm liegt die maximale Größe bei 1200 × 2400 mm.

5.4 Produkte aus PMMA: PLEXICOR von Evonik Röhm, rechts Faux Alabaster von PyraSied.
5.5 Plexiglas Radiant mit einseitiger Oberflächenvergütung: Das Lichtspektrum wird in einen transmittierten und einen komplementären reflektierten Bereich zerlegt.   5.6 PMMA-Platten, durchgefärbt, mit matter, glänzender und metallisch reflektierender Oberfläche.   5.7 PyraLED ist eine lichtstreuende Platte aus Polycarbonat.

5.4   5.5

5.6   5.7

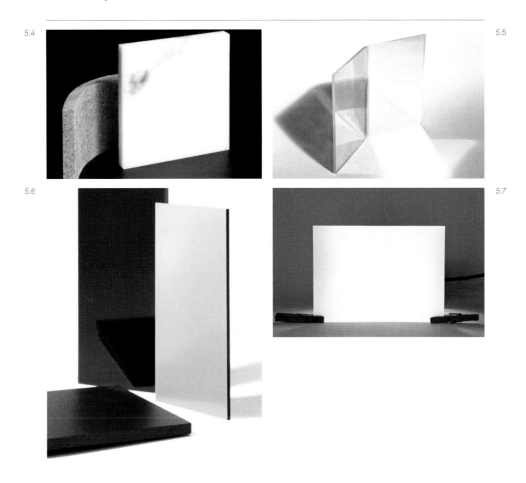

Werkstoffe Polycarbonat,
PMMA, Polyesterwerkstoff
Produkte PyraLED, Versato,
Faux Alabaster
Hersteller PyraSied
www.pyrasied.nl

PyraSied bietet eine große Auswahl gestalterisch innovativer Kunststoffprodukte und stellt eigene Produkte standardmäßig oder nach individuellen Kundenwünschen her. PyraLED und Versato sind zwei der firmeneigenen Produkte. PyraLED ist eine 5.7 transluzente, lichtstreuende Platte aus Polycarbonat. Spezielle, in den Kunststoff integrierte Nanopartikel sorgen für eine sehr gleichmäßige Lichtstreuung der Platte. Mit einer Materialstärke von 2 oder 3 mm ist PyraLED in verschiedenen Farben erhältlich. Die Standardabmessungen betragen 1220 × 2440 mm. Die Elemente sind schlagfest und für einen Einsatz im Außenbereich geeignet.

Versato ist der Markenname für gegossene PMMA-Platten, die in 22 Standardfarben und mit einer Dicke von 15 mm erhältlich sind. Nach Absprache können auch abweichende Materialdicken produziert werden. Versato-Platten sind in den Formaten 1500 × 2100 mm und 2030 × 3050 mm herstellbar. Die Oberfläche ist glänzend oder mattiert. Die Elemente können vollständig rezykliert werden. Versato-Produkte gehören der Baustoffklasse B2 (DIN 4102) an. Faux Alabaster ist ein Polyesterwerk- 5.4 stoff mit mineralischen Zuschlägen. Das Erscheinungsbild der hellen, braun oder schwarz-grau marmorierten Platten erinnert an Alabaster. Die 10 mm dicken Platten sind annähernd opak, können jedoch hinterleuchtet werden. Der Werkstoff kann spanend bearbeitet und verklebt werden. Die Standardabmessungen der Platten betragen 2400 × 1200 × 10 mm.

Werkstoff Polycarbonat (PC)
Produkt Makrolon Massiv-
platten
Hersteller Bayer Sheet
Europe GmbH
www.bayersheeteurope.com

Makrolon-Massivplatten eignen sich für Einsatzbereiche mit erhöhten Anforderungen an Temperaturbeständigkeit, Schlagfestigkeit und thermische Verformung für die Außen- sowie Innenanwendung. Die Transparenz ist im Vergleich zu PMMA leicht vermindert. Makrolon-Massivplatten sind mit UV-Schutz, kratzfester und chemikalienbeständiger Oberfläche sowie Funktionsbeschichtungen verfügbar. Makrolon Hygard bietet in Form mehrschichtig laminierter transparenter Platten auch Schutz vor Einbrüchen und Beschuss mit Feuerwaffen. Mit Brandschutzmodifizierung werden einzelne Produkte als Baustoffklasse B1 klassifiziert. Die Plattendicke liegt bei 0,75–15 mm, die Standard-Plattenabmessungen betragen 2050 × 1250 mm sowie 3050 × 2050 mm, auf Anfrage sind auch größere Abmessungen verfügbar.

Eigenschaften und Gestaltungsmöglichkeiten (produktabhängig):
— Transparent farblos und transparent farbig, weiß transluzent
— 88 % Lichttransmission bei 3 mm Dicke (Makrolon GP clear 099)
— Oberfläche glatt poliert bis strukturiert
— Bruch-, schlag- und schussfest (in Abhängigkeit von Materialstärke und Plattenaufbau)
— Kalt und warm umformbar
— Temperatureinsatzbereich von −100 °C bis +120 °C
— Baustoffklasse B2 (DIN 4102); Makrolon GP ist für den Innenbereich auch verfügbar als B1.

Werkstoff Ecoresin
(PETG-Kunstharz)
Produkt Varia
Hersteller 3form
www.3form.eu

Die Produkte der Serie Varia werden als monolithische Platten aus transparentem Ecoresin hergestellt. Ecoresin ist ein thermoplastisches Harz mit einem Rezyklatanteil von 40 %, das als Matrix für verschiedene Materialien dient, die in die Platten eingearbeitet werden. Die unterschiedliche Ausbildung dieser Zwischenschichten ermöglicht, in Verbindung mit Farbgebung und Oberflächenstruktur, eine Vielzahl von Gestaltungsoptionen. Varia-Produkte können in Absprache mit dem Hersteller auch nach individuellen Wünschen gefertigt werden.

5.8

5.9

Eigenschaften und Gestaltungsmöglichkeiten:
— Unterschiedliche Zwischenschichten und Farbgebungen möglich
— Oberflächen der Vorder- und Rückseite können unterschiedlich ausgebildet werden
— Hohe chemische Beständigkeit
— UV-stabilisiert
— Mit Kantenversiegelung in Nassräumen einsetzbar (Duschen, Badezimmer)
— Verkleben mit Zweikomponenten-Klebstoffen (wie Plexiglas)
— Warmverformbar bei 110–120 °C
— Kaltverformen möglich unter Beachtung eines Mindestbiegeradius
— Spanende Bearbeitung möglich (Bearbeitung wie MDF)
— Plattendicken 1,5, 3, 5, 6, 10, 12, 19 und 25 mm

5.8 PETG-Kunstharz, Kantenausbildung von Varia-Produktmustern mit unterschiedlichen Zwischenschichten.   5.9 Produktmuster Varia mit unterschiedlicher Färbung, Oberflächengestaltung und Zwischenschichten.

5.8

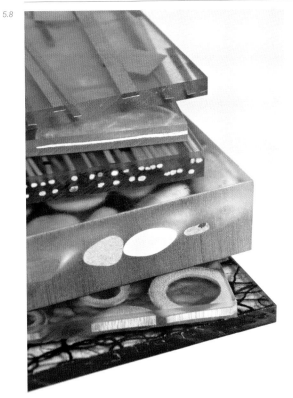

5.9

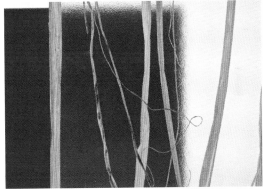

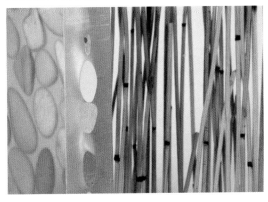

— Formate 1219 × 2438 mm, 1219 × 3048 mm, Sonderanfertigung 1524 × 3048 mm
— Brandschutz gemäß Kategorie Euroclass B, s1, d0

Werkstoff Glasfaser-
verstärkter Kunststoff (GFK)
Produkt Scobaglas –
IFG-Faserglasplatten
Hersteller Scobalit
www.scobalit.ch

Scobaglas-Produkte sind transluzente Platten aus glasfaserverstärktem Polyester- *5.10*
harz, die in verschiedenen Farben lichtecht durchgefärbt hergestellt werden können.
Die Standardfarben umfassen Natur, Rot, Blau, Gelb und Grün, Sonder- und RAL-
Farben können auf Anfrage produziert werden. Individuelle Formate können innerhalb der maximalen Abmessungen hergestellt werden

Eigenschaften und Gestaltungsmöglichkeiten:
— Lichttransmission bei 1,5 mm 85 %, Lichttransmission bei 8 mm 72 %
  (Farbe Natur)
— Oberflächenvergütet mit Graffitischutz
— Schlagfest, durchbruchsicher
— Witterungs-, alterungs- und UV-beständig
— Für den Innen- und Außeneinsatz geeignet
— Temperatureinsatzbereich von −40 °C bis +120 °C
— Bearbeitung: Schneiden, Bohren, Kantenpolitur
— Fügen: Schrauben, Kleben
— Standardplattendicken 1,5–9,5 mm, dickere Ausführungen auf Anfrage
— Standardformate maximale Breite 2500 mm, maximale Länge 8000 mm
— Baustoffklasse B1 schwer entflammbar (DIN 4102) nach Absprache herstellbar

Produkt Folien und Bahnen
Werkstoffe EPDM, PE, PVC,
ETFE, PVB
Hersteller EPDM-Bahnen
Firestone
www.firestonebpe.com
Hertalan
www.hertalan.de
Hersteller PVC-Folien
Renolit AG
www.renolit.com
Daams Kunststoffe GmbH
www.daams-kunststoffe.de
Hersteller ETFE-Folien
Foiltec
www.foiltec.de

Dünnwandige Folien werden aus verschiedenen Werkstoffen kalandriert oder extrudiert. Die Materialstärke beträgt je nach Werkstoff und Anwendung von unter 1 mm
bis zu 2 mm, die Breite der Bahnen ist herstellerabhängig. Folien können transparent
bis vollständig eingefärbt sein. Folien aus EPDM oder PE werden beispielsweise als
Abdichtung eingesetzt. ETFE-Folien finden Anwendung in der Gebäudehülle, etwa in
Form von pneumatisch vorgespannten Kissen. Polyvinylbuteral-Folie (PVB) wird als
verbindende transparente Schicht zwischen den Glasscheiben von Verbundsicher-
heitsglas-Scheiben (VSG) eingesetzt.

PROFILIERTE PLATTEN

Profilierte Platten, beispielsweise Well- und Stegplatten, sind extrudierte Halbzeuge, die infolge einer profilierten Querschnittsausbildung eine hohe Steifigkeit bei
einem geringen Eigengewicht besitzen. Die Querschnittsform von Wellplatten kann
trapez- oder sinuswellenförmig ausgebildet sein und wird durch eine Kombination
aus zwei Zahlen gekennzeichnet: Die erste Zahl bezeichnet den Abstand der Wellen-
berge, die zweite Zahl gibt die Gesamthöhe der Platte an. Beispiel: 76/18 [mm]. Der
Querschnitt von Stegplatten variiert hinsichtlich der Form und Anzahl der Kammern
und der Randausbildung entlang der Kanten. Die Breite ist produktabhängig, die
Länge ist aufgrund des Herstellungsprozesses theoretisch flexibel. Üblicherweise
sind jedoch Elemente mit festgelegten Abmessungen erhältlich.

5.10 Glasfaserverstärkter Kunststoff, Produkt Scobaglas als farbige transluzente Platten.

5.10

Werkstoff PMMA
Produkt Plexiglas XT
Hersteller Evonik
Röhm GmbH
ww.evonik.com
www.plexiglas.de

Evonik Röhm produziert Wellplatten aus schlagfest modifiziertem PMMA, die in einer Dicke von ca. 3 mm im Extrusionsverfahren hergestellt werden. Die 1045 mm breiten Elemente sind transluzent farblos oder braun verfügbar und bis zu einer Länge von 7000 mm produzierbar. Die glatte oder strukturierte Oberfläche kann mit einer Hitzeschutzbeschichtung versehen werden. Plexiglas-Wellplatten werden nach DIN 4102 der Baustoffklasse B2 zugeordnet.

Werkstoff Polycarbonat

Wellplatten aus Polycarbonat werden mit trapez- und sinuswellenförmigem Querschnitt hergestellt. Ausgestattet mit einer coextrudierten UV-Schutzschicht, eignen sich die schlagfesten Elemente für den Außeneinsatz. Sie sind kalt verformbar und transparent farblos oder bronze eingefärbt erhältlich. Die obere Grenze des thermischen Einsatzbereichs liegt mit einer Temperatur bis zu 120 °C sehr hoch. Wellplatten aus Polycarbonat werden in der Regel der Baustoffklasse B1 (DIN 4102) zugeordnet.

Werkstoff PVC

Wellplatten mit verschiedenen trapezförmigen oder sinuswellenförmigen Querschnitten werden aus Hart-PVC hergestellt. Sie zeichnen sich durch eine hohe Schlagzähigkeit aus und sind hagelfest. Sie besitzen eine hohe chemische Beständigkeit und können mit UV-Schutz ausgerüstet werden. Die Lieferformen umfassen transparente, weiß oder grau durchgefärbte Produkte sowie Formteile für First und Wandanschlüsse. PVC-Wellplatten werden üblicherweise nach DIN 4102 als Baustoffklasse B1 klassifiziert.

Werkstoff Glasfaserverstärkter Kunststoff (GFK)
Produkt scobalight –
ILP-Lichtwellplatten
Hersteller Scobalit
www.scobalit.ch

Scobalight-Platten werden in unterschiedlichen Querschnittsformen aus glasfaserverstärktem Polyesterharz hergestellt und besitzen eine hohe Alterungs- und Witterungsbeständigkeit. Darüber hinaus sind sie durchbruchsicher und dauerhaft UV-beständig. Neben den Standardfarben Natur, Gelb, Grün und Blau können

5.11

Scobalight-Produkte nach Absprache auch in RAL-Farben hergestellt werden. Die Breite der Elemente ist abhängig vom jeweiligen Profil und liegt zwischen 900 und 1170 mm. Die Standardlängen von 1500–6500 mm können nach individueller Absprache variiert werden. Scobalight-Elemente können mit der Klassifizierung der Baustoffklasse B1 (DIN 4102) produziert werden.

Werkstoff Polycarbonat
Produkt Makrolon multi
UV-Stegplatten
Hersteller Bayer Sheet
Europe GmbH
www.bayersheeteurope.com

Das Sortiment Makrolon multi UV besteht aus UV-beständigen Stegplatten aus   5.13
Polycarbonat, die in verschiedenen Modifizierungen und Querschnitten erhältlich sind. Sie eignen sich für Anwendungen wie beispielsweise Schwimmbadüberdachungen, Gewächshäuser, Oberlichter, Sporthallen. Je nach Produkt kann ein U_g-Wert von 1,0 W/m²K erreicht werden.

Eigenschaften und Gestaltungsmöglichkeiten:
— Farbgebung: farblos, weiß, transparent bronze, grün und blau
— Kalt biegbar
— Hagelfest
— Hitzebeständig bis 120 °C
— Plattendicken von 4–40 mm bei unterschiedlicher Anzahl und Anordnung der Stege im Querschnitt
— Plattenbreite 980, 1200 oder 2100 mm, Plattenlänge 2000–12 000 mm
— Baustoffklasse B1 oder B2 (DIN 4102), produktabhängig

Werkstoff Polycarbonat (PC)
Produkt Transluzente Fassaden- und Dachpaneele
Hersteller Rodeca GmbH
www.rodeca.de

Die transluzenten Dach- und Fassadenelemente von Rodeca bestehen aus Poly-   5.12
carbonat-Stegplatten, die im Hinblick auf Querschnitt und Kammeranzahl unterschiedlich ausgebildet sein können. Hohlkammerscheiben mit Standardbreiten von bis zu 2100 mm (produktabhängig) sind in verschiedenen Dicken erhältlich, die Seitenkanten können werkseitig verschlossen werden. Die Montage erfolgt mithilfe üblicher Fassadenkonstruktionen und Klemmprofile. Darüber hinaus gibt es eine Vielzahl verschiedener Fassadenpaneele aus Mehrfachstegplatten mit Baubreiten von beispielsweise 500 oder 600 mm, deren vertikale Kanten nach einem speziell entwickelten Nut-und-Feder-Prinzip miteinander gekoppelt werden. Großflächige, sprossenlose und flächenbündige Fassadenverkleidungen mit einer Höhe von bis zu 25 m sind ohne horizontale Stöße ausführbar. Die Befestigung der Paneele erfolgt durch Soganker auf der Innenseite, die an die jeweilige Unterkonstruktion anschließen. Befestigungselemente auf der Außenseite der Fassade entfallen. Die Integration von Sichtfenstern in die Fassade ist möglich. Die Elemente können unter Beachtung eines Mindestradius einachsig gekrümmt werden. Die UV-Beständigkeit wird durch eine bei der Produktion auf die Oberfläche aufgeschmolzene Schutzschicht gewährleistet.

Eigenschaften und Gestaltungsmöglichkeiten:
— COLOR (Designserie): in verschiedenen Farben durchgefärbt
— BI-COLOR (Designserie): farblos transluzentes Element mit coextrudierter farbiger Schicht auf der Innenseite zur Erzeugung eines dreidimensionalen Effekts (siehe Projekt Laban Creekside, S. 114)

5.11 Wellplatten aus unterschiedlichen Werkstoffen, von unten: transluzente blaue scobalight-Wellplatte aus GFK, opake weiße Wellplatte aus Plexiglas mit Hitzeschutzbeschichtung, opake scobalight-Wellplatte aus GFK.　*5.12* Transluzente Fassadenpaneele aus Polycarbonat. Vorn: 40 mm Dicke, farblos und als BI-COLOR-Element mit orangefarbener coextrudierter Innenseite. Mitte: 50 mm Dicke, farblos und opal. Hinten: Multifunktionspaneel, vollständig transluzent eingefärbt.　*5.13* Stegplattenprodukte variieren in Werkstoffwahl und Querschnittsform, von unten: Scobaelement aus GFK, Stegplatte aus Plexiglas, alle anderen Stegplatten aus Makrolon.

5.11
5.12
5.13

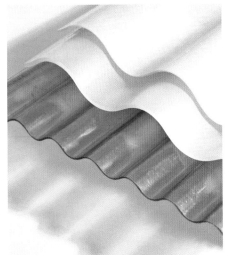

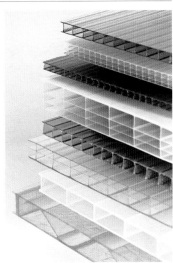

— DECO-COLOR (Designserie): Hitzeschutzbeschichtung auf der Außenseite, glänzende, reflektierende Oberfläche in Standardfarben oder als Sonderanfertigung, phosphorisierende Oberfläche
— Oberflächen bedruckbar
— Oberflächen können mit Graffitischutzschicht versehen werden
— IR-reflektierende Beschichtung möglich zwecks Reduzierung der Wärmeeinstrahlung von außen
— Hagelschlagfest
— U-Wert: 1,2 W/m²K, U-Wert bis zu 0,83 W/m²K (produktabhängig)
— Langfristig temperaturbeständig von −40 °C bis +115 °C, kurzzeitig bis zu +130 °C
— Warmverformen möglich, Kaltverformen unter Beachtung des Mindestbiegeradius
— Baustoffklasse B1 oder B2 verfügbar (produktabhängig)

Werkstoff Polypropylen
Produkt Bee_bo
Hersteller Deceuninck
www.deceuninck.be

Die streifenförmigen Stegplatten der Serie Bee_bo werden aus Polypropylen mit einem Rezyklatanteil von 80 % hergestellt und sind selbst vollständig rezyklierbar. Sie eignen sich für den Innenbereich und können mithilfe verdeckter Befestigungselemente als Wandverkleidung eingesetzt werden. Durch die Profilierung der Elemente entstehen Schattenfugen, für die Abschlüsse sind spezielle Randprofile erhältlich. Bee_bo ist in drei verschiedenen Oberflächenstrukturen mit silbrigmetallischem Aussehen lieferbar. Die 10 mm dicken Sandwichstreifen werden in Breiten von 100 und 250 mm und Längen von 2700, 4500 und 6000 mm hergestellt. *5.14*

5.14
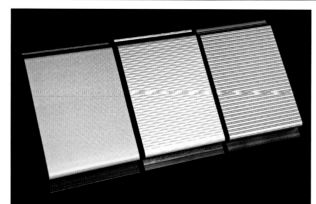

5.15
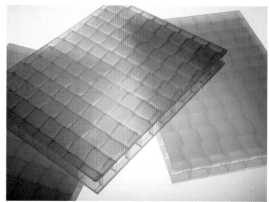

SANDWICHPLATTEN

Werkstoff PMMA, PET
Produkt ViewPan transluzentes Wabenpaneel
Hersteller Wacotech GmbH
& Co. KG
www.wacotech.de

ViewPan-Paneele bestehen aus einem WaveCore-Wabenkern aus transparentem   *5.15*
PETG, der mit jeweils 3 mm dicken Deckschichten aus Acrylglas (PMMA) dauerhaft
verklebt wird. Durch den transparenten Wabenkern der leichten und gleichzeitig biegesteifen Sandwichpaneele ergeben sich interessante optische Effekte von klarer
Durchsicht bis diffuser Lichtstreuung. ViewPan-Elemente werden im Innenbereich
beispielsweise für den Messebau/Ladenbau, für Lichtdecken oder für transluzente
Schiebetüren und Türen (Kandela) verwendet.

Eigenschaften und Gestaltungsmöglichkeiten:
— Farbgebung der Deckschichten: transparent, satiniert und/oder farbig
— Durchsicht abhängig vom Betrachtungswinkel
— Temperatureinsatzbereich von −30 °C bis +70 °C
— Standardformate 1000 × 3000 mm, Sonderanfertigung nach Absprache
— Plattendicken von 19–80 mm herstellbar
— Baustoffklasse B2 (DIN 4102), B1 auf Anfrage

Werkstoff GFK, CFK,
Epoxidharz, PMMA, PC
Produkt Leichtbauelemente
Konzept Jens-Hagen
Wüstefeld
www.leichtbauelement.de

Die Leichtbauelemente können aus verschiedenen Werkstoffen hergestellt wer-   *5.16*
den und basieren auf einem einfachen Herstellungs- bzw. Konstruktionsprinzip. Die
Kernlage besteht aus dünnwandigen Streifen, die über schräge Schlitze in einem   *5.17*
orthogonalen Raster zu einer Raumgitterstruktur ineinandergesteckt und verklebt
werden. Die Deckschichten sind mit der Kernstruktur verklebt. Die Kombination
unterschiedlicher Werkstoffe für Kernlage und Deckschichten ist prinzipiell möglich. Die Bauteilform ist eben, in Sonderfällen können auch einfach oder doppelt
gekrümmte Platten hergestellt werden. Die Elemente besitzen eine Plattenstärke
von mindestens 30 mm, sind aber bei entsprechenden Anforderungen auch in größerer Dicke lieferbar. Sie verfügen bei geringem Eigengewicht über eine hohe Tragfähigkeit und Steifigkeit. Über spezielle Verbindungselemente können Einzelplatten
miteinander gekoppelt werden.

5.16 Leichtbauelemente aus CFK, Epoxidharz, GFK und einer Kombination aus Aluminiumkern mit Epoxidharz-Decklagen.   5.17 Konstruktionsprinzip der Kernstruktur.

5.16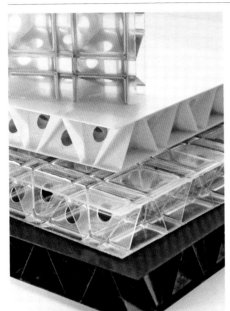

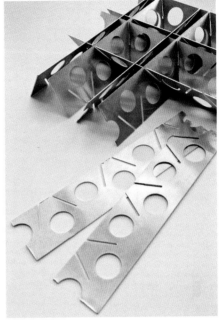 5.17

Eigenschaften und Gestaltungsmöglichkeiten:
— Kernlage kann zur Verbesserung der Wärmeisolation ausgeschäumt werden.
— Optionale Öffnungen in der Kernlage erlauben die Verlegung von Leitungen und Rohren im Hohlraum.
— Abmessungen der Elemente sind vom Werkstoff abhängig.
— Für den Außeneinsatz geeignet

Werkstoff *Polycarbonat,*
PMMA
<u>*Produkt*</u> *clear-PEP*
<u>*Hersteller*</u> *Design Composite*
www.design-composite.com

Clear-PEP-Paneele besitzen einen TRIcore-Wabenkern aus transparentem Poly- 5.18
carbonat, der in einem speziellen Kernziehverfahren hergestellt wird. In einem an-
schließenden Arbeitsgang erfolgt die flächige Verklebung mit den Deckschichten
aus Polycarbonat oder PMMA. Die transluzenten Sandwichplatten besitzen eine
hohe Biegesteifigkeit bei einem geringen Eigengewicht. Durch unterschiedliche
Kernhöhe, Farbgebung und Oberflächenbehandlung der Deckschichten ergibt sich
eine Vielzahl von Gestaltungsmöglichkeiten. Unter Einhaltung eines Mindestradius
können clear-PEP-Paneele auch gekrümmt werden. Mit UV-Schutz sind clear-PEP-
Produkte für Außenanwendungen einsetzbar.

Eigenschaften und Gestaltungsmöglichkeiten:
— Farbgebung: Standardfarben der Deckschichten: Orange, Grün, Hellblau, Dunkelblau, Sonderfarben und Kombinationen auf Anfrage
— Oberfläche glänzend transparent oder satiniert transluzent
— Geringes Eigengewicht
— UV- und witterungsbeständig

5.18 Clear-PEP-Paneele in verschiedenen Ausführungen.

5.18

— Temperatureinsatzbereich von –30 °C bis +80 °C
— Vorgegebene Plattendicken von 16–150 mm
— Breite 1000–2020 mm, Länge 2000–7800 mm (produktabhängig)
— Baustoffklasse B1, B2 (DIN 4102) produktabhängig

Werkstoffe Polycarbonat,
PMMA, Aluminium
Produkt AIR-board
Hersteller Design Composite
www.design-composite.com

Die transluzenten AIR-board-Paneele bestehen aus einem Wabenkern und zwei mit *5.19* dem Kern verklebten Deckschichten. Die Variationsbreite des Produkts ergibt sich aus den Kombinationen der unterschiedlichen Werkstoffe. Erscheinungsbild und mechanische Eigenschaften sind von der Materialwahl abhängig. Je nach Produkt *5.20* können die Elemente auch im Außenbereich verwendet werden, die Ränder müssen vor eindringender Feuchtigkeit geschützt werden. Für die Montage können beispielsweise handelsübliche Profilsysteme oder gebohrte Punkthalter verwendet werden.

Eigenschaften und Gestaltungsmöglichkeiten:
— Deckschichten aus PC oder PMMA, einfärbbar, glänzend transparent oder satiniert
— Kern aus Polycarbonat in verschiedenen Farben oder aus Aluminiumwaben mit diversen Zelldurchmessern
— UV- und witterungsbeständige Varianten verfügbar
— Elementdicke 16–150 mm (produktabhängig)
— Standardformate 1000 × 3020 mm, 1220 × 3020 mm, 1050 × 2550 mm (produktabhängig)
— Maximale Formate 2020 × 7080 mm, 1420 × 7080 mm (produktabhängig)
— Baustoffklasse B1 oder B2 (DIN 4102) (produktabhängig)

5.19 AIR-board-Paneele aus Polycarbonat und PMMA.   5.20 Sandwichplatten mit Metallwabenkern: rechts und liegend: AIR-board-Paneele von Design Composite, links: Sandwichplatte mit
Metallwabenkern und GFK-Deckschichten (andere Hersteller).

5.19

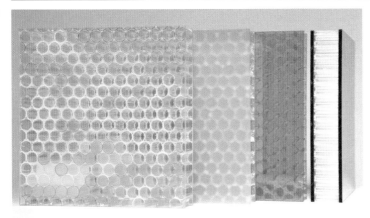

5.20

Werkstoffe Polypropylen,
Polyethylen, Polystyrol
Produkt VarioLine
Hersteller und Vertrieb
PolymerPark materials GmbH
www.polymer-park.com

Die Leichtbauplatten von VarioLine besitzen eine Integralschaum-Struktur und kön- *5.21*
nen aus verschiedenen thermoplastischen Kunststoffen produziert werden. Die
Platten sind vollständig durchgefärbt in verschiedenen Farben erhältlich. Die grundlegenden Eigenschaften werden durch die Wahl des Werkstoffs bestimmt, sind jedoch innerhalb einer gewissen Bandbreite modifizierbar. Die Platten werden in einer
speziellen Technik hergestellt, welche die Steuerung der Dicke und Belastbarkeit der
Randschichten sowie der Dichte und Druckfestigkeit des Kernbereichs ermöglicht.
Durch die Querschnittsstruktur ergibt sich eine erhöhte Biegesteifigkeit bei Ver-
ringerung des Eigengewichts. Die Elemente sind bruchfest und besitzen eine hohe
mechanische Belastbarkeit. Sie sind feuchtigkeits- und witterungsbeständig und somit für den Innen- und Außeneinsatz geeignet. Eine spanende Bearbeitung ist möglich. Die Standardplattenformate betragen 2450 × 1450 mm und 2000 × 1650 mm, die
Plattendicken liegen zwischen 6 und 26 mm. Aufgrund der homogenen thermoplastischen Struktur können VarioLine-Elemente rezykliert werden. Die Produkte werden
der Baustoffklasse B2 (DIN 4102) zugeordnet.

Werkstoffe Kunststoffvlies,
Mischgewebe aus Kunststoff
und natürlichen Fasern
Produkt 3D-Tex
Hersteller Mayser
www.mayser.de

3D-Tex Standard ist ein dreidimensional verformbares Textil mit einer Noppenstruk- *5.22*
tur, das als Kernmaterial für Sandwichkonstruktionen verwendet werden kann. Das
Polyestergewebe wird mit Harz imprägniert und kann mit unterschiedlichen Steifigkeiten hergestellt werden. Produktvarianten sind ein harzimprägniertes Polyestervlies sowie ein Mischfaservlies aus natürlichen Fasern und Polypropylen. Die
Noppenhöhe ist, in Abhängigkeit vom Werkstoff, mit einer Höhe von 5–14 mm herstellbar. Die Standardabmessungen des Polyestergewebes liegen als Rollen- oder
Plattenware bei einer Breite von 1450 mm, Produkte aus Mischfasern sind im For-
mat 1800 × 1000 mm erhältlich. Neben dekorativen Zwecken im Innenbereich wird
3D-Tex insbesondere im Fassadenbau als Kernmaterial eingesetzt. Je nach Produkt
wird die Baustoffklasse B2 oder B3 (DIN 4102) erreicht.

5.21 Das Produkt VarioLine ist eine Leichtbauplatte mit Integralschaumstruktur aus Polypropylen, Polyethylen oder Polystyrol.   5.22 Produktvarianten 3D-Tex: 3D-Tex Standard (weißes Textil), 3D-Tex 500 R1 (gelbliches Polyestervlies mit Melaminharzauflage), 3D-Tex PP/KHF (Mischfaservlies aus 50% Polypropylen und 50% natürlichen Fasern).   5.23 Parabeam aus GFK als transluzente ebene Platte mit einer Stärke von 5mm.

5.21

5.22

5.23
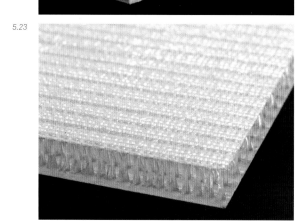

Werkstoff Glasfaserverstärk-
ter Kunststoff (GFK)
Produkt Parabeam 3D glass
fabric
Hersteller Parabeam BV
www.parabeam.nl

Parabeam ermöglicht auf einfache Weise die Herstellung ebener oder gekrümm-   5.23
ter Bauteile mit einer GFK-Sandwichstruktur. Es besteht aus einem dreidimensionalen Abstandsgewebe aus Glasfasern, bei dem zwei äußere Gewebelagen durch
Abstandsfäden miteinander verbunden sind. Das Parabeam-Gewebe wird als Glas-
faserverstärkung im Handauflegeverfahren verarbeitet. Wird das Gewebe mit Harz
imprägniert, stellen sich die Fasern durch die Kapillarwirkung der Abstandsfäden
auf. Nach dem Aushärten erhält man ein hoch belastbares GFK-Sandwich mit
einem geringen Eigengewicht. Parabeam ist bei einer Standardbreite von 1270mm
in Dicken von 3–22mm erhältlich.

Werkstoff Glasfaserverstärk-
ter Kunststoff (GFK)
Produkt Scobaelement –
ILE-Lichtelemente
Hersteller Scobalit
www.scobalit.ch

Die transluzenten Lichtelemente Scobaelement bestehen aus glasfaserverstärk-   5.13
tem Polyesterharz und werden in zwei verschiedenen Querschnittsformen als
Sandwichelemente mit Deckschichten und verbindenden Stegen hergestellt. Hinsichtlich Langlebigkeit im Innen- und Außeneinsatz weisen sie ähnliche Eigenschaften auf wie die Scobalight-Produkte. Durch den Sandwichaufbau verfügen sie über
eine höhere Steifigkeit und ermöglichen eine materialsparende Bauweise. Bei einer
Spannweite von 2500×2000mm ist, je nach Elementdicke, eine Flächenlast von bis

5.24 Ansicht einer Scobatherm-Platte aus GFK.   5.25 Schnitt durch eine mit Aerogel-Granulat gefüllte Scobatherm-Platte.

5.24

5.25

zu 180 kg/m² zulässig. Für Bohrungen müssen während der Produktion spezielle Inserts eingefügt werden.

Eigenschaften und Gestaltungsmöglichkeiten:
— Standardfarbe Natur, nach Absprache in verschiedenen Farben herstellbar
— Oberfläche mit Graffitischutz
— Maximale Abmessungen: 8000 × 2400 mm
— Dicken: 20, 30 und 50 mm (Typ M = wellenförmige Stege), 25 und 40 mm (Typ P = senkrechte Stege)
— Baustoffklasse B1 (DIN 4102) nach Absprache

Transluzente Scobatherm-Isolationselemente sind mit Aerogel gefüllte Lichtele-   5.24
mente. Bei einer Elementdicke von 50 mm erreichen sie einen U-Wert von 0,41 W/m²K.   5.25

Werkstoff GFK, PUR, PS, PV
Produkt Sandwichplatten mit Schaumkern
Hersteller diverse

Sandwichplatten aus einem PUR-Hartschaumkern und GFK-Deckschichten eignen   5.26
sich aufgrund ihrer hohen Festigkeit und ihres geringen Eigengewichts hervorragend für Leichtbaukonstruktionen. In Abhängigkeit von der Materialstärke besitzt der Schaumkern eine wärmedämmende Funktion. Die Sandwichelemente können individuellen Anforderungen angepasst werden. Deckschichten können aus unterschiedlichen duromeren Matrixharzen oder alternativ aus dünnen Metallblechen gefertigt werden.

Eigenschaften und Gestaltungsmöglichkeiten:
— Kernschicht aus PS-, PUR- oder PVC-Schaum, verschiedene Härtegrade
— Deckschichten aus GFK oder Metall
— Integration von Inserts möglich für punktuelle Befestigungen/Anschlüsse
— Hohe Maßgenauigkeit
— Für den Außeneinsatz geeignet
— Maximale Abmessungen: 3200 × 15 000 mm

5.26

SCHÄUME

*Werkstoff Polystyrol
(EPS, XPS)
Produkt Dämmstoffe
(Styrodur C, Styropor, Neopor,
Peripor)
Hersteller BASF SE
www.basf.com
www.neopor.de
www.styrodur.de*

Für Dämmstoffe, Stützkerne oder für den Formenbau werden verschiedene Werkstoffe in Schaumform verwendet. Für die Wärmedämmung von Gebäuden werden vor allem Hartschaumplatten aus extrudiertem (XPS) oder expandiertem Polystyrol (EPS) verwendet. Hartschäume aus Polystyrol sind insbesondere unter den Marken- *5.27* namen der BASF bekannt: XPS wird unter dem Namen Styrodur C gehandelt, EPS ist als Styropor, Neopor oder Peripor bekannt. Übliche Lieferformen sind ebene Elemente mit Plattendicken von mehreren Zentimetern. Für Betonbauten gelangen profilierte Schalungselemente zum Einsatz.

*Werkstoff Polyurethan-
schaum (PUR), Polystyrol
(EPS, XPS)
Produkt Kernmaterial
von Sandwichplatten*

PUR- oder Polystyrolschäume werden als Stützkernmaterial für Sandwichplatten verwendet. Das Kernmaterial wird dabei flächig mit den Deckschichten verklebt. In dieser Anwendung sind zahlreiche Produkte in verschiedenen Werkstoffkombinationen aus Kern- und Deckschichten auf dem Markt erhältlich. Für den Formenbau, beispielsweise für handlaminierte GFK-Bauteile, werden ganze Blöcke aus PUR-Hartschaum verwendet, die in Handarbeit oder mithilfe einer Fräse geformt werden können. In der Geotechnik werden Schaumblöcke vor allem bei wenig tragfähigem Untergrund in zunehmendem Umfang als preisgünstiges, volumenbildendes Element mit geringem Eigengewicht eingesetzt.

*Werkstoff Polystyrol (EPS)
Produkt Schalungselemente
aus EPS
Hersteller Iso-Massivhaus
www.iso-massivhaus.com*

Das ISO-Massivhaus-Bausystem verwendet wärmedämmende, speziell geformte *5.28* Schalungselemente aus Styropor, die wie Bausteine geschosshoch ineinandergesteckt und mit Beton ausgegossen werden. Falls es erforderlich ist, können Bewehrungsstähle in den Hohlräumen der Schalungselemente angeordnet werden. Die Styropor-Bausteine bilden als verlorene Schalung beidseitig der tragenden

5.27 Fräsen eines Styroporblocks zur Herstellung des Baukörpers der Busstation in Hoofddorp (S. 132)
5.28 ISO-Massivhaus mit Schalungselementen aus expandiertem Polystyrol (EPS): Die Elemente werden wie Bausteine aufeinandergesteckt, die Hohlräume werden anschließend mit Beton ausgegossen.

5.27 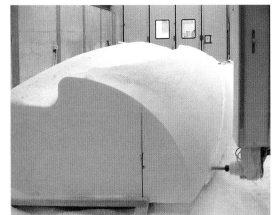  5.28

Betonwand eine effektive Wärmedämmung. Innen- und Außenoberfläche werden anschließend verputzt. Der Vorteil dieses Bausystems liegt in der schnellen und einfachen Verarbeitung.

PROFILE

Profile werden in Abhängigkeit vom Werkstoff im Extrusions- oder im Pultrusionsverfahren produziert. Coextrudierte Profile können aus verschiedenen Werkstoffen mit unterschiedlichen Eigenschaften hergestellt werden. Die Herstellung individueller Sonderformen ist prinzipiell möglich, in der Regel aber mit einer Mindestabnahmemenge verbunden.

Werkstoff Glasfaserverstärkter Kunststoff (GFK)
Produkt GFK-Profile
Hersteller Fiberline Composites A/S
www.fiberline.com

Für Tragstrukturen gelangen glasfaserverstärkte Kunststoffe vor allem in Form von Profilen zum Einsatz. GFK-Profile werden im Pultrusionsverfahren hergestellt. Sie 5.30 können herstellungsbedingt einen Glasfaseranteil von bis zu 70 % haben und besitzen eine sehr hohe Festigkeit. Sie kommen vor allem auch für tragende Bauteile 5.29 infrage. GFK-Profile zeichnen sich durch eine hohe UV-, Witterungs- und Chemikalienbeständigkeit aus. In Abhängigkeit vom Matrixharz erreichen GFK-Profile die Baustoffklasse B1 oder B2 (DIN 4102). Es gibt eine große Vielfalt von Profiltypen; die handelsüblichen Profilgeometrien orientieren sich an den dünnwandigen Querschnittsformen des Stahlbaus. Standardware sind sowohl offene als auch geschlossene Profile mit unterschiedlichen Abmessungen und Wandstärken. GFK-Profile eignen sich insbesondere für Stabtragwerke. Eine andere weitverbreitete Anwendung sind Fahrbahndecks für Brücken.

Werkstoff PVC
Produkt PVC-Profile
Hersteller Roplasto
www.roplasto.de

Fensterrahmen aus PVC bilden eine große Gruppe im Bereich der Kunststoffpro- 5.31 file, da bei dieser Anwendung die geringe Wärmeleitfähigkeit von PVC ausgenutzt werden kann. PVC-Fenster oder PVC-Türprofile werden als Hohlkammerprofile hergestellt und zum fertigen Produkt verschweißt. Um eine ausreichende Stabilität zu erreichen, werden Kunststoffprofile häufig durch Stahleinlagen verstärkt.

5.29 GFK-Profil mit offenem Querschnitt.   5.30 Pultrudierte GFK-Profile.

5.29

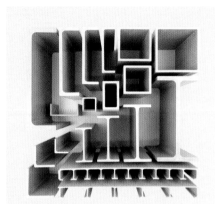

5.30

Werkstoff PMMA
Produkt Plexiglas-Rohre
und -Stäbe
Hersteller Evonik Röhm
GmbH
www.evonik.com

Geschlossene Profile mit runden oder quadratischen Querschnitten sowie Stäbe
werden aus Plexiglas XT oder Plexiglas GS standardmäßig bis zu einer Länge von
4000 mm hergestellt. Der Durchmesser der Stäbe reicht von 2–100 mm, Rohre können mit einem Durchmesser von 5–650 mm produziert werden. Je nach Herstellungsverfahren sind nicht alle Abmessungen als extrudiertes bzw. gegossenes Produkt verfügbar.

5.32

Werkstoff PMMA
Produkt Stäbe, Rohre, Profile
Hersteller Gevacril
www.gevacril.com

Acrylstäbe von Gevacril werden mit unterschiedlichen Querschnittsformen bis zu
einer Länge von 2000 mm gegossen oder extrudiert. Gegossene Rundstäbe können
mit einem maximalen Durchmesser von 200 mm bei einer Länge von 1000 mm produziert werden. Acrylprofile mit L-, U- und H-Querschnitt werden mit Längen von 2, 3
und 6 m hergestellt. Eine Besonderheit sind die metallisch glänzenden Beschichtungen, die in verschiedenen Farben erhältlich und sowohl für Innen- als auch Außeneinsatz geeignet sind. Darüber hinaus umfasst das Sortiment verschiedene Einzelteile wie beispielsweise Scharniere, Halbkugeln oder Schrauben aus PMMA.

Werkstoff Verschiedene
thermoplastische Werkstoffe
Produkt Stäbe, Rohre, Profile
Hersteller BWF Kunststoffe
GmbH & Co. KG
www.bwf-group.com

BWF Kunststoffe GmbH stellt aus diversen thermoplastischen Werkstoffen extrudierte Produkte her. Der Lieferumfang umfasst Stäbe und Rohre unterschiedlicher
Querschnitte und Durchmesser sowie eine Vielzahl von Profilformen wie beispielsweise geometrische Querschnitte, Verbindungs- und Abschlussprofile aus Polycarbonat für Stegplatten oder lineare Beleuchtungsprofile. Die Produkte sind transparent, transluzent, opak und in verschiedenen Farben erhältlich.

Elastomerprofile werden in unterschiedlichen Formen als Abdichtungsprofile im
Fassadenbau eingesetzt. Sie übernehmen die Dichtfunktion zwischen Fassaden-

5.31 Fensterrahmen aus PVC mit innen liegendem Verstärkungsprofil aus Stahl.   *5.32* Rohre und Stäbe aus Plexiglas.

5.31

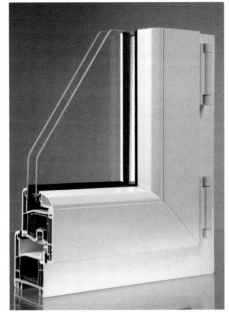

5.32

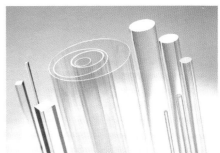

Werkstoff EPDM
Produkt EPDM-Profile
Hersteller CEFO-elastic-
profil-GmbH
www.cefo.de

bauteilen oder sind Bestandteil von Fassadenelementen wie beispielsweise Türen und Fenstern. Sie können darüber hinaus der kontrollierten Abführung von Kondenswasser dienen. Für die Stabilisierung können Drahteinlagen eingearbeitet werden.

SONDERPRODUKTE

Neben den beschriebenen Halbzeugen und Produkten finden Sonderprodukte in großer Vielfalt im Bauwesen Anwendung. Eine Auswahl von Sonderprodukten mit großer Bedeutung für das Bauwesen wird nachfolgend beschrieben.

Werkstoff Glasfaser-
verstärkter Kunststoff (GFK)
Produkt Gitterroste
Hersteller Fiberline
Composites A/S; Lichtgitter
GmbH
www.fiberline.com
www.lichtgitter.de

GFK-Gitterroste sind ein weitverbreitetes Kunststoffprodukt und werden in vielfältigen Größen mit unterschiedlicher Höhe und Maschenteilung angeboten. Sie können gegossen oder pultrudiert in Form von Profilrosten hergestellt werden. Gegossene GFK-Roste sind ungerichtet, pultrudierte GFK-Roste sind gerichtet. GFK-Gitterroste bilden vor allem im Industriebau eine robuste und leichte Alternative zu Metallrosten und gelangen insbesondere in industriellen und Offshore-Anlagen mit erhöhten Anforderungen an Korrosions- und Witterungsbeständigkeit zum Einsatz.

Werkstoff Elastomere
Produkt Elastomerlager
Hersteller Maurer Söhne;
Calenberg Ingenieure; Gumba
GmbH; SPEBA Bauelemente
GmbH
www.maurer-soehne.de
www.calenberg-ingenieure.de
www.gumba.de
www.speba.de

Elastomerlager dienen der zwängungsarmen Lagerung von Bauteilen sowie der Vermeidung unplanmäßiger Beanspruchungen aus Exzentrizitäten. Sie nutzen die hohe elastische Verformbarkeit und weitgehende Inkompressibilität bestimmter Elastomere. Sie finden Anwendung an den Verbindungsstellen von Tragwerksteilen, beispielsweise bei der Lagerung von Brückenüberbauten, aber auch bei Gebäuden, insbesondere bei der Betonfertigteilbauweise. Elastomerlager sind Standardbauteile in der Tragwerksausführung. Abmessungen und Ausbildung sind von den Beanspruchungen sowie den rechnerischen Verschiebungen bzw. Verdrehungen abhängig. Elastomerlager können unbewehrt oder, bei höheren Beanspruchungen, bewehrt mit einvulkanisierten Stahlblechen ausgeführt werden.

Werkstoff PET, PVA, PP und andere
Produkt Geokunststoffe
Hersteller DuPont; Tensar; Fibertex A/S
www.typargeo.com
www.tensar.de
www.fibertex.com

Geokunststoffe sind in der Regel flächige, durchlässige oder undurchlässige Kunststoffe in Form von Gittern, Geweben, Vliesen und Bahnen. Sie sind hochfest, dauerhaft und wirtschaftlich sowie einfach einzubauen. Geotextilien haben hauptsächlich Trenn- bzw. Filterfunktion und/oder Bewehrungsfunktion. Sie finden heute vielfältige Anwendung in der Geotechnik und im Verkehrswegebau, beispielsweise für Erdbewehrung und Bodenstabilisierung, für Dammgründungen und für den Erosionsschutz. Sie ermöglichen es, die mechanischen Eigenschaften des Bodens gezielt zu verbessern. Eine Sonderform ist die Bauweise der Bewehrten Erde, bei der Geokunststoffe Zugbeanspruchungen übernehmen und über Reibung in den Erdbaukörper eintragen.

6 KONSTRUIEREN MIT KUNSTSTOFFEN

Thermoplastische und duromere Kunststoffe unterscheiden sich im Hinblick auf chemische Struktur und mechanische Eigenschaften. In der Praxis ergeben sich daraus grundlegende Unterschiede für das Konstruieren mit den verschiedenen Kunststoffarten, die nachfolgend in getrennten Abschnitten erläutert werden.

THERMOPLASTE

Für die Gruppe der thermoplastischen Kunststoffe kommen grundsätzlich vier Fügetechniken infrage: Schrauben, Klemmen, Kleben und Schweißen, die im Folgenden erläutert werden.

SCHRAUBEN

6.1 Schraubverbindungen sind lösbare Verbindungen, die Zug- und Scherkräfte übertragen können. Sie gestatten eine beliebige Paarung unterschiedlicher Materialien und finden insbesondere für die Befestigung von ebenen und profilierten Platten Verwendung. Bei der Detailausbildung ist auf Temperaturdehnungen Rücksicht zu nehmen, um ungewollte Zwangbeanspruchungen zu vermeiden. Spröde Kunststoffe wie PMMA sind spannungsrissgefährdet und müssen mit speziellen Bohrern vorgebohrt werden. Die Drehgeschwindigkeit des Werkzeugs darf nicht zu hoch sein. Bei hohen Beanspruchungen empfiehlt sich die Verwendung von elastischen Zwischenschichten als Abstandshalter. In den Kunststoff geschnittene Gewinde sind im Hinblick auf eine mehrfache Verwendung nicht sehr strapazierfähig. Für Schraubverbindungen, die mehrmals gelöst werden sollen, empfiehlt sich eine Integration von Metallgewinden in das Bauteil. Schrauben sollten nur handfest angezogen werden, Unterlegscheiben ermöglichen eine gleichmäßigere Lastverteilung.

KLEMMEN

6.2 Eine Standardverbindung ist auch das Klemmen von Bauteilen aus Kunststoff. Die Fügetechnologie findet vor allem für flächige Bauteile, beispielsweise ebene oder profilierte Platten und Stegplatten, Anwendung. Eine Fixierung erfolgt dabei in der Regel durch linienförmige Klemmprofile aus Aluminium oder Edelstahl, vereinzelt aber auch durch Punkthalter. Bei der Detailausbildung sind die vergleichsweise großen Dehnungen thermoplastischer Kunststoffe infolge von Temperaturschwankungen zu berücksichtigen. In besonderem Maße gilt dies für Fassadenbauteile aus Kunststoffen wie Polycarbonat oder PMMA, die einen sehr hohen Temperaturausdehnungskoeffizienten aufweisen und gleichzeitig großen Temperaturschwankungen ausgesetzt sind.

6.1 Schraubverbindungen von Well- und Stegplatten mit Abstandshaltern.   6.2 Beispiele für Klemmprofile: A und B: Befestigung nach dem System der Firma Rodeca, C und D: übliche Fassadenbefes-
tigungsprofile, bestehend aus Fassadenunterkonstruktion, Stegplatten und Befestigungselementen.

6.1

6.2

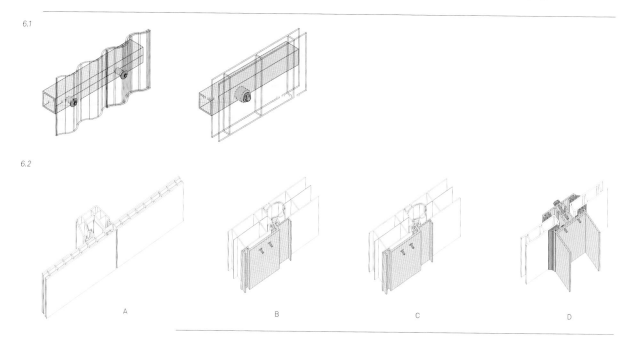

A   B   C   D

KLEBEN

Klebeverbindungen sind nichtlösbare Verbindungen. Sie sind prinzipiell hervorragend geeignet für Kunststoffe, weil punktuelle Beanspruchungen vermieden werden können. Es ist aber grundsätzlich zu beachten, dass durch Klebeverbindungen
keine bzw. nur minimale Maßtoleranzen aufgenommen werden können. Klebstoffe
sind nichtmetallische Stoffe, die Fügeteile durch Flächenhaftung und innere Festigkeit verbinden. Eine Einteilung der Klebstoffe kann auf Grundlage der chemischen
Zusammensetzung oder im Hinblick auf die Art des Abbindevorgangs erfolgen. Klebstoffe können sowohl auf organischen als auch auf anorganischen Verbindungen
basieren. Klebstoffe, die auf organischen Verbindungen basieren, vor allem Polymere, stellen den weitaus größten Anteil dar. Sie weisen in der Regel höhere Werte
für Klebfestigkeit und Alterungsbeständigkeit auf. Im Hinblick auf den Abbinde-
vorgang werden physikalisch und chemisch abbindende Klebstoffe unterschieden:

PHYSIKALISCH ABBINDENDE KLEBSTOFFE sind Substanzen, in denen das Polymer des Klebstoffs bereits im Endzustand vorliegt und in einer Form, die eine Verarbeitung ermöglicht, auf die zu verklebende Oberfläche appliziert wird. Die Adhäsion
kann durch zusätzlichen Druck während des Abbindevorgangs verstärkt werden. Die
wichtigsten physikalisch abbindenden Klebstoffe sind:

Nassklebstoffe sind in einem Lösungsmittel dispergierte Polymere, die als viskose Substanz auf die zu verklebenden Oberflächen appliziert werden. Die Haft-
wirkung setzt ein, nachdem das Lösungsmittel verdunstet ist. (Beispiel: Alleskleber,
Lösungsmittelklebstoffe)

Dispersionsklebstoffe beruhen auf einem ähnlichen Prinzip wie Nassklebstoffe. Das Klebstoffpolymer ist jedoch in Wasser dispergiert und benötigt eine längere Zeit zum Abbinden als Nassklebstoff. (Beispiel: Holzleim)

Kontaktklebstoffe werden auf Kautschukbasis hergestellt und sind in der Regel in einem Lösungsmittel gelöst. Der Klebstoff wird gleichmäßig auf beide Fügeteile aufgetragen. Nach dem Antrocknen werden die Oberflächen kurz bei hohem Druck zusammengepresst. Die Belastbarkeit der Verbindung ist bereits kurz nach dem Fügen möglich, die Endfestigkeit wird jedoch erst nach vollständiger Verdunstung des Lösungsmittels erreicht. (Beispiel: Vulkanisationsklebstoff)

Schmelzklebstoffe sind in unterschiedlicher fester Form verfügbar. Durch Erhitzen sind sie als viskose Masse verarbeitbar. Eine Belastung der Fügestelle ist unmittelbar nach der Abkühlung möglich. (Beispiel: Heißkleber)

CHEMISCH ABBINDENDE KLEBSTOFFE werden als vernetzte oder unvernetzte Polymere auf die Fügeteile aufgetragen. Die chemische Reaktion, die die Verbindung der Polymere untereinander bzw. mit dem Fügeteil initiiert, kann beispielsweise durch den Kontakt zweier Komponenten oder durch den Kontakt einer Komponente mit Feuchtigkeit oder Luft ausgelöst werden. Diese Klebstoffe werden aus diesem Grund auch als Reaktionsklebstoffe bezeichnet. Zur Gruppe der chemisch abbindenden Klebstoffen zählen:

6.3

Einkomponenten-Klebstoffe (1K-Klebstoffe) enthalten bereits den polymerisierten Klebstoff. Die Aushärtung setzt jedoch erst durch eine Veränderung der Umgebungsbedingungen ein, die beispielsweise durch eine Erhöhung der Temperatur oder den Kontakt mit Feuchtigkeit oder anderen Werkstoffen ausgelöst werden kann.

Zweikomponenten-Klebstoffe (2K-Klebstoffe) und Mehrkomponenten-Klebstoffe bestehen aus separaten Komponenten, die im korrekten Mengenverhältnis gemischt werden müssen, um die chemische Reaktion der Vernetzung des Klebstoffpolymers zu initiieren. Die Fügeteile müssen bis zum Aushärten in ihrer Lage fixiert werden.

Silikone unterscheiden sich von den organischen Polymerklebstoffen durch ihre Molekülstruktur aus Silizium-Sauerstoff-Verbindungen. Silikonklebstoffe sind als 1K- oder 2K-Klebstoffe erhältlich. Sie können in Schichtdicken von mehreren Millimetern aufgebracht werden, erhärten als 1K-Systeme jedoch nur bis zu einer Tiefe von ca. 6 mm. Sie sind elastisch und zeichnen sich durch eine hohe Witterungsbeständigkeit aus.

Aerobe Klebstoffe härten an der Luft, in der Regel unter Einfluss von Luftfeuchtigkeit, aus. (Beispiel: Montagekleber)

Anaerobe Klebstoffe sind 1K-Klebstoffe, die unter Ausschluss von Sauerstoff erhärten und zum Verkleben von Metallen eingesetzt werden.

Cyanacrylate sind 1K-Klebstoffe, die mit Hydroxidgruppen auf der Fügeteiloberfläche reagieren und eine dünne, aber spröde Klebeschicht bilden. Die Reaktion läuft innerhalb kurzer Zeit ab, die Verbindung ist in der Regel nicht hitze- und feuchtigkeitsbeständig. (Beispiel: Sekundenkleber)

6.4

Für die Leistungsfähigkeit einer Klebeverbindung ist die richtige Vorbehandlung von großer Bedeutung. Sie beeinflusst die Benetzbarkeit der Kunststoffoberfläche. Eine gute Benetzbarkeit ist Voraussetzung für eine hochwertige Klebeverbindung.

6.3 Physikalisch und chemisch abbindende Klebstoffe.   6.4 Benetzbarkeit einer Oberfläche. Links: sehr gute Benetzbarkeit, der Klebstoff breitet sich gleichmäßig auf der Oberfläche aus; Mitte: gute Benetzbarkeit, der Klebstoff benetzt einen Teil der Oberfläche; rechts: schlechte Benetzbarkeit, der Klebstoff perlt von der Oberfläche ab.

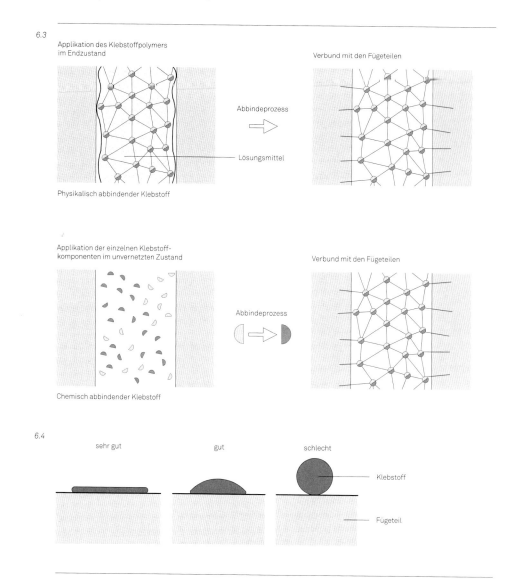

6.3

Applikation des Klebstoffpolymers im Endzustand

Verbund mit den Fügeteilen

Abbindeprozess

Lösungsmittel

Physikalisch abbindender Klebstoff

Applikation der einzelnen Klebstoffkomponenten im unvernetzten Zustand

Verbund mit den Fügeteilen

Abbindeprozess

Chemisch abbindender Klebstoff

6.4

sehr gut   gut   schlecht

Klebstoff

Fügeteil

Übliche Vorbehandlungsmethoden sind Säubern und Entfetten. Bei Polymeren wie beispielsweise Polyethylen (PE) oder Polypropylen (PP), die aufgrund ihrer unpolaren Oberfläche nur schwer benetzbar sind, kann die Leistungsfähigkeit der Klebeverbindung durch zusätzliche Maßnahmen, wie beispielsweise Aufrauhen oder Erhitzen der Oberfläche oder Auftragen eines Primers, erhöht werden. Bei der Auswahl des Klebstoffs ist nicht nur die Verträglichkeit des zu verklebenden Werkstoffs mit dem Klebstoffpolymer zu beachten, sondern auch mit eventuell vorhandenen Lösungsmitteln im Klebstoff. Prinzipiell können mithilfe von geeigneten Klebstoffen auch unterschiedliche Thermoplaste miteinander gefügt werden. Umweltfaktoren wie Feuchtigkeit, UV-Einstrahlung und Temperatur können den Klebeverbund beeinträchtigen. Verklebungen werden aus diesem Grund zur Erzielung einer optimalen Haftung in der Regel unter kontrollierten Umgebungsbedingungen im Werk ausgeführt.

6.5 Verklebung zweier Fügeteile aus Polycarbonat mithilfe eines Lösungsmittelklebstoffs.

6.5

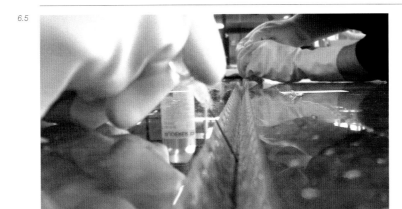

SCHWEISSEN

Das Schweißen ermöglicht die Fügung von Kunststoffen ohne zusätzliche Verbindungsmittel. Beim Schweißen werden die Oberflächen unter Einwirkung von Hitze und Druck gefügt. In der Regel werden gleichartige Werkstoffe durch Schweißen miteinander verbunden. In Ausnahmefällen ist bei einer ausreichenden Kompatibilität der chemischen Struktur auch das Schweißen unterschiedlicher Thermoplaste möglich, die Schmelztemperaturen der beiden Materialien sollten jedoch möglichst dicht beieinander liegen.

Heizelementschweißen Dabei wird eine hohe Qualität der Schweißnaht erzielt, indem die Fügeflächen zunächst durch Heizstempel bis zum Schmelzpunkt erhitzt und anschließend unter leichtem Druck zusammengepresst werden. Die Heizelemente der Schweißvorrichtungen werden der Geometrie der Fügeteile angepasst. Dieses Verfahren eignet sich für größere Serien und kommt beispielsweise bei der Fertigung von PVC-Fensterrahmen zum Einsatz.

6.6 *Warmgasschweißen* wird von Hand ausgeführt. Die Fügeflächen und die Schweißzugabe werden mit Heißluft aufgeschmolzen und anschließend gefügt. Dieses Verfahren kommt bei kleineren Stückzahlen und Prototypen zur Anwendung.

6.7 *Vibrationsschweißen* ist ein maschinelles Verfahren, das ein Verschweißen von Flächen bis zu 300 cm² ermöglicht. Bei diesem Verfahren werden zwei ebene Bauteile unter leichtem Druck in eine Maschine eingespannt. Eines der Fügeteile wird in Schwingungen versetzt und erzeugt auf diese Weise die zum Aufschmelzen der Oberfläche erforderliche Energie. Durch das Aufeinanderpressen der beiden Fügeteile entstehen hochfeste Verbindungen.

6.8 *Ultraschallschweißen* beruht auf einem ähnlichen Prinzip wie das Vibrationsschweißen, die Reibungswärme entsteht jedoch infolge von Schallwellen. Auf diese Weise entstehen hochfeste Verbindungen mit sehr geringen Taktzeiten, die vor allem für die serielle Fertigung kleiner Formteile verwendet wird.

6.9 *Laserschweißen* Das Prinzip des Laserschweißens beruht auf dem unterschiedlichen Absorptionsverhalten zweier Fügeteile für Laserlicht. Bei diesem Verfahren

6.6 Warmgasschweißen: Die Fügeflächen und die Schweißzugabe werden mit Heißluft aufgeschmolzen und anschließend gefügt.   6.7 Vibrationsschweißen: Zwei Bauteile werden unter leichtem Druck eingespannt. Ein Bauteil wird in Schwingung versetzt, die Oberfläche schmilzt auf und wird gegen das andere Bauteil gepresst.   6.8 Ultraschallschweißen: Das Aufschmelzen der Oberfläche erfolgt durch Schallwellen.   6.9 Laserschweißen: Das obere Fügeteil ist für den Laserstrahl durchlässig, der so bis zum unteren Fügeteil gelangen kann und dort Wärmeenergie erzeugt.

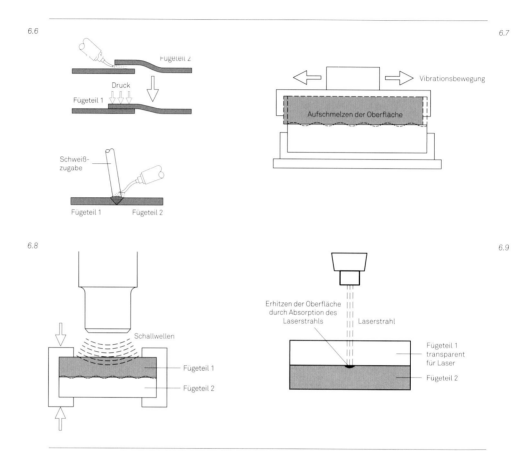

6.6

6.7

6.8

6.9

ist das obere Fügeteil für den Laserstrahl durchlässig, der so bis zum unteren Fügeteil gelangen kann. Beim Auftreffen auf die Oberfläche des unteren Fügeteils entsteht Wärmeenergie, die zwischen den beiden Komponenten übertragen wird. Die Verbindung kann anschließend unter leichtem Druck hergestellt werden. Das Absorptionsverhalten der beiden Fügepartner kann mithilfe von Pigmenten in einer Weise modifiziert werden, dass das äußere Erscheinungsbild der beiden Materialien trotz unterschiedlicher Absorptionseigenschaften gleich ist. Das Laserschweißen eignet sich für einen Einsatz bei schwer zugänglichen Fügepunkten. Mithilfe dieses Verfahrens können auch unterschiedliche Thermoplaste und sogar unterschiedliche Werkstoffe, beispielsweise Kunststoffe und Metall, miteinander verbunden werden.

DUROMERE

Faserverstärkte Kunststoffe (FVK) sind in der Praxis die größte Gruppe innerhalb der Duromere, weshalb die beiden Begriffe häufig synonym verwendet werden. Für diese Gruppe sind Schrauben und Kleben die gängigen Verbindungstechniken.

6.10 Kraftfluss in einer Schraubverbindung: Die Schraubenquerkraft wird über schräge Druckdiagonalen F_D in das Bauteil eingetragen. Es entstehen Querzugbeanspruchungen F_Z, mit deren Hilfe die Horizontalkomponenten der schrägen Druckkräfte kurzgeschlossen werden.   6.11 Versagensmechanismen in einer Scher-Lochleibungsverbindung, A: Bruch des Nettoquerschnitts, B: Spaltung des Profils, C: Lochleibungsversagen, D: Versagen auf Querzug, E: Versagen der Druckdiagonalen.

6.10

6.11

SCHRAUBEN

6.10 Für faserverstärkte Kunststoffe finden Schraubverbindungen dann Anwendung, wenn eine Lösbarkeit erforderlich ist oder wenn die Herstellung einer Verklebung aus montagetechnischen Gründen vor Ort nicht möglich erscheint. Es gelangen in der Regel große Unterlegscheiben zum Einsatz, um die Pressungen quer zur Faserrichtung klein zu halten.

Insbesondere bei scherbeanspruchten Schraubverbindungen wirken sich dabei die meist überwiegend in eine Richtung orientierte Faseranordnung sowie die allgemein fehlende Möglichkeit zur plastischen Spannungsumlagerung nachteilig auf die erreichbare Verbindungsfestigkeit aus. Bei Schraubverbindungen müssen einerseits die Kontaktkräfte zwischen faserverstärktem Kunststoff und der Schraube aufgenommen werden (Nachweis der Lochleibung), andererseits aber auch der Kraftfluss im direkten Umfeld der Lasteinleitung berücksichtigt werden. Er führt

6.11 bei pultrudierten Profilen zu unterschiedlichen Versagensmechanismen für Scher-Lochleibungsverbindungen, beispielsweise Querzugversagen im Krafteinleitungsbereich. Neben diesen Nachweisen ist dann noch die Schertragfähigkeit des Verbindungsmittels zu erbringen. Die übertragbaren Beanspruchungen sind insbesondere bei Scher-Lochleibungsverbindungen aus den genannten Gründen insgesamt vergleichsweise gering. Eine Vorspannung von Schraubverbindungen ist grundsätzlich möglich, jedoch ist die Vorspannung wegen des ausgeprägten Kriechens der faserverstärkten Kunststoffe zu kontrollieren und eventuell nachzuspannen.

Ein Vorteil der Schraubverbindung ist die witterungsunabhängige und unkomplizierte Montage. Trotzdem ist die für den Stahlbau entwickelte und auf den Kunststoffbau übertragene punktuelle Krafteinleitung der Schraubverbindungen wegen des anisotropen Werkstoffverhaltens von faserverstärkten Kunststoffen für die Verbindung von GFK-Bauteilen nicht in allen Fällen geeignet. Für Schraubanschlüsse in handlaminierten Bauteilen gibt es spezielle Befestigungselemente aus Stahl, die

6.12 Das Einlegeteil aus Stahl in handlaminierten Bauteilen erzeugt eine höhere Ausreißfestigkeit des Schraubanschlusses.

 6.12

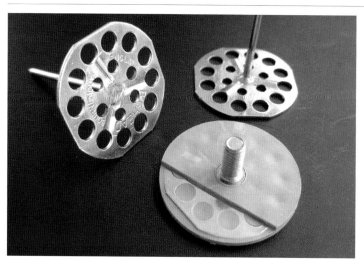

6.12 beim Herstellungsprozess einlaminiert werden. Sie bestehen aus einer gelochten Grundplatte mit einem aufgeschweißten Gewindeschaft oder einer aufgeschweißten Gewindemutter. Handelsübliche Durchmesser reichen dabei von M 4 bis M 12. Durch die direkte Integration in das Bauteil werden höhere Ausreißfestigkeiten am Anschraubpunkt erreicht.

KLEBEN

6.13 Kleben ist eine sehr werkstoffgerechte Verbindungstechnik für faserverstärkte Kunststoffe, da hierbei eine flächige Lasteinleitung gewährleistet wird. Eine Auswahl des Klebstoffs für eine Klebeverbindung kann nur im Einzelfall getroffen werden. In jedem Fall sollte eine Eignungsprüfung durch den Klebstoffhersteller durchgeführt werden.

Eine Klebung kann in verschiedene Schichten eingeteilt werden. Neben den bei-
6.15 den Fügeteilen gibt es die Klebschicht und die Grenzschichten zwischen Fügeteil-oberflächen und Klebschicht. Entsprechend kann für die Kraftübertragung in einer
6.14 Klebschicht zwischen der Haftung am Fügeteil (Adhäsion) und der inneren Festigkeit der Klebschicht (Kohäsion) unterschieden werden.

Für die Erklärung der sehr komplexen Adhäsionserscheinungen gibt es unterschiedliche Theorien. Stark vereinfachend ausgedrückt, liegt die Ursache der Adhäsionskräfte im Aufbau der Werkstoffe begründet. Werkstoffe bestehen aus Molekülen und Atomen, die sich gegenseitig durch elektrische Kräfte anziehen. Im Inneren eines Werkstoffs sind diese Kräfte gleichmäßig verteilt. An den Oberflächen haben die Atome oder Moleküle keinen gleichwertigen Nachbarn und sind je nach Aufbau in der Lage, andere Stoffe an sich zu binden, beispielsweise Staubpartikel oder Wassertropfen. In ähnlicher Weise bilden auch die Polymermoleküle in einem Klebstoff Kraftwirkungen mit einer Fügeteiloberfläche aus. Polymerstruktur bzw. Zusammensetzung des Klebstoffs werden dabei auf die Zusammensetzung der Fügeteile abgestimmt. Dies erklärt, dass sich die Verwendbarkeit eines Klebstoffs stets

6.13

6.13 Einteilung der Klebstoffe nach ihren Bestandteilen.

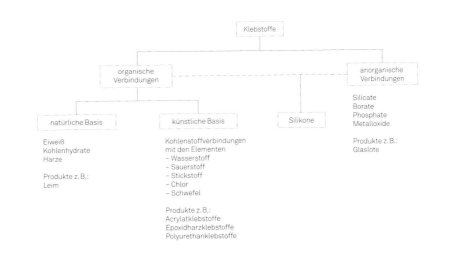

auf bestimmte Materialien beschränkt. Der Wirkungsbereich der Adhäsionskräfte liegt zwischen 0,2 und 1 nm, und auch extrem glatte Oberflächen können diese Bindungskräfte nutzen. Eine große Bedeutung kommt der Oberflächenvorbehandlung zu. Flächen, die bereits durch Staub- oder Feuchtigkeitsschichten belegt sind, können keine nennenswerten Adhäsionskräfte mehr ausbilden.

Bei der Haftung wird zwischen mechanischer und spezifischer Adhäsion unterschieden. Unter der mechanischen Adhäsion versteht man die mechanische Verklammerung der Klebschicht in den Poren oder Kapillaren der Fügeteiloberfläche. Sie spielt vor allem dann eine wichtige Rolle, wenn sehr raue und poröse Oberflächen vorhanden sind, wie beispielsweise bei Holz, Schäumen, Pappen etc. Bei glatten oder schwach angerauten Oberflächen ist ihr Anteil an der Gesamtadhäsion jedoch unbedeutend. Unter der spezifischen Adhäsion versteht man die Bindungskräfte, die auf chemischen, physikalischen und thermodynamischen Gesetzmäßigkeiten beruhen.

Die zweite wesentliche Kenngröße für die Festigkeit einer Klebeverbindung ist die Kohäsion, also die Bindungskräfte innerhalb einer Klebschicht. Unter dem Begriff der Kohäsion subsumiert man die Anziehungskräfte zwischen Atomen oder Molekülen innerhalb eines Stoffes. Die Kohäsionsfestigkeit ist eine werkstoff- und temperaturabhängige Größe. Sie wird durch die verschiedenen Bindungsarten (Haupt- und Nebenvalenzbindungen) bestimmt. Die Kohäsionsfestigkeit ist unter anderem auch von der Ausführungsqualität abhängig. Einen negativen Einfluss haben Lufteinschlüsse, mangelnde Vermischung der Komponenten, zu kurze Aushärtungszeiten und Nichteinhaltung der erforderlichen Aushärtungstemperatur. Für die Festigkeit einer Klebeverbindung spielt das Verhältnis von Kohäsion und Adhäsion eine große Rolle. Eine große Kohäsionsfestigkeit bringt bei zu geringer Adhäsionsfestigkeit keinen Vorteil und umgekehrt.

Neben den Haftungsmechanismen Adhäsion und Kohäsion einer Klebschicht können auch die Versagensmechanismen spezifiziert werden. Adhäsionsbruch, Kohäsionsbruch, Mischbruch und Fügeteilbruch sind die für Klebeverbindungen wesentli-

6.14 Adhäsions- und Kohäsionskräfte in einer Klebung.   6.15 Schichtaufbau einer Klebung.
6.16 Brucharten von Klebungen.

6.14

Fügeteil 1

● Adhäsion

○ Kohäsion

Fügeteil 2

6.15

Fügeteil 1
Grenzschicht 1
Klebeschicht
Grenzschicht 2
Fügeteil 2

6.16

Adhäsionsbruch   Kohäsionsbruch   gemischter Adhäsions-   Substratbruch
                                                   und Kohäsionsbruch   (Fügeteilbruch)

6.16   chen Versagensarten. Von einem Adhäsionsbruch spricht man, wenn weder auf dem Fügeteil Klebstoffreste noch auf der Klebschicht Fügeteilreste augenscheinlich nachweisbar sind. Adhäsionsbrüche deuten in der Praxis häufig auf eine nicht bzw. unzureichend durchgeführte Oberflächenvorbehandlung oder auf eine mangelnde Eignung des Klebstoffs für einen speziellen Untergrund hin. Bei einem Kohäsionsbruch kommt es zum Versagen, wenn die Festigkeit des Klebstoffs erschöpft ist. Die Adhäsion des Klebstoffs zum Fügeteil ist größer als die Festigkeit des Klebstoffs (=Kohäsion) selbst. Die Verklebung bricht innerhalb der Klebstoffschicht. Dies tritt insbesondere bei hochfesten Fügeteilen, beispielsweise Metallen, auf. Bleibt die Kohäsionsfestigkeit hinter den Erwartungen zurück, so kann das an einer unzureichenden Aushärtung oder einem falschen Mischungsverhältnis der Klebstoffkomponenten liegen. Treten beide Versagensarten gleichzeitig auf, spricht man von einem Mischbruch. Ursache hierfür kann eine teilweise unvollständige Entfettung der beteiligten Oberflächen sein. Neben diesen drei Brucharten besteht grundsätzlich auch die Möglichkeit des Fügeteilbruchs. Dieser Fall kann eintreten, wenn die Adhäsionsfestigkeit und die Kohäsionsfestigkeit die Festigkeit des Fügeteils übersteigen. Bei der Auslegung von GFK/GFK-Klebungen wird üblicherweise ein Klebestellenversagen durch einen Fügeteilbruch angestrebt, um die Materialfestigkeit der Fügeteile auszunutzen.

Neben den Klebstoffeigenschaften haben auch die Geometrie der Klebefugenausbildung sowie Art und Größe der Beanspruchungen einen Einfluss auf die er-

6.17

6.17 Ungünstige (a) und günstige (b) Ausbildung von Klebungen.

6.17   a   b

reichbare Festigkeit der Verbindung. Bei den Beanspruchungen in einer Klebefuge unterscheidet man Normalkraftbeanspruchungen (in der Regel Zug), Scherbeanspruchungen und Schälbeanspruchungen. Insbesondere letztere, also Beanspruchungen, die zum Abschälen eines Fügeteils vom anderen Fügeteil führen können, sind generell zu vermeiden. Ebenso sollten reine Biegebeanspruchungen in Klebefugen vermieden und in flächige Zug- und Druckbelastungen zerlegt werden. Eine Beachtung dieser Hinweise führt zu Standardklebegeometrien, die in Verbindung mit einer bestimmten Beanspruchung als günstig oder ungünstig eingestuft werden können.

Bei der Oberflächenvorbehandlung von Fügeteilen aus FVK ist eine Schädigung der Fasern zu vermeiden, um eine homogene Kraftübertragung auch in der Grenzschicht sicherzustellen. Die Entfettung der Oberflächen ist die sanfteste Reinigungsmethode. Eine mechanische Vorbehandlung sollte möglichst schonend durchgeführt werden und nur die gegebenenfalls vorhandenen festigkeitshemmenden Oberflächenschichten, beispielsweise Trennmittel, entfernen. Hierfür eignet sich unter anderem Schleifpapier mit feiner Körnung oder ein Schleifvlies. Eine Sonderform der mechanischen Vorbehandlung ist die Verwendung von Abreißgeweben: Nylongewebe werden als letzte Lage auf die Oberfläche eines noch nicht vollständig ausgehärteten Laminats aufgelegt und nach der Aushärtung wieder abgezogen. Diese Methode führt zu einer reinen und strukturierten Oberfläche, auf die direkt geklebt werden kann. Neben diesen Verfahren existieren weitere, aber teilweise sehr aufwendige Verfahren der Oberflächenvorbehandlung.

DIMENSIONIERUNG

NORMUNG

Entsprechend der Vielfältigkeit der Herstellungsarten, der Materialbestandteile und der Hersteller existiert keine durchgängige praxisnahe Norm, die den Entwurf und die Bemessung von GFK-Bauteilen regelt. Es liegen derzeit keine bauaufsichtlich eingeführten technischen Regeln für die Bemessung von tragenden Konstruktionen aus faserverstärkten Kunststoffen vor.

Von Bedeutung sind die Normen DIN 18820 und DIN EN 13706. Aufbau, Herstellung und Eigenschaften von Laminaten aus textilglasverstärkten Polyesterharzen regelt die DIN 18820 Teil 1. In Teil 2 werden physikalische Kennwerte wie Steifigkeiten und Festigkeiten für Regellaminate angegeben. Teil 3 beschreibt Schutzmaßnahmen und gibt Abminderungsfaktoren für die Festigkeitseigenschaften in Abhängigkeit von den Umgebungseinflüssen an, in Teil 4 sind Angaben zu Prüfung und Güteüberwachung zu finden. DIN EN 13706 mit den Teilen 1 bis 3 spezifiziert pultrudierte Profile, regelt Prüfverfahren und macht Angaben zu allgemeinen Anforderungen. Dabei werden mit den Sorten E23 und E17 Güteklassen mit zugehörigen Mindesteigenschaften geregelt.

Sehr nützliche Hinweise zur Entwicklung und Berechnung von FVK-Bauteilen gibt darüber hinaus die VDI-Richtlinie 2014. Im Regelungsentwurf „Tragende Kunststoffbauteile im Bauwesen TKB" des Bau-Überwachungsvereins (BÜV) für tragende Kunststoffbauteile im Bauwesen wird ein Sicherheitskonzept für die Bemessung vorgeschlagen. In diesem werden unter anderem die Einflüsse von Herstellungsart, Einwirkungsdauer und Einsatzbedingungen erfasst. Das „EUROCOMP Design

6.18 Versuchsträger mit vergleichender Finite-Elemente-Berechnung.

6.18

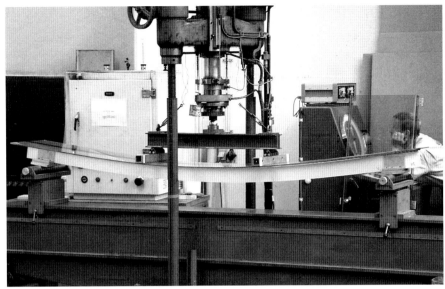

Code and Handbook" gibt eine komplette Übersicht des Standes der Technik zur Konstruktion und Bemessung von Bauteilen aus faserverstärkten Kunststoffen. Teilweise gibt es außerdem sehr ausführliche technische Unterlagen der Hersteller. Sie enthalten Angaben zu herstellerspezifischen Materialeigenschaften und Bemessungsgrundlagen.

ANALYTISCHE UND EXPERIMENTELLE BEMESSUNG

Für die Dimensionierung von Bauteilen aus faserverstärkten Kunststoffen existieren verschiedene Methoden der analytischen Bemessung. Nach der klassischen Laminattheorie wird ein zu untersuchendes Bauteil in seine einzelnen Schichten zerlegt. Die Eigenschaften der Einzelschichten sind dabei abhängig von den verwendeten Fasern und der Matrix. Nach Ermittlung der Dehnungen erfolgt die Ermittlung der Spannungen in der Einzelschicht. Für dieses Verfahren ist eine genaue Kenntnis des Laminataufbaus erforderlich. Für einfachere Vordimensionierungen dienen beispielsweise sogenannte Carpet Plots. Diese Diagramme geben für Standardlaminate Aufschluss über Eigenschaften wie E-Modul und Wärmeausdehnung in verschiedenen Richtungen in Abhängigkeit von den Schichtdickenanteilen.

Dieser Weg der Modellbildung findet im Bauwesen nur in Sonderfällen Anwendung, weil bei gängigen Halbzeugen, wie beispielsweise pultrudierten Profilen, die exakte Faseranordnung kaum zu erfassen ist. Es werden aus diesem Grund üblicherweise die Beanspruchungen am Querschnitt des ganzen Bauteils ermittelt und dann den charakteristischen Festigkeiten gegenübergestellt. Bauteilbeanspruchungen können mit den bekannten baustatischen Verfahren oder mit Finite-Elemente-

Berechnungen ermittelt werden. Der Tatsache, dass Kunststoffbauteile über ein ausgeprägtes Kriechverhalten verfügen, wird durch die Anwendung verschiedener Einflussfaktoren zur Berücksichtigung von Lasteinwirkungsdauer, Umwelteinflüssen und Temperatureinwirkung Rechnung getragen.

Die Festigkeiten faserverstärkter Kunststoffe sind von einer großen Anzahl an Einflussfaktoren, unter anderem Bauteilgeometrie, Herstellungsverfahren und Faseranteil, abhängig. In vielen Fällen können auf rechnerischem Wege keine ausreichend genauen Materialeigenschaften hergeleitet werden. In diesen Fällen ist es erforderlich, durch Material- oder Bauteilversuche die gesuchten Kennwerte wie Festigkeit oder Steifigkeit zu bestimmen. Für die Ermittlung von charakteristischen Grenzwerten sind in der Regel Versuchsserien mit fünf Proben und mehr erforderlich.

6.18

BESTÄNDIGKEIT UND DAUERHAFTIGKEIT

Faserverstärkte Kunststoffe sind sehr dauerhaft und besitzen eine hohe Beständigkeit gegenüber Umwelteinflüssen. Schadensfälle durch Wasseraufnahme des Laminats oder durch UV-Beanspruchung sind durch ständige Optimierung der Materialbestandteile seltener geworden. Nichtsdestotrotz müssen Bauteile aus FVK stets mit einem Oberflächenschutz wie beispielsweise einem Gelcoat oder einer Lackierung versehen werden, um eine ausreichende Dauerhaftigkeit zu gewährleisten. Beim Pultrusionsverfahren werden Vliese eingesetzt, um die Robustheit der oberflächennahen Bereiche zu verbessern. Schnittkanten sind ebenfalls unbedingt zu schützen. Die Kontrolle auf mechanische Beschädigungen, Rissbildung im Laminat, Blasenbildungen oder Aufquellungen gehört zur Wartung von tragenden Bauteilen aus faserverstärkten Kunststoffen.

7 KUNSTSTOFF IN HÜLLENDER FUNKTION

Die Nutzungsmöglichkeiten von Kunststoffen im Bauwesen sind sehr vielfältig: von der technischen Gebäudeausstattung über die Innenraumgestaltung, von der Verwendung in der Fassade über die Kunststoffbeschichtung für komplette Gebäude bis hin zum Konstruieren von hochleistungsfähigen Tragstrukturen aus Kunststoffen. Nach einer langen Phase mit überwiegender Anwendung von Kunststoffen in Sonderbereichen wie dem Industrie- und Anlagenbau bzw. für Bauteile der technischen Gebäudeausstattung, erfahren aktuell insbesondere die Einsatzgebiete Gebäudehülle und Tragstruktur wieder eine zunehmende Bedeutung. Im Unterschied zu den Pionierzeiten der Kunststoffarchitektur steht heute eine große Vielzahl von wirtschaftlich konkurrenzfähigen und gestalterisch interessanten Kunststoffprodukten bzw. Halbzeugen zur Verfügung. Auch dürfte die vielfältige Verwendung von Kunststoffprodukten in unserem Alltag dazu beigetragen haben, dass Vorurteile gegenüber einer Anwendung von Kunststoffen in der Architektur nicht mehr so ausgeprägt sind wie früher.

Die nachfolgend beschriebenen Projekte zeigen überwiegend, aber nicht ausschließlich, neue Beispiele für eine Kunststoffarchitektur. Eine Differenzierung nach den Funktionen Hüllen (Kapitel 7) und Tragen (Kapitel 8) ist eine klassische und sinnvolle Kategorisierung in der Baukonstruktion, weil Gebäudehüllen und Tragstrukturen unterschiedliche Aufgaben haben. Tragfunktion und Hüllfunktion in einer Schicht zu vereinen (Kapitel 9) ist ein anspruchsvoller Sonderbereich der Baukonstruktion. Es sei auf den Umstand hingewiesen, dass die Einteilung der Beispiele in diese Kategorien nicht in jedem Fall eindeutig ist, weil die Hüllfunktion stets mit dem Tragen, dies in der Regel aber bei reduzierter Spannweite, verbunden ist.

In diesem Kapitel werden Beispiele gezeigt, bei denen Kunststoffe die Gebäudehülle bzw. einen Teil derselben bilden. Fassaden prägen das Erscheinungsbild und den architektonischen Ausdruck von Gebäuden. Sie trennen innen und außen und müssen den Witterungsschutz gewährleisten, aber gleichzeitig mindestens teilweise lichtdurchlässig sein. Die vielfältigen Möglichkeiten, die Kunststoffe im Hinblick auf Farblichkeit, Oberflächenbeschaffenheit und Lichtwirkung bieten, sind ein Grund für ihren Einsatz in diesem Teilbereich. Neben den gestalterischen Gesichtspunkten ist bei den Gebäudehüllen baupraktisch vor allem auch die Frage relevant, ob bauphysikalische Anforderungen, beispielsweise Wärmeschutz oder Schallschutz zu erfüllen sind oder nicht. Bei Kunststoff-Fassaden können entsprechende Anforderungen in der Regel nur in Verbindung mit zusätzlichen Fassadenschichten wie Wärmedämmung oder Isolierverglasung oder mit Sandwich-Elementen realisiert werden. Fassadenaufbauten sind heute in vielen Fällen also sehr viel komplizierter, aber auch sehr viel leistungsfähiger als früher. Kunststoffe leisten dazu einen Beitrag.

CHANEL MOBILE ART PAVILION

Standorte Hongkong, China; Tokio, Japan; New York, USA
Material GFK (Fassade), ETFE (Oberlichter)
Fertigstellung 2008

Objektplanung Zaha Hadid Architects
Tragwerksplanung ARUP
Herstellung GFK-Elemente Stage One Creative Services Ltd

Der mobile Pavillon für das Modeunternehmen Chanel dient als Ausstellungsraum für Kunstwerke, die, von Chanel inspiriert, speziell für den Pavillon geschaffen wurden. Er wurde als temporäres Bauwerk für verschiedene Metropolen der Welt konzipiert.

Das Raumkonzept basiert auf einem Torus, dessen Grundriss einem Dreieck angenähert ist. Der Zugang zum Pavillon führt über eine Terrasse, die vom Ausstellungsraum und einem Ticketschalter eingefasst wird. Der Ausstellungsbereich des insgesamt ca. 700 m^2 großen Pavillons ist um einen 65 m^2 großen zentralen Innenhof angeordnet, der als Ruhezone dient und bei Bedarf für Veranstaltungen genutzt werden kann. Oberlichter aus ETFE-Kissen im äußeren Umgang sowie über dem Innenhof ermöglichen tagsüber eine natürliche Belichtung.

Das Haupttragwerk des 6 m hohen Pavillons wird von einer Stahlskelettstruktur gebildet. Die gekrümmten Stahlrippen aus I-Profilen, deren radiale Anordnung näherungsweise der komplexen Gebäudegeometrie folgt, dienen gleichzeitig als Unterkonstruktion für die Kunststoff-Fassadenelemente. Die GFK-Elemente besitzen Aufkantungen an den Rändern und werden über im Werk aufgeklebte und zusätzlich verschraubte Stahlteile, die sich in den vertikalen Fugen befinden, auf die Tragkonstruktion geschraubt. Die Fugen zwischen den Kunststoffpaneelen rhythmisieren die Oberfläche der Gebäudehülle.

Die Gebäudegeometrie wurde mithilfe digitaler Entwurfswerkzeuge entwickelt. Diese Methode ermöglichte einen nahtlosen Prozess vom Entwurf bis zur Produktion der Einzelbauteile. Infolge der veränderlichen Krümmung der Gebäudehülle musste für jedes der insgesamt 400 GFK-Elemente ein eigenes Formwerkzeug gebaut werden. Die Herstellung der GFK-Teile erfolgte im Handlaminierverfahren mit anschließender Lackierung. Die 12 mm dicken Elemente sind als Sandwich mit unterschiedlichen Kernschichten und zwei Polyesterharz-Deckschichten ausgeführt. Die Brandschutzanforderungen der GFK-Teile wurden im Versuch nachgewiesen. Eine elastische textile Bespannung bildet die Oberfläche des Innenraumes.

Die Abmessungen der einzelnen Bauteile sind wegen des Transports auf eine Breite von 2,25 m begrenzt. Das Projekt beeindruckt durch die kompromisslose Umsetzung eines geometrisch komplexen Entwurfs in die gebaute Realität und zeigt in eindrucksvoller Weise die Formbarkeit von Kunststoffen.

1 Gesamtansicht des Pavillons.   *2* Fassadenausschnitt.   *3* Montage der Fassade.   *4* Überblick Gebäudefunktionen.

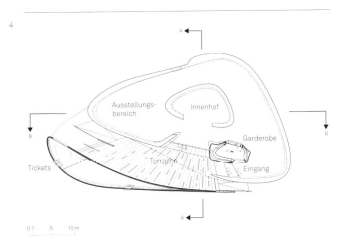

Ausstellungs-
bereich

Innenhof

Garderobe

Tickets

Torrogen

Eingang

0 1   5   10 m

BMW BUBBLE

Standorte Frankfurt und Berlin, Deutschland
Material PMMA
Fertigstellung 1999

Objektplanung Bernhard Franken mit ABB Architekten
Tragwerksplanung Bollinger + Grohmann Ingenieure
Ausführung Metallbau Pagitz

Der BMW Bubble wurde 1999 als Ausstellungspavillon für die IAA Frankfurt konzipiert. Die computergenerierte Grundform ist abgeleitet aus der Vorstellung von zwei Wassertropfen kurz vor der Vereinigung. Die Wassertropfen stehen als Metapher für das Thema der Ausstellung, Clean Energy, in der über die Entwicklung alternativer Antriebsmethoden für Kraftfahrzeuge informiert wird.

Der 24 m lange, 16 m breite und 8 m hohe Pavillon sollte ursprünglich als vollkommen selbsttragende, transparente Kunststoffhülle ausgebildet werden. Eine Verklebung der Scheiben zu einer tragenden Hülle konnte aber, unter anderem aus terminlichen Gründen, nicht umgesetzt werden. Stattdessen wurde ein alternativer tragstruktureller Ansatz entwickelt, der eine effiziente und ökonomische Umsetzung des architektonischen Konzepts ermöglichte.

Das tatsächlich realisierte Tragwerkskonzept ist abgeleitet aus einer Spantenkonstruktion aus Sperrholz, die bei einem Probeaufbau der Kunststoffhülle als Montagehilfe diente. Das Primärtragwerk besteht aus sich kreuzenden Aluminiumspanten. Die Einzelspanten sind aus jeweils drei Lagen dünner Aluminiumbleche gefertigt, die über Schrauben miteinander verbunden sind.

Die Gebäudehülle besteht aus 305 sphärisch gekrümmten Scheiben mit einer Dicke von 8 mm, die insgesamt eine 960 m² große Hüllfläche bilden. Die Einzelscheiben wurden auf gefrästen PUR-Blöcken warmverformt. Die PMMA-Scheiben haben aussteifende Funktion und sind über Klemmen, die durch die Fugen der Scheiben in die Spanten geschraubt werden, befestigt. Die Fugen sind mit Silikon nass verfugt.

Der Pavillon besitzt zwei getrennte ebenerdige Fluchtwege und eine Sprinkleranlage im Inneren, um den baurechtlichen Anforderungen gerecht zu werden. Für den Eingang wurde eine besonders innovative Lösung entwickelt. Ein in die Gebäudehülle integriertes, sphärisch gekrümmtes Kunststoffelement bildet die Eingangstür. Es wird von stehenden Spanten gehalten und kann zum Öffnen der Eingangstür auf zwei Schienen nach außen bewegt werden. Die Türöffnung ist mit einem der gekrümmten Oberfläche geometrisch angepassten Aluminiumrahmen eingefasst.

1 Eine innovative Lösung wurde für die Türkonstruktion der sphärisch gekrümmten Struktur gefunden: Das Türelement fährt auf parallelen Schienen nach außen.   2 BMW Bubble auf der IAA Frankfurt.
3 Konstruktionsphase: Der obere Bereich des Bubble ist bereits mit den PMMA-Scheiben eingedeckt.

KUNSTHAUS GRAZ

Standort Graz, Österreich
Material PMMA
Fertigstellung 2003

Generalplanung Arbeitsgemeinschaft Kunsthaus: spacelab-cook fournier, Bollinger + Grohmann Ingenieure, Architektur Consult ZT

„The friendly alien" war das Ergebnis eines von der Stadt Graz ausgelobten Wettbewerbs für ein Kunsthaus. Peter Cooks und Colin Fourniers Konzept formte eine spektakuläre architektonische Geste. Planung und Realisierung erfolgten durch eine speziell für dieses Projekt gegründete interdisziplinäre Arbeitsgemeinschaft.

Die Grundrissabmessungen des organisch geformten Museumsgebäudes betragen ca. 64 × 40 m. Das Bauwerk besitzt eine offen verfugte, transluzente Kunststoff-Fassade über einer wärmegedämmten Klimahülle. Das Erscheinungsbild ist geprägt von den sogenannten Nozzles (Lichttrichter), die ursprünglich beweglich konzipiert waren, um dem Lauf der Sonne folgen zu können.

Das Haupttragwerk aus Stahl bildet eine Schalenkonstruktion aus Dreiecksmaschen, die sich der komplexen Gebäudegeometrie polygonal annähert. Stahlblech-Sandwichpaneele und eine mit Kunststoffbahnen abgedichtete Dämmschicht von 160 mm bilden den Raumabschluss. Über der Klimahülle befinden sich sphärisch gekrümmte PMMA-Paneele mit Abmessungen von ca. 2 × 3 m, die den Eindruck einer organisch gekrümmten Oberfläche erzeugen. Die Herstellung der unterschiedlich gekrümmten Einzelplatten erfolgte durch thermische Verformung auf CNC-gefrästen PUR-Blöcken mit individuellem Zuschnitt.

Die 20 mm dicken, blau durchgefärbten PMMA-Scheiben sind über Haltearme und gebohrte Edelstahl-Punkthalter in einem Abstand von ca. 30–70 cm auf das Tragwerk montiert. Die PMMA-Scheiben sind statisch bestimmt gelagert, um thermisch bedingte Zwangbeanspruchungen zu vermeiden. Sie sind mit offenen Fugen montiert, das Niederschlagswasser wird über die sich unter den PMMA-Scheiben befindende Abdichtung abgeführt. In regelmäßigen Abständen zwischen den Scheiben angeordnete Sprinkler sind Teil des Brandschutzkonzepts. Die 1300 gegossenen PMMA-Scheiben wurden zusätzlich mit einem Flammschutzmittel versehen. Hinter den transluzenten PMMA-Paneelen befinden sich individuell ansteuerbare kreisrunde Leuchtstoffröhren, die zusammen mit den Kunststoffelementen eine Medienfassade bilden.

1 Kunsthaus Graz.   2 Montage der PMMA-Elemente auf den Haltearmen. Die graue Oberfläche der Gebäudehülle ist die wasserführende Schicht.   3 Detailschnitt durch die Dachkonstruktion.
4 Haltearme der Kunststoffscheiben mit Sprinklerkopf.

a Acrylglas 20 mm *b* Acrylglashaltepunkte, elastisch gelagert *c* Haltearme, verdrehbar *d* Sprinklerdüsen *e* Sprinklerleitung *f* BIX Medienleuchte *g* Elektroleitungen *h* Edelstahl Haltestab mit Bohrung Ø 30 mm *i* Abdichtungsbahn Kunststoff, geklebt 9 mm *j* Elastomerbitumenbahn *k* Schaumglasdämmung 160 mm *l* Zusatzabdichtung *m* F30 Stahlblechpaneel mit Steinwolledämmung *n* Primärstahlträger *o* Luftraum mit Haustechnikeinbauten *p* Metallmaschengewebe – Innenskin

3

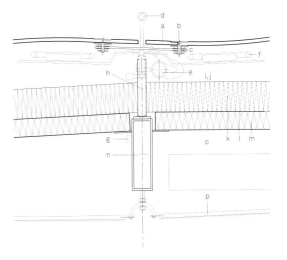

BAHNHOF EMSDETTEN

Standort Emsdetten, Deutschland
Material GFK, PMMA
Fertigstellung 2002 (ZOB); 2009 (Bahnsteig-
überdachung und Personenunterführung)

Objektplanung OX2architekten
Tragwerksplanung Ingenieurgemeinschaft Führer-Kosch-Jürges (ZOB);
DB Projektbau GmbH (Bahnsteigüberdachung und Personenunterführung)
Herstellung Kunststoff ZOB BWH-Bücker Kunststoffe

Eine Bahnsteigüberdachung mit Personenunterführung und der Zentrale Omnibus-bahnhof (ZOB) sind die Hauptbestandteile eines Gesamtkonzepts zur Aufwertung und Revitalisierung des städtischen Bahnhofsareals. In einem ersten Abschnitt wurde der Zentrale Omnibusbahnhof realisiert.

Die 50 m lange Überdachung des Busbahnhofs wird von einer Stahlkonstruktion getragen. Das modulare Tragwerk besteht aus fünf räumlichen X-förmigen Stützen, die mittig entlang der Längsachse angeordnet sind, und symmetrisch zur Längs-achse angeordneten Paaren aus gebogenen Rundrohrprofilen. Die Dachhaut besteht aus farbigen GFK-Segeln und einer geschuppten Verglasung aus punktgehaltenen VSG-Scheiben. Die im Grundriss dreieckigen GFK-Elemente überspannen an den freien Rändern eine maximale Distanz von ca. 10 m mithilfe von 100 cm hohen Abkan-tungen, die gleichzeitig dem Schlagregenschutz dienen. Jedes der ca. 900 kg schwe-ren GFK-Module überdacht eine Fläche von 25 m².

Die als Hohlkörper konzipierten GFK-Formteile sind aus einer Unter- und einer Oberschale mit einem integrierten Stegsystem zu freitragenden Elementen zu-sammengesetzt. Für die Fertigung der GFK-Elemente wurde zunächst die Positiv-form eines Moduls angefertigt, von der ein Negativabdruck als Formwerkzeug zum Laminieren genommen wurde. Unter- und Oberschale sind werkseitig miteinander verklebt. Die Klebefugen sind durch Schleifen und Polieren nachbearbeitet wor-den. Das ca. 6 mm dicke Laminat wurde aus Polyesterharz mit einer Verstärkung aus Wirrfasermatten hergestellt. Der Gelcoat als schützende Oberfläche wurde in der gewünschten Farbe eingefärbt. Die im Grundriss dreieckigen Kunststoff-elemente sind in ihrem flachen Randbereich mittels Schrauben an jeweils zehn Punkten auf der Stahlkonstruktion befestigt. Eine kleine seitliche Aufkantung an den innen liegenden Kanten dient der Abführung des Regenwassers. Die GFK-Formteile werden bei Nacht angestrahlt und dienen der indirekten Beleuchtung des Haltestellenbereichs.

Die Bahnsteigüberdachung ist analog zur Gestaltung des ZOB als Stahlrohr-konstruktion mit eingehängten farbigen GFK-Elementen und einer dazwischen an-geordneten farbigen Überkopfverglasung ausgeführt. Die zehn gelb eingefärbten GFK-Elemente überdachen eine Fläche von jeweils 23 m². Der sogenannte Flyer markiert auf beiden Seiten der Gleise den Eingang zur Personenunterführung. Die Überdachung der Personenunterführung besteht aus einer von der Bodenplatte auskragenden Stahlskelettkonstruktion, die im Eingangsbereich von jeweils zwei Stützen getragen wird. Die Eindeckung der Stahlkonstruktion des Daches besteht aus transluzenten PMMA-Platten, die im oberen Bereich und entlang der Kan-ten orange eingefärbt sind, während die Unterseite transluzent weiß ist. Eine geschuppte Anordnung der Scheiben im oberen und seitlichen Bereich verhindert das Eindringen von Regenwasser in die Konstruktion.

Um die beiden Seiten des Bahnsteigbereichs gestalterisch miteinander zu verbinden, wird die Kunststoffverkleidung des Flyers auch im unterirdischen Bereich fortgesetzt. In diesem Bereich sind die Platten fugenbündig auf einer Unterkonstruktion aus Stahl montiert. Die Befestigung der Kunststoffscheiben erfolgt über Bohrungen in den Platten mithilfe von Punkthaltern. Die Beleuchtung ist im Zwischenraum über den PMMA-Elementen integriert. So werden nicht nur die notwendigen Sicherheitsanforderungen für die Unterführung erfüllt, es entsteht darüber hinaus ein durchgängiger Raumeindruck. Die Verwendung von Kunststoffelementen der Brandschutzklasse B2 in der Unterführung erforderte die Erstellung eines Brandschutzgutachtens. Die Kunststoffbauteile der beiden Bauwerke sind ein gelungenes Beispiel für modulares Bauen mit Kunststoffen und für eine serielle Vorfertigung.

1 Lageplan. Bahnsteig mit Überdachung und Unterführung sowie ZOB auf dem Vorplatz des Bahnhofsgebäudes. *2* Überdachung des ZOB Emsdetten.

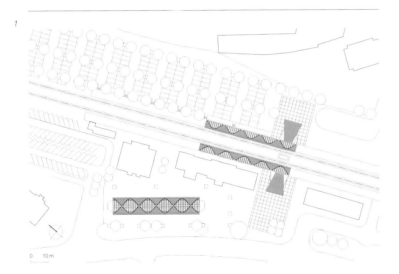

0   10 m

3 Längsschnitt und Dachaufsicht des ZOB Emsdetten.   4 Schrägaufsicht: Eine modulare Stahlkonstruktion trägt die GFK-Dachhaut. Farbige verglaste Bereiche, die von der Stahlkonstruktion abgehängt sind, wechseln sich ab mit GFK-Elementen.   5 Montage eines der segelförmigen GFK-Elemente der Busbahnhofüberdachung.

3

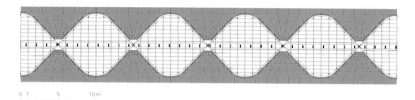

0 1   5   10 m

4

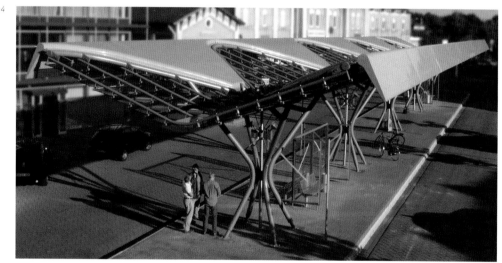

5

6 Der Flyer mit farbiger transluzenter PMMA-Eindeckung markiert den Eingang zur Personenunterführung unter den Bahngleisen. 7 Schnitt durch den Flyer. 8 Detailzeichnung des seitlichen Randes: Die sich überlappenden PMMA-Paneele werden mit gebohrten Punkthaltern auf der stählernen Unterkonstruktion fixiert.

6

7

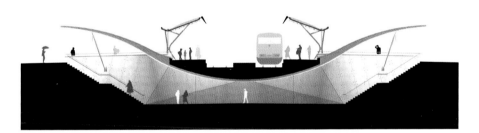

8

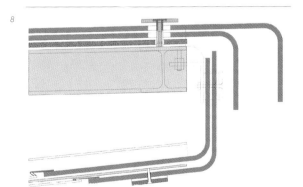

IDEE WORKSTATION

Standort Tokio, Japan
Material Polycarbonat
Fertigstellung 1996

Objektplanung Klein Dytham architecture
Herstellung Polycarbonat Asahi Glass

Idee Workstation ist ein Ausstellungsgebäude für die Produkte eines japanischen Möbelherstellers, das auf dem Grundstück einer ehemaligen Tankstelle errichtet wurde. Die Präsentationsräume erstrecken sich über drei Geschosse und haben straßenseitig eine vollflächige Glasfassade. In den beiden oberen Geschossen ist die Fassade als doppelte Hülle konzipiert. Die innere Fassadenschicht, die sich über die gesamte Gebäudehöhe erstreckt, besteht aus geschosshohen Glaselementen, die zum Teil mit transparenten farbigen Folien versehen sind. In der vorderen Fassadenebene befindet sich vor der Verglasung eine Kunststoffhülle, die als visueller Filter das fragmentierte urbane Umfeld der Nachbarschaft ausblendet und auf diese Weise eine entspannte innenräumliche Atmosphäre für Kunden und Besucher generiert.

Diese äußere Fassadenebene besteht aus einachsig gekrümmten, farblosen Polycarbonat-Stegplatten, die mithilfe von U-Profilen fixiert sind. Die Fassadenprofile sind an Stahlträger angeschlossen, die aus dem Gebäudetragwerk auskragen. Die Fassade ist nach Westen orientiert, so dass das Licht der Nachmittagssonne durch die leicht transluzenten Kunststoffelemente gefiltert wird und sich in Form bunter Farbfelder auf den Boden- und Wandflächen der Innenräume abbildet.

Die mit unterschiedlichen Transluzenzen spielende Fassade bietet bei Tag eine optimale Belichtung der Ausstellungsfläche und macht das Gebäude bei Nacht zum leuchtenden Objekt. Um den baurechtlichen Anforderungen im Hinblick auf den Brandschutz zu genügen, wurde die vorgehängte Kunststoffhülle nicht als Teil des Gebäudes, sondern als gestalterisches Attribut für Reklamezwecke deklariert.

1 Gesamtansicht Idee Workstation.   *2* Fassadenansicht bei Nacht.   *3* Innenraum: Das einfallende
Sonnenlicht wird durch die leichte Transluzenz der Polycarbonat-Stegplatten und durch farbige Folien
auf den Glasscheiben der inneren Fassadenebene gefiltert.

REISS HEADQUARTERS

Standort London, Großbritannien
Material PMMA
Fertigstellung 2007

Objektplanung Squire and Partners
Tragwerksplanung Fluid Structures
Kunststoffbearbeitung Heinz Fritz Kunststoffverarbeitung

Die britische Modefirma Reiss präsentiert sich mit einem prägnanten Gebäude, das einen Flagship Store beherbergt und gleichzeitig als Firmenhauptsitz fungiert, mit Designstudios, Ateliers und Büros in den oberen Geschossen. Das architektonische Konzept überzeugt insbesondere durch die markante Fassade aus gefrästen PMMA-Paneelen, die dem Gebäude eine identifizierbare Präsenz verleiht. Sie wurde als transluzenter visueller Filter konzipiert, der punktuell Einblicke in die verschiedenen im Gebäude stattfindenden Aktivitäten gestattet. Die Kunststoffplatten sind mit einem Abstand von 60 cm als zweite Haut mit offenen vertikalen und horizontalen Fugen vor der Gebäudehülle aus Isolierglasscheiben befestigt. Die dreidimensionale Textur der Kunststoffoberfläche weckt Assoziationen an ein Gewand, das über das Gebäude gebreitet ist.

Die Scheiben aus farblosem gegossenem PMMA besitzen eine Breite von 1,50 m und sind je nach Geschosshöhe 3,80 bis 4,20 m hoch. Der hohe Lichttransmissionsgrad von ca. 90 % gestattet eine Gesamtdicke des Kunststoffs von 50 mm, welche jedoch stellenweise durch das Fräsen auf bis zu 30 mm reduziert ist. Die Bearbeitung der PMMA-Scheiben erfolgte mithilfe einer CNC-Fräse. Aus dem Material wurden vertikale Streifen in unterschiedlicher Breite und Tiefe herausgefräst, welche zum Teil wiederum mit einer noch kleineren, ebenfalls gefrästen Struktur versehen sind. In Verbindung mit einer zusätzlichen Oberflächenbearbeitung in Form von partiellem Polieren oder Mattieren entstand ein kontrastreicher dreidimensionaler Effekt. Entlang der Unterkante der PMMA-Scheiben sorgen LEDs für die Beleuchtung der Paneele, Lichtstrahlen fangen sich auf den mattierten Flächen und lassen auf diese Weise die gesamte Fassade erstrahlen.

Die 72 verwendeten Kunststoffscheiben besitzen ein Gesamtgewicht von ca. 30 t. Die Lastabtragung erfolgt über eine linienförmige horizontale Lagerung auf Stahlprofilen entlang der Unterkanten der PMMA-Scheiben. Für die Stabilisierung gegenüber Windlasten sind Edelstahlstäbe mit einem Durchmesser von 10 mm in Nuten angeordnet, die mittig in die Kanten der PMMA-Scheiben gefräst wurden. Die Edelstahlstäbe sind über die Höhe eines Paneels an insgesamt vier Punkten an die Pfosten der Fassadenkonstruktion angeschlossen.

1 Reiss Headquarters.   2 Fassadenausschnitt mit Schriftzug.   3 CNC-gesteuerter Fertigungsprozess.   4 Ausschnitt Fassadenkonstruktion, Horizontalschnitt.   5 Ausschnitt Fassadenkonstruktion,
Vertikalschnitt.

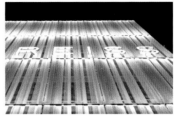

4   a 80 x 200 mm Stahlpfosten, nur im Türbereich   b Structural Silicone Fassadensys-
tem: 2 x 6 mm VSG mit 0.76 mm PVB-Folie; 16 mm Luftraum mit Argon-Füllung; 6 mm
ESG-Scheiben   c Kabeltrasse   d Fassadenpfosten aus gefrästem Blankstahl, rückverankert am Tragwerk   e tropfenförmige Ausfräsung entlang der vertikalen Kanten
zur Reduzierung des Reibungskoeffizienten   f Edelstahlstäbe zur seitlichen Lastabtragung, rückverankert am Tragwerk   g 50 mm dicke PMMA-Paneele mit diverser
Oberflächenbearbeitung und unterschiedlicher Tiefe   h dreieckiges Fräsmuster
i satiniert   j transparent   k rechteckiges Fräsmuster

a Structural Silicone Glazing (SSG)   b Wartungsgang   5
c LED-Lichtleiste   d äußere Fassadenpaneele aus
gefrästen PMMA-Scheiben   e 600 mm breiter Luftraum zur Erzeugung eines Kamineffekts

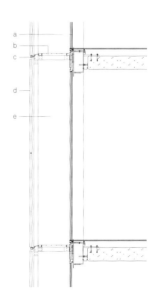

VERWALTUNGS- UND PRODUKTIONSGEBÄUDE FIBERLINE

Standort Middelfart, Dänemark
Material GFK
Fertigstellung 2006

Objektplanung KHR Arkitekter
Tragwerksplanung Strunge & Hartvigsen
Herstellung GFK Fiberline Composites A/S

Das Verwaltungs- und Produktionsgebäude der Firma Fiberline, das wie ein künstlicher Hügel in die Landschaft eingebettet ist, hat unter anderem auch die Funktion eines Demonstrationsprojekts für den Einsatz der firmeneigenen Produkte aus pultrudiertem faserverstärktem Kunststoff. Das 330 m lange und bis zu 20 m hohe Gebäude ist konzipiert als ein großer Raum, der die geplanten Funktionen unter einem Dach vereint. Drei große Belichtungsbänder, die quer durch das Gebäude verlaufen, beherbergen die Konferenzräume, die, ebenso wie die Büroarbeitsplätze, lediglich durch gläserne Trennwände vom Großraum abgetrennt sind.

Die Tragstruktur des Gebäudes wird von einer Stahlkonstruktion gebildet. Für die Fassade und für Teilbereiche des Innenraumes kamen GFK-Halbzeuge aus der eigenen Produktion zum Einsatz. Für die Außenverkleidung der hinterlüfteten, wärmegedämmten Fassade wurden 40 mm dicke und 500 mm breite pultrudierte Stegplatten mit einer Wandstärke von 4 mm verwendet. Die Elemente sind witterungsbeständig und über eine Nut-und-Feder-Profilierung verbunden. Das Fassadentragwerk in den verglasten Bereichen und die Unterkonstruktion für die Montage der Stegplatten bestehen ebenfalls aus pultrudierten GFK-Profilen.

Die Fassadenoberfläche ist geprägt von der linearen Struktur, die durch den Pultrusionsprozess entsteht. Die transluzenten Fassadenpaneele bestehen bis zu 70 % aus Glasfasern und entsprechen der Baustoffklasse B1. Sie wurden von Fiberline speziell für den Einsatz im Fassadenbereich entwickelt und fanden auch bei weiteren Projekten Anwendung.

1

1 Fassadenausschnitt. 2 Drei große Belichtungsbänder durchschneiden das Gebäude.
3 Gesamtansicht. 4 Detailschnitt der Fassade.

2

3

4 *a* Glas-GFK-Verbundfenster *b* Fassadenaufbau: Hinterlüftete
pultrudierte GFK-Stegplatten als äußere Fassadenbekleidung;
32 mm vertikale Fassadenunterkonstruktion; 200 mm Fassadendämm-
element *c* Fensterbank aus GFK-Profil *d* Hohlkasten für Elektroleitungen *e* Stahlstütze HEA 220 *f* Heizkörper

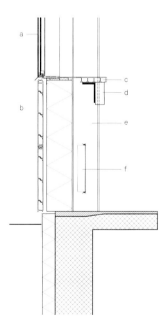

FARBEN DES KONSUMS

Standort Berlin, Deutschland
Material Thermoplastische Rezyklate
Fertigstellung 2003 (temporär)

Designer Bär + Knell: Beata Bär, Gerhard Bär,
Hartmut Knell

Die Installation „Farben des Konsums" ist eine Lichtwand aus rezyklierten Kunststoffverpackungen, die an verschiedenen Orten gezeigt wurde. Im Rahmen der in Zusammenarbeit mit der Deutschen Gesellschaft für Kunststoff-Recycling (DKR) entwickelten Ausstellung „Kunst, Kunststoff, Kunststoffrecycling" wurde die farbige Lichtwand auf einer Länge von 144 m im Tunnel und künftigen U-Bahnhof der Linie U3 unter dem Potsdamer Platz installiert.

Neben der Installation wurden in der Ausstellung auch andere Exponate verschiedener Künstler und Firmen gezeigt, die sich mit dem Themenkomplex der Rezyklierung von Kunststoffen gestaltend auseinandersetzen. Die Illustration des Rohstoffkreislaufs soll die Ausstellungsbesucher durch eine hohe ästhetische Qualität der Objekte überzeugen und das Verbraucherbewusstsein für Kunststoffverpackungen und Kunststoffrecycling stärken.

Die Namensgebung des Projekts bezieht sich auf die Farbverteilung, die in Abhängigkeit vom Anteil bestimmter Verpackungsmaterialien alltäglicher Konsumgüter entsteht. Beispielsweise ergibt sich die Farbe Weiß aus den für die Abfüllung von Mineralwasser verwendeten Flaschen. Nach dem Sortieren der thermoplastischen Kunststoffverpackungen nach Farben wurden sie zunächst zu Mahlgut verarbeitet. Die Kunststoffelemente wurden anschließend durch Heißpressen erzeugt. Sie wurden in Eigenarbeit hergestellt und für die Installation mit einer Hinterleuchtung versehen.

1 Lichtinstallation „Farben des Konsums" im Rohbau des U-Bahnhofs unter dem Potsdamer Platz.
2 Die Fläche der einzelnen Farben der hinterleuchteten Kunststoffelemente ist in Analogie zu deren Anteil am Gesamtvolumen rezyklierter Kunststoffverpackungen bemessen.

LABAN CREEKSIDE

Standort London, Großbritannien
Material Polycarbonat
Fertigstellung 2003

Objektplanung Herzog & de Meuron
Tragwerksplanung Whitby Bird & Partners
Planung und Ausführung Fassade Emmer Pfenniger Partner AG
Herstellung Polycarbonat-Stegplatten Rodeca
Farbkonzept Fassade Michael Craig-Martin

Laban Creekside ist ein im Londoner Stadtteil Deptford gelegener Komplex, der aus einem öffentlichen Garten und dem Gebäude des Laban Centre, ein international renommiertes Konservatorium für modernen Tanz, besteht. Das 80×40 m große Gebäude, benannt nach dem österreichisch-ungarischen Tänzer Rudolf von Laban (1879–1958), beherbergt auf einer Gesamtfläche von 7800 m² unter anderem ein Theater, einen Vorlesungssaal, eine Bibliothek, 13 Tanzstudios, physiotherapeutische Behandlungseinrichtungen sowie ein Café und eine Bar. Das 300 Besucher fassende Theater bildet das Zentrum des Gebäudes.

Die geschwungene Westfassade öffnet sich mit einer einladenden Geste zum Gartenbereich. Die Gebäudehülle besteht aus zwei Schichten. Vor einer wärmegedämmten Betonwand bzw. einer Isolierverglasung befindet sich in einem Abstand von 60 cm eine äußere Kunststoffhülle aus 4 cm dicken Dreifach-Polycarbonat-Stegplatten. In den Bereichen vor der Isolierverglasung hat sie Blendschutzfunktion. Transparente und transluzente Fassadenbereiche ergeben ein lebhaftes Wechselspiel von Licht und Schatten auf der Fassade. Unterstützt wird diese Wirkung durch die farbliche Gestaltung der Kunststoffelemente, die die Architekten in Zusammenarbeit mit dem britischen Künstler Michael Craig-Martin entwickelten.

Die Kunststoffhülle besteht aus Polycarbonat-Stegplatten mit einer coextrudierten Farbschicht auf der Innenseite, die den Kunststoffelementen in Abhängigkeit vom Blickwinkel ein dreidimensionales Erscheinungsbild verleiht. Die Polycarbonatplatten sind über kleine, senkrecht verlaufende Profile, die in einer Nut befestigt sind, mit horizontal verlaufenden, quadratischen Aluminiumprofilen und über diese mit dem Fassadentragwerk verbunden. Eine Nut-und-Feder-Verbindung der extrudierten Stegplattenprofile ermöglicht einen flächenbündigen Stoß der Kunststoffplatten. Für die Eckverbindung wurde eine Sonderlösung mit aufgesetzten, gekanteten Acrylglasplatten entwickelt. Das Laban Centre ist ein gelungenes Beispiel für das Potenzial von Kunststoffen im Hinblick auf Farbgebung und Lichtwirkung.

1 Fassade zum Gartenbereich mit farbigen Polycarbonat-Stegplatten. 2 Grundriss Mezzanin.
3 Horizontalschnitt im Eckbereich.

1

2 *a* Studio *b* Werkraum *c* Büro *d* Bar *e* Lehrer *f* Theater *g* Studio *h* Vorlesungssaal *i* Bibliothek *j* Lichthof

a Acrylglasplatte gebogen, transparent, 3 mm, verklebt mit: *b* Acrylglasplatte gebogen, transparent, 5 mm *c* Stahlseil ø 6 mm *d* Dreifach-Polycarbonat-Stegplatte, 40 × 500 mm, transparent, rückseitig farbig coextrudiert

3

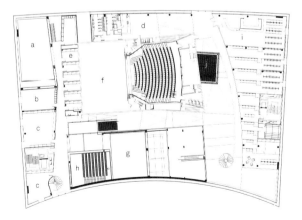

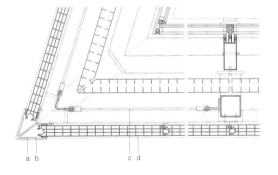

TERMINAL V

Standort Lauterach, Österreich
Material GFK
Fertigstellung 2002

Objektplanung Hugo Dworzak
Tragwerksplanung TBM-Engineering
Herstellung GFK Hähl Kunststofftechnologie GmbH;
SSC AG

Terminal V (V steht für „virtual reality") ist das moderne Büro- und Präsentations-gebäude eines Wohnbauunternehmens mit einem energieeffizienten und nutzer-freundlichen Klimakonzept. An einen dreigeschossigen Riegel mit Büro- und Semi-narräumen ist ein eingeschossiges, mit GFK-Fassadenelementen geschlossenes Präsentationsgebäude angegliedert, dessen Innenraum Assoziationen an eine Flug-zeugkabine weckt. In diesem Gebäudeteil wird der Kunde mithilfe dreidimensiona-ler Visualisierungstechnologie in eine virtuelle Welt geführt, in der architektonische Konzepte durch Projektion auf einer gekrümmten Panoramawand im Maßstab 1:1 erfahren werden können. Der Bereich ist bewusst als eigenständiger Baukörper kon-zipiert, um die virtuelle Realität von der Realität der Arbeitswelt zu trennen. Es soll, vergleichbar einer Flugreise, eine künstliche, introvertierte Umgebung geschaffen werden. Der aufgeständerte Präsentationstrakt wird im Obergeschoss über den Büroriegel und zusätzlich von außen über eine Treppe erschlossen.

Eine an der Stahlbetonbodenplatte befestigte Stahlrahmenkonstruktion bildet das Tragwerk für die GFK-Hülle. Die Form der Stahlträger folgt dem Gebäude-querschnitt. Die Ränder der Kunststoffelemente sind mit seitlichen Aufkantungen ausgebildet, die der Montage am Haupttragwerk dienen. Die Befestigung der GFK-Elemente auf der Stahlkonstruktion erfolgt durch Verschraubung über in das GFK eingeklebte Gewindeeinsätze. Die Fassadensegmente im Kopfbereich des Gebäu-des sind formstabil und nur unten und oben an jeweils zwei Punkten fixiert.

Die maximale Breite der Fassadenelemente beträgt aus logistischen Gründen 2,50 m. Die Bauteile der Außenhülle bestehen aus lediglich drei Grundmodulen. Die GFK-Elemente wurden im Handauflegeverfahren mit einer Matrix aus Polyesterharz hergestellt. Auf der Innenseite der GFK-Deckschicht ist eine 30 mm dicke Dämm-schicht aufgebracht, die nach dem Aushärten des Polyesterharzes nachträglich im Vakuumverfahren auf die Innenseiten geklebt wurde. Die Stärke der GFK-Schich-ten beträgt in Abhängigkeit von den Beanspruchungen zwischen 3 und 10 mm. Die Innenseite des Präsentationstrakts ist mit einer transluzenten Kunststoff-Folie bespannt, hinter der die Beleuchtung angeordnet ist. Über die diffuse Beleuchtung mit wechselnden Lichtfarben können unterschiedliche Stimmungen im Innenraum erzeugt werden.

1 Außenansicht.   2 Innenraum mit einer Bespannung aus Kunststoff-Folie.   3 Montage der GFK-Außenhülle.   4 Grundriss 1. OG.

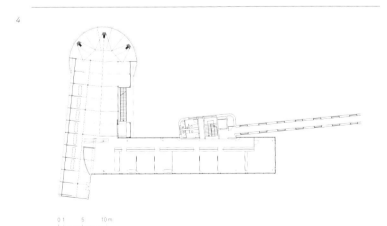

0 1   5   10 m

FORUM SOFT

Standort Yverdon, Schweiz
Material Glasfaserverstärktes Polyester
Fertigstellung 2002 (temporär)

Objektplanung Vehovar & Jauslin Architektur
Tragwerksplanung Staubli, Kurath & Partner AG, Zürich
Konzept und Realisierung Kunststoffbauteile
Swissfiber AG, Fachgruppe FVK der Zürcher Hochschule
für Angewandte Wissenschaften, Winterthur

Im Rahmen der 6. Schweizerischen Landesausstellung wurde das Forum Soft als Teil des Arteplage („Kunststrand") in Yverdon realisiert. Es bildet eine künstliche Dachlandschaft aus farbigen GFK-Elementen und beherbergt auf einer Grundfläche von ca. 12 000 m^2 verschiedene Ausstellungsbereiche und Pavillons. Das Projekt musste innerhalb eines engen Kostenrahmens umgesetzt werden, weil die Standzeit auf ein Jahr festgelegt worden war.

Eine Stahlkonstruktion, bestehend aus schräggestellten Stützen und Fischbauchträgern, bildet das Haupttragwerk der Dachlandschaft. Stützenstellung und Trägergeometrie passen sich der unregelmäßigen Gesamtform an und erfahren in jeder Achse eine unterschiedliche Ausbildung. Das Tragwerk ist oben und unten mit insgesamt 42 000 farbigen Kunststoffprofilen mit einem U-förmigen Querschnitt eingedeckt. Diese überbrücken die freie Spannweite zwischen den Trägern mithilfe von 15 cm hohen Randaufkantungen. Die GFK-Profile können wegen der geringen Materialstärke von nur 2 mm verwunden werden und gestatten so eine einfache Anpassung der Eindeckung an die doppelt gekrümmten Oberflächen.

Die Transluzenz der GFK-Dachhaut sorgt in Verbindung mit den Lichtöffnungen zwischen den Teilbereichen der Dachlandschaft für eine ausreichende natürliche Belichtung bei Tag. Nachts wird die Dachfläche durch Scheinwerfer von unten angestrahlt.

Die GFK-Profile der oberen Dachhaut sind nach dem bei Dachdeckungen verbreiteten Mönch-und-Nonne-Prinzip angeordnet, um eine Ableitung des Regenwassers sicherzustellen. Die unten liegenden Entwässerungsrinnen aus farblosem GFK sind in regelmäßigen Abständen auf den Obergurten der Fischbauchträger punktuell fixiert. Die oben liegenden farbigen Elemente sind mit den GFK-Entwässerungsrinnen verklebt und vernietet. Die GFK-Profile der unteren Dachhaut sind über Blechschlaufen, die auf die Kunststoffteile genietet sind, in die Stahlkonstruktion eingehängt.

Die maximal 8 m langen und 0,40–0,80 m breiten Elemente wurden im Handlaminierverfahren mit wenigen Standardformen produziert. Die Längenanpassung erfolgte bei der Montage vor Ort. Das Polyesterharz wurde in den Farbtönen Gelb, Orange und Rot eingefärbt. Ein Wetterschutz in Form eines Gelcoats war wegen der kurzen Standzeit nicht erforderlich.

1 Kunststofflandschaft mit sich überlappenden Teilbereichen.   *2* Perspektive von innen.
3 Luftaufnahme.   *4* Querschnitt Tragstruktur.

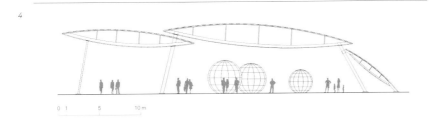

0 1   5   10 m

POLYMER ENGINEERING CENTRE

Standort Melbourne, Australien
Material GFK
Fertigstellung 2001

Objektplanung Cox Architects & Planners
Tragwerksplanung Warren and Rowe
Fassadenbau Ampelite, Axcess Roofing

Das 2200 m² goße Polymer Engineering Centre des Kangan Batman Institute of TAFE (Technical and Further Education) ist ein Ausbildungszentrum für Berufstätige in der Kunststoffindustrie. Neben Unterrichtsräumen und Laboratorien umfasst das Gebäude Werkstätten und Anlagen zur Kunststoffherstellung und -verarbeitung. Die Verwendung von Kunststoff für die Außenhaut des Gebäudes soll nicht nur dessen Nutzung und Funktion ablesbar machen, sondern darüber hinaus die vorteilhaften Eigenschaften von Kunststoffen exemplarisch demonstrieren. Die Form des 75 m langen Gebäudes ist abgeleitet von der in der Kunststoffverarbeitung verwendeten Produktionsmethode der Extrusion von Profilen mit konstantem Querschnitt.

Fachwerkträger aus Stahl, die in einem Achsraster von 9 m senkrecht zur Längsachse des 21 m breiten Gebäudes verlaufen, bilden das Haupttragwerk. Eine Krümmung im Bereich der NW-Fassade gibt dem Gebäude seine markante Form. Die Hüllen der Fassade und des Daches besitzen denselben Aufbau. Eine Doppelfassade dient der natürlichen Belüftung und trägt zu einer Reduzierung der Kühllasten bei. Die zwischen den Hauptträgern angeordneten Nebenträger sind als parallelgurtige Fachwerkträger mit einer Konstruktionshöhe von ca. 40 cm ausgebildet. Sie sind die Auflager für die gewellten GFK-Fassadenelemente der inneren und äußeren Fassadenhaut und definieren somit die Breite des Fassadenzwischenraums.

Das Wellenprofil der GFK-Profile folgt der Krümmung des Gebäudes und ist ausreichend steif, um die Distanz zwischen den Querträgern zu überspannen. Der minimale Krümmungsradius beträgt 4,80 m. Die Fixierung auf den Stahlfachwerkträgern der Fassade erfolgt durch Schraubverbindungen mit speziellen abdichtenden Unterlegscheiben. Die Schraubenlöcher sind mit Übergröße gebohrt, um Zwängungen aus Temperaturdehnungen zu vermeiden. Die farblosen transluzenten GFK-Platten sind mit einem Gelcoat auf der Oberfläche versehen, der die Wärmeeinstrahlung auf 23,5 % reduziert und somit erheblich zur Energieeinsparung im heißen und trockenen Klima Australiens beiträgt. Die Fassade ist zusätzlich partiell gedämmt. Die Oberflächenbehandlung gewährt einen ausreichenden UV-Schutz gegen Vergilben. Der Lichttransmissionsgrad von 38 % sorgt tagsüber für eine ausreichende und gleichmäßige Belichtung. Durch die Transluzenz der Kunststoffhülle wird das Gebäude bei Nacht zu einem weithin leuchtenden Objekt.

1 Längsansicht bei Tag.   *2* Längsansicht bei Nacht.   *3* Eingangsbereich des Polymer Engineering Centre.   *4* Querschnitt.

4   *a* Laboratorium   *b* Toilette   *c* Flur   *d* Kunststoffverarbeitung   *e* Computerraum

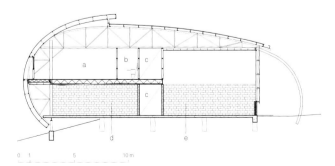

DORNIER MUSEUM

<u>Standort</u>　*Friedrichshafen, Deutschland*
<u>Material</u>　*Polycarbonat*
<u>Fertigstellung</u>　*2009*

<u>Objektplanung</u>　*Allmann Sattler Wappner Architekten*
<u>Tragwerksplanung</u>　*Werner Sobek Ingenieure*
<u>Fassadenplanung</u>　*R + R Fuchs*

Das private Museum dokumentiert die Geschichte des traditionsreichen Unternehmens Dornier. Es liegt unmittelbar neben dem Gelände des Regionalflughafens von Friedrichshafen. Historische Flugzeugmodelle sowie zahlreiche zeitgeschichtliche Dokumente ermöglichen es dem Besucher, Luft- und Raumfahrtgeschichte hautnah zu erleben.

Die Grundrissabmessungen des Museums, das die Form einer großen Halle besitzt, betragen 112 × 54 m. Eine szenographische Aufbereitung der einzelnen Epochen der Unternehmensgeschichte erfolgt in einer in das Gebäude eingestellten Ausstellungsbox. Transluzente Fassaden mit einfacher Krümmung aus Polycarbonat-Stegplatten begrenzen den Innenraum des Gebäudes im Süden und Norden. Im Norden reagiert die Fassade mit einer linsenförmigen Krümmung nach innen auf einen dem Rollfeld vorgelagerten Weg und bildet mit dem überstehenden Dach eine witterungsgeschützte Ergänzung des Restaurantbereichs. Im Süden kragen die Stahlträger der Dachkonstruktion über die Fassade aus. Eine vorgestellte gekrümmte Polycarbonatwand formt den Eingangsbereich, der auch mit Kunststoffpaneelen überdacht ist. Die nicht gekrümmten Stirnseiten im Westen und Osten sind mit transparenten Glasfassaden geschlossen.

Die gebäudehohen Polycarbonatpaneele sind auf der Unterkonstruktion mithilfe von Metallhaltern befestigt und bilden eine lichtdurchlässige Fassade mit Wärmeschutzfunktion. Der üblicherweise im Industriebau eingesetzte kostengünstige Werkstoff weckt Assoziationen an einen Flugzeughangar, ein absichtlich inszeniertes Spannungsfeld. Die 40 mm starken Fassadenpaneele aus weißlichem Polycarbonat besitzen eine Breite von 50 cm und segmentieren fast unmerklich die Gebäudefassade.

Auf der Südseite ist ein Punktraster auf die Außenseite der Fassadenelemente appliziert, das die Sonneneinstrahlung mindert. Das Raster überspielt die Linierung der Polycarbonatplatten. Das Fehlen einer deutlich erkennbaren Struktur vermittelt dem Betrachter den Eindruck einer Wand, die Transparenz des Werkstoffs hingegen vermittelt Durchlässigkeit. Die wenigen Tür- und Fensteröffnungen sind wie Schaufenster gerahmt und geben Anhaltspunkte für die Maßstäblichkeit des Gebäudes. Die Polycarbonatplatten der nördlichen Fassade sind nicht bedruckt. Nach außen macht die gekrümmte Anordnung die Polycarbonatplatten auf dieser Seite teilweise zu einem Filter, der das Innenleben schematisch wiedergibt, und teilweise zu einem die Weite des Rollfeldes reflektierenden Spiegel. Innenräumlich führen die das Licht streuenden Kunststoffpaneele zu einer gedämpften natürlichen Belichtung.

1 Gesamtansicht Dornier Museum Friedrichshafen.   2 Polycarbonatfassade im Restaurantbereich.
3 Detail der Fassadenhalterung mit bedrucktem Polycarbonatpaneel.   4 Grundriss Erdgeschoss.

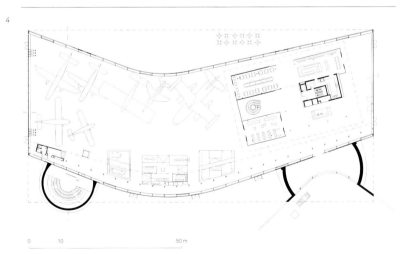

0   10   50 m

TAGUNGS- UND KONGRESSZENTRUM

Standort Badajoz, Spanien
Material GFK, PMMA, Polycarbonat
Fertigstellung 2006

Objektplanung SelgasCano
Tragwerksplanung Fhecor
Fachplanung GFK Pedelta
Herstellung GFK-Profile Fiberline Composites A/S

Beim Tagungs- und Kongresszentrum im südwestspanischen Badajoz finden Kunststoffe in besonders vielfältiger Weise Anwendung. Der ca. 15000 m² große Gebäudekomplex auf dem historischen Standort einer Stierkampfarena greift deren traditionell kreisrunde Form auf. Weitere Gebäudefunktionen sind im Untergeschoss radial um das Auditorium angeordnet.

Ein Außenring mit einem Durchmesser von 75 m und einer Höhe von 14 m, dessen Gestaltung einem traditionellen Flechtwerk nachempfunden ist, umgibt das Tagungsgebäude. Die Einzelstränge des überdimensionalen Flechtzauns bestehen aus pultrudierten GFK-Profilen und erfüllen die Anforderungen an Dauerhaftigkeit und Tragfähigkeit. Die transluzenten Profile besitzen ein liegendes, elliptisches Profil mit seitlichen Nuten, die zur Fixierung an den in 8 m Abstand angeordneten Stahlstützen und zur Verbindung der Stöße untereinander dienen. Die gerade hergestellten Profile wurden für das kreisrunde Flechtwerk zunächst abgelängt und anschließend gebogen. Für das Flechtwerk wurden pultrudierte GFK-Profile mit einer Gesamtlänge von 12 km verwendet.

Die Außenhülle des Auditoriums wird von einer inneren Glasfassade und einem in 1 m Abstand davor angeordneten Sonnenschutz aus horizontal verlaufenden Acrylglasrohren gebildet. Die weißlich-transluzenten PMMA-Rohre mit einem Durchmesser von 120 mm und einer Wandstärke von 3 mm filtern das grelle Sonnenlicht und sorgen auf diese Weise für eine gleichmäßige natürliche Belichtung. Über passende Verbindungsstücke aus Kunststoff sind die PMMA-Rohre in regelmäßigen Abständen mit der Fassadenkonstruktion verbunden. Scheinwerfer im Fassadenzwischenraum lassen das Tagungszentrum nachts als weiß leuchtendes Objekt erstrahlen.

Kunststoff findet auch im Innenraum des Auditoriums Verwendung. Hinterleuchtete weiße Polycarbonatplatten bilden die Verkleidung entlang der Wände und Brüstungen. Das Tagungs- und Kongresszentrum Badajoz ist nicht nur ein Beispiel für die gelungene Integration eines öffentlichen Gebäudes in gewachsene historische Stadtstrukturen, es zeigt vor allem auch das Potenzial von Kunststoffen für ungewöhnliche Fassadenanwendungen.

1

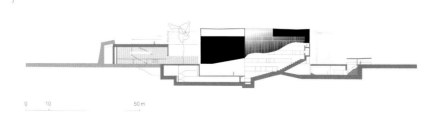

0   10   50 m

1 Gebäudeschnitt durch das Auditorium.   2 Weiße PMMA-Rohre lassen das Auditorium als leuchtenden Baukörper erscheinen.   3 Grundriss Erdgeschoss des Tagungszentrums, das sich zwischen die alten Bastionsmauern von Badajoz einfügt.

2

3

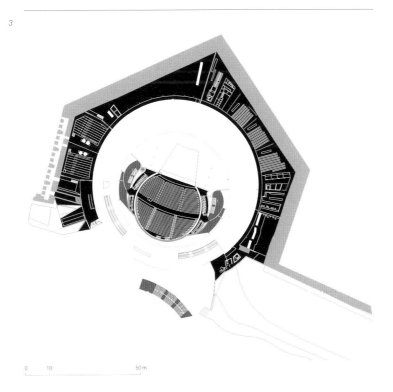

0   10   50 m

4   Innenraum des Auditoriums mit hinterleuchteter Brüstungsverkleidung aus Polycarbonatpaneelen.
5   Türöffnung in der Fassade des Auditoriums.   6   Schnitt durch die Fassade des Auditoriums.

6   a   Dachkonstruktion, Stahl   b   Isolierverglasung   c   Stahlstütze, 500 × 100 mm   d   Hohlkastenprofil aus Stahl, verzinkt, 25 × 50 × 3 mm
    e   Rundstab, ø 16 mm, an Stütze und Unterkonstruktion geschweißt   f   Verbindung zu Stahlstütze, Vierkantrohr verzinkt, 50 × 25 × 3 mm
    g   PMMA-Rohr, gebogen, weiß-transluzent, ø außen 120 mm, Wandstärke 3 mm

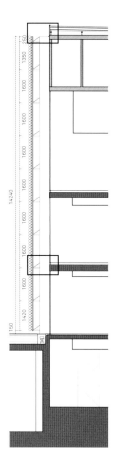

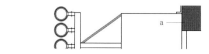

Schnitt: Dachabschluss

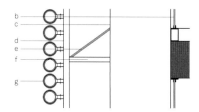

Schnitt: Befestigung der PMMA-Rohre am Gebäude

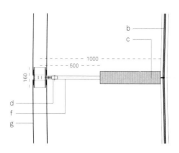

Grundriss: Befestigung der PMMA-Rohre am Gebäude

8 KUNSTSTOFF IN TRAGENDER FUNKTION

Für Tragstrukturen gelangen überwiegend faserverstärkte Kunststoffe zum Einsatz, weil sie eine vergleichsweise hohe Festigkeit aufweisen. Sie werden meist in Form von pultrudierten Halbzeugen oder individuell von Hand gefertigten Sonderbauteilen verwendet. Die nachfolgend dokumentierten Beispiele für Tragstrukturen zeigen eine Reihe von Anwendungen für geometrisch hochkomplexe Sonderbauten, die mit anderen Werkstoffen so nicht ohne weiteres realisierbar gewesen wären, beispielsweise die Plastik-Turmskulptur, sowie das ungewöhnliche Beispiel einer innovativen Verbundkonstruktion aus GFK und Glas.

In der Praxis einschränkend für den Gebrauch von Kunststoffen in tragender Funktion sind einerseits die Anforderungen an die Feuerwiderstandsdauer von tragenden Bauteilen, andererseits die geringe Steifigkeit der Kunststoffe. Sie ist die Ursache der vergleichsweise großen Verformungen von tragenden Bauteilen aus Kunststoff, die die Gebrauchstauglichkeit von Gebäuden beeinträchtigen können. Kunststoffe gelangen aus diesem Grund bei Tragstrukturen mit großen Spannweiten bzw. hohen Anforderungen an die Verformungsbegrenzungen nur selten zum Einsatz. Bei den Ingenieurbauwerken, insbesondere Brücken, bei denen in der Regel keine Anforderungen an die Feuerwiderstandsdauer bestehen und Kunststoffe mit anderen Werkstoffen zu leistungsfähigen und hinreichend steifen Verbundkonstruktionen kombiniert werden, ist die Verwendung von Kunststoffen in tragender Funktion hingegen eine sehr aktuelle Entwicklung.

PLASTIK-TURMSKULPTUR

Standort Stuttgart, Deutschland
Material Glasfaserverstärktes Polyesterharz
Fertigstellung 2007

Objektplanung, Tragwerksplanung und Bauausführung
Staatliche Akademie der Bildenden Künste Stuttgart,
Stephan Engelsmann, Valerie Spalding, Franciska Ganns,
Apostolos Michailidis u. a.

Eine komplexe Geometrie, eine modulare Tragstruktur und ein Hochleistungswerkstoff sind die besonderen Kennzeichen der in Eigenarbeit und im Handlaminierverfahren realisierten Turmskulptur. Sie ist ein Beispiel für werkstoff- und fertigungsgerechtes Bauen mit faserverstärkten Kunststoffen. Für die Herstellung von Sonderbauteilen aus FVK ist ein Formwerkzeug erforderlich, dessen Fertigung und Oberflächenbearbeitung einen nicht zu unterschätzenden Kostenfaktor bei der Realisierung von Kunststoffbauteilen bilden. In ökonomischer und produktionstechnischer Hinsicht sind modulare Strukturen von Vorteil, deren Einzelmodule eine identische Geometrie aufweisen, da sie eine Mehrfachverwendung des Formwerkzeugs gestatten. Der Plastikturm besteht aus diesem Grund aus einer modularen Tragstruktur mit insgesamt sieben Elementen aus faserverstärktem Kunststoff.

Die maximalen Außenabmessungen eines Einzelmoduls betragen in der Höhe ca. 85 cm und in der Breite ca. 105 cm. Die übereinander liegenden Einzelelemente sind jeweils gegenüber dem darüber bzw. darunter liegenden um 60 Grad um die vertikale Achse gedreht. Die Gesamthöhe der Turmskulptur beträgt ca. 6 m, während die Wandstärke der GFK-Elemente bei lediglich 3 mm liegt. Ein fertiges GFK-Modul wiegt etwa 12 kg, der gesamte Turm nur ca. 84 kg ohne Betonfundament. Die Verbindung der Einzelelemente wurde lösbar ausgebildet, um einen gegebenenfalls erforderlichen Rück- und Wiederaufbau einfach bewerkstelligen zu können. Die Module besitzen daher an den Fügestellen 30 mm breite Flansche, über die sie mit jeweils vier Schrauben kraftschlüssig verbunden werden. Ein weiterer Vorteil dieser Fügetechnologie liegt darin, dass nicht vermeidbare Herstellungstoleranzen in der Pressfläche der Flansche kompensiert werden können. Der digital erstellte 3D-Datensatz ermöglichte eine sehr präzise und ökonomische Fertigung der Einzelbauteile. Das Formwerkzeug bestand aus drei gleichen Teilstücken mit einem Kern aus PUR-Schaum (Raumgewicht 80 kg/m^3) und einer darüber tiefgezogenen Haut aus Polystyrol.

Die Geometrie vermittelt insgesamt den Eindruck von sich kontinuierlich nach oben schraubenden Flächen, während die Flansche die Modularität der Struktur betonen. Das oberste Einzelelement ist nachträglich zugeschnitten, um einen formvollendeten Abschluss zu erreichen. Die Grenzen zwischen innen und außen, zwischen Struktur und Hülle sind aufgehoben. Tragwerkstypologisch handelt es sich um ein selbsttragendes, kontinuierlich gekrümmtes Flächentragwerk, bestehend aus antiklastisch gekrümmten Einzelelementen. Die Stabilisierung erfolgt über die Krümmung sowie die Randaufkantungen an den Fügepunkten. Eine hinreichende Torsionssteifigkeit ist durch die Bauteilgeometrie gegeben. Das Betonfundament muss die abhebenden Kräfte infolge der Windlasten mit seinem Eigengewicht überdrücken.

1 Der Plastikturm auf dem Gelände der Staatlichen Akademie der Bildenden Künste Stuttgart.
2 Modulare Tragstruktur.   3 Ausschnitt Fügepunkt.   4 Das Formwerkzeug besteht aus drei gleichen Teilstücken.

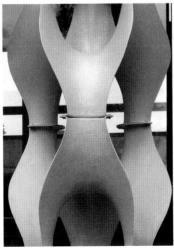

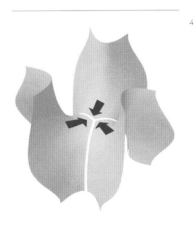

D-TURM

Standort Doetinchem, Niederlande
Material Glasfaserverstärktes Epoxidharz
Fertigstellung 2004

Objektplanung NOX Architects, Lars Spuybroek
Tragwerksplanung Bollinger + Grohmann Ingenieure

Die 12 m hohe Turmskulptur ist Teil eines interaktiven Kunstprojekts. Das in Zusammenarbeit mit dem Künstler Q. S. Serafijn entwickelte Konzept umfasst die regelmäßige Befragung der Einwohner, auf deren Grundlage per Computer das kommunale Befinden ermittelt wird. Die jeweils vorherrschende Emotion wird durch eine Farbe repräsentiert, in der der Turm abends beleuchtet wird.

Der transluzente Turm besteht aus 19 Einzelteilen aus glasfaserverstärktem Epoxidharz. Die komplexe Geometrie des Turmes konnte durch die Repetition einzelner Elemente auf sieben Grundformen reduziert werden. Die Stabilisierung der selbsttragenden GFK-Struktur erfolgt über die doppelt gekrümmte Geometrie der Hülle, die versteifenden Rippen im oberen Bereich und die Einspannung der Stützen. Die vier Stützen sind in Form von Röhren ausgebildet und an den Fußpunkten mit Flanschen versehen, die mit den Betonfundamenten verschraubt sind.

Die einzelnen Elemente wurden im Handauflegeverfahren gefertigt. Dieses Herstellungsverfahren gestattet die in diesem Fall erforderliche Variation der Materialstärke. Für den Formenbau wurden Styroporblöcke mithilfe einer CNC-Fräse bearbeitet und mit einer Latex-Trennschicht versehen. Die partielle Wiederholung einiger Elemente erlaubte eine Mehrfachverwendung einzelner Formen. Für das Laminat wurde dem im Vergleich zum Polyesterharz kostenintensiveren Epoxidharz aufgrund der höheren Formgenauigkeit beim Aushärtungsprozess der Vorzug gegeben. Dies ermöglichte eine Produktion der GFK-Elemente mit differenzierten Stärken. Eine Rolle spielte auch die höhere Festigkeit von Epoxidharz. Die Materialstärke in den oberen schalenförmigen Bereichen beträgt ca. 4,5 mm. Der Glasfasergehalt ist in Abhängigkeit von den Beanspruchungen festgelegt. Für die Bemessung relevant waren die Spannungen aus Windeinwirkungen. Entlang der seitlichen Aufkantungen sowie im Bereich der Stützen und Fußpunkte ist das Laminat durch zusätzliche Gewebelagen verstärkt. Über diese Aufkantungen sind die Segmente miteinander verklebt und zusätzlich verschraubt. Bei einer Gesamtoberfläche von 193,5 m² besitzt der Turm ein Gewicht von ca. 3000 kg. Der Turm wurde werkseitig in zwei Hälften vormontiert und auf Schwerlastkraftwagen zum Standort transportiert. In Nischen installierte LEDs sorgen für die unterschiedliche farbige Beleuchtung bei Nacht.

1 Ansicht bei Tag.   *2* Detailausbildung: Gut erkennbar sind die jeweils um 45 Grad gedrehten Glasfaser-verstärkungen sowie die Aufkantung der GFK-Formteile in den Flanschbereichen.   *3* Nachts wird der Turm durch LEDs farbig beleuchtet.   *4* Der D-Turm wurde aus 19 Einzelteilen zusammengesetzt.

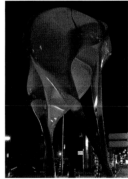

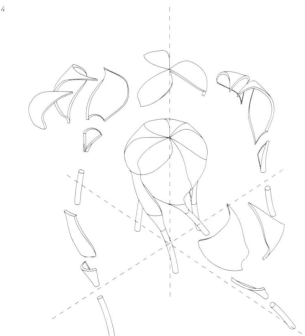

BUSSTATION HOOFDDORP

Standort Hoofddorp, Niederlande
Material PS-Schaum mit GFK-Haut
Fertigstellung 2003

Objektplanung NIO architecten
Tragwerksplanung Zonneveld; Engiplast
Ausführung Ooms Bouwmaatschappij; Poly Products BV; MARIN

Die Bushaltestelle in Gestalt einer Großskulptur ist mit einer Länge von 50 m, einer Breite von 10 m und einer Höhe von 5 m eine der größten Kunststoffstrukturen der Welt. Der über 40 m frei spannende Baukörper formt einen Wartebereich für die Fahrgäste. Ein ca. 15 m^2 großer Pausenraum für die Busfahrer bildet den einzigen Hohlraum in der Struktur. Beleuchtung, Informationstafeln, Bänke und Müllbehälter sind in die Form integriert.

Die komplexe Geometrie, die ursprünglich aus Beton ausgeführt werden sollte, wurde aus Kostengründen als Kunststoffstruktur realisiert. Der tragende Kern aus EPS (Styropor) besitzt eine Deckschicht aus glasfaserverstärktem Polyesterharz, die die Fugen zwischen den Schaumblöcken schließt und Schutz vor der Witterung bietet.

Die Gesamtform wurde auf der Grundlage eines dreidimensionalen Computermodells mithilfe einer CNC-Fräse aus einzelnen EPS-Blöcken mit den maximalen Abmessungen von 4 × 1,20 × 1,25 m gefräst. Das Zusammenfügen der Einzelteile erfolgte vor Ort in einem Zelt, das über der Baustelle zum Schutz vor Feuchtigkeit und Witterung errichtet wurde. Die Auflager für die Partikelschaumstruktur bilden Betonfundamente, auf denen Multiplexplatten als Unterlage für die Schaumblöcke fixiert sind. Die einzelnen Schaumsegmente sind ohne zusätzliche mechanische Verbindungselemente miteinander verklebt.

5.27

Der Baukörper besteht aus insgesamt zwei Teilen, die aus den Schaumblöcken gefügt wurden. Die beiden Großteile wurden bei der Montage temporär durch eine Stahlkonstruktion gestützt und mit einem Kran in Position gehoben. Das Gesamtgewicht der Struktur beträgt ca. 20 Tonnen. Die 6 mm dicke GFK-Deckschicht der Struktur wird mithilfe einer speziell für das Projekt entwickelten Sprühvorrichtung, in der das Harz mit den Fasern im Sprühkopf vermischt wird, aufgebracht. Um eine zersetzende chemische Reaktion des Schaumkerns bei Kontakt mit dem Polyesterharz zu vermeiden, musste zunächst eine Schutzschicht auf den Kern aufgetragen werden. In den Auflagerbereichen umhüllt die GFK-Deckschicht die Multiplexplatten und den Schaumkern und schließt auf diese Weise direkt an das Betonfundament an.

1 Gesamtansicht der Busstation: Die Struktur gleicht einem liegenden Walfisch. 2 Ansichten, Grundriss und Schnitte der Kunststoffstruktur.

1

2

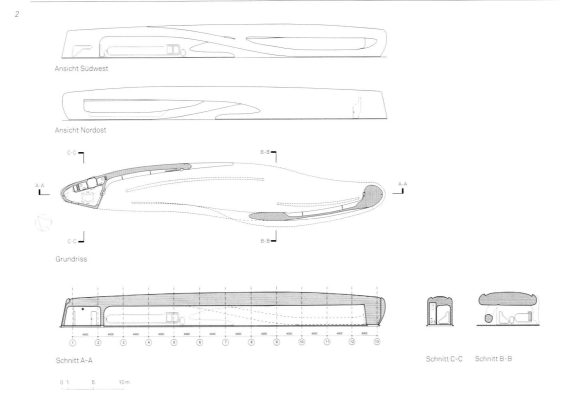

Ansicht Südwest

Ansicht Nordost

Grundriss

Schnitt A-A

Schnitt C-C   Schnitt B-B

0 1   5   10 m

3 Wartebereich mit integrierter Sitzgelegenheit.   4 Ausschnitt mit integrierter Sitzbank.   5 Die Tür mit ihrer ungewöhnlichen Form ist oberflächenbündig in die Struktur integriert.

3

4

5

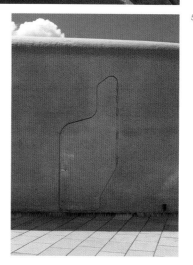

6 Die gesamte Struktur wurde vor Ort in einem temporären Zelt errichtet. 7 Detailschnitt durch die Sitzbank. 8 Detailschnitt durch die Wand im Pausenraum der Busfahrer.

7 *a* Schaumkern *b* Wasserabfluss Sitzbank Gefälle 16 mm/m *c* 4 × 18 mm Multiplex *d* Gefälle *e* Pflaster *f* Bitumenanstrich *g* Abdichtung *h* Sand *i* Beton B 35

a Schaumkern *b* Fensterprofil *c* Isolierverglasung *d* 4 × 18 mm Multiplex *e* Estrich *f* Betonboden *g* Abdichtung *h* Dämmung *i* Gefälle *j* Pflaster *k* Bitumenanstrich *l* Sand *m* Beton B 35 8

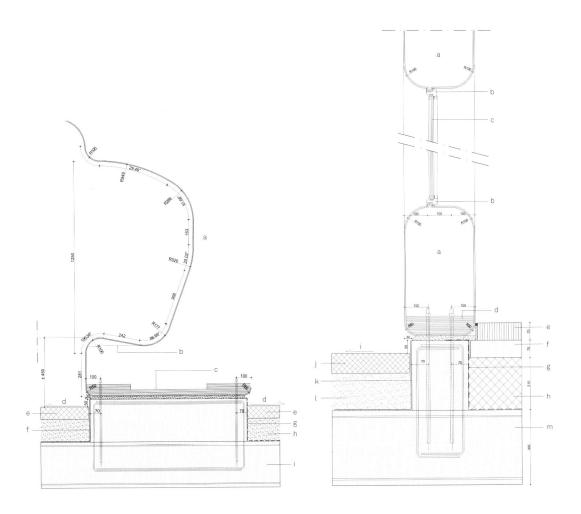

DACH YITZHAK RABIN CENTRE

Standort Tel Aviv, Israel
Material PUR, GFK
Fertigstellung 2005

Objektplanung Gebäude Moshe Safdie Architects
Objektplanung Dach Octatube Engineering
Tragwerksplanung Octatube Engineering; Solico Engineering
Ausführung GFK-Dach Octatube International;
Holland Composites

Frei geformte GFK-Sandwichelemente, weiße Friedenstauben symbolisierend, bilden die Dachkonstruktion über der Bibliothek und der Großen Halle des Yitzhak Rabin Centre. Die von Octatube Engineering entwickelte Dachstruktur ist eine konzeptionell überzeugende, innovative Sandwichkonstruktion, bestehend aus einem Schaumkern mit GFK-Haut.

Die Herstellungsmethode der fünf geometrisch unterschiedlichen Schalensegmente mit einer maximalen Länge von 30 m und einer maximalen Breite von 20 m ist dem Segelyachtbau entnommen. In einem ersten Arbeitsschritt wurde die obere Deckschicht auf eine per CNC-Fräse erstellte Negativform laminiert. Die passgenau zugesägten Kernschichten aus feuerresistentem PUR-Schaum wurden streifenweise auf diese Deckschicht aufgelegt. In einem nächsten Arbeitsschritt wurden in regelmäßigen Abständen Glasfaserstränge zwischen die Schaumkerne eingelegt und per Vakuuminjektion mit Harz getränkt. Diese Glasfaserstränge bilden nach dem Laminieren eine aussteifende Rippenkonstruktion und verbinden die untere mit der oberen Deckschicht.

Für den Transport mussten die in den Niederlanden gefertigten Dachelemente in transportierbare Einzelteile zerlegt werden. Der Transport erfolgte in speziellen Containern per Schiff und weiter mit einem Frachthelikopter vom Hafen zur Baustelle. Bei der Montage wurden die Kunststoffsegmente zunächst auf einem Gerüst positioniert und anschließend entlang der Fugen verklebt.

Die bereichsweise auskragenden Elemente werden in regelmäßigen Abständen punktuell von Stahlstützen getragen und stützen sich über verbindende Stahlkonstruktionen gegeneinander ab. Einbauteile aus Stahl, die in die Sandwichbauteile eingelassen sind, ermöglichen eine lösbare Schraubverbindung der Anschlüsse. Kugelgelenke auf den Stützenköpfen gestatten die Aufnahme von Herstellungstoleranzen. Konstruktionsmethode und Realisierung der geometrisch komplexen GFK-Sandwichelemente sind ein Beispiel für erfolgreichen Technologietransfer aus einer Ingenieurdisziplin, in diesem Fall dem Schiffsbau, in die Architektur.

1 Der linke Gebäudeflügel beherbergt die Bibliothek, im rechten Flügel ist die Große Halle untergebracht.
2 Positionierung eines Dachsegments.   3 Verbindung von Kernschicht und Deckschicht in der Fertigung.

1

2

3

GFK-GLAS-PAVILLON

Standort Düsseldorf, Deutschland
Material Verbundwerkstoff GFK-Glas
Fertigstellung 2002 (temporär)

Objektplanung und Tragwerksplanung Institut für
Tragkonstruktionen und Konstruktives Entwerfen
(ITKE), Universität Stuttgart: Jan Knippers,
Stefan Peters
Herstellung GFK-Profile Fiberline Composites A/S

Der GFK-Glas-Pavillon auf der Messe glasstec 2002 in Düsseldorf demonstrierte in
überzeugender Weise die Leistungsfähigkeit eines neuartigen Werkstoffverbunds
aus glasfaserverstärkten Kunststoffen und Flachglas. Diese Materialkombination
verbindet die hohe mechanische Festigkeit und die niedrige Wärmeleitfähigkeit der
faserverstärkten Kunststoffe mit der Transparenz des Glases.

Der Pavillon hat Grundrissabmessungen von 10 × 6 m und besteht aus insgesamt
acht Glasscheiben à 6 × 2,50 m und sechs GFK-Profilen mit T-Querschnitt. Durch
die doppelt symmetrische Anordnung der Wandscheiben ergaben sich vier Ein- bzw.
Ausgänge für den Pavillon, die aus Sicherheitsgründen wegen der ausgeprägten
Transparenz der Konstruktion durch auf die Stirnseiten der Scheiben aufgesteckte
GFK-Rohre sichtbar gemacht wurden. Diese Markierung diente gleichzeitig als Stoß-
schutz und als greifbare Materialprobe.

Die vier Wandscheiben sind Verbundsicherheitsglas (VSG) aus Floatglas
2 × 10 mm. Für die vier Dachscheiben mit einem Gewicht von 750 kg wurde eine Ausführung in VSG aus 2 × 10 mm teilvorgespanntem Glas (TVG) gewählt. Voraussetzung für die Überspannung des Innenraumes mit einer Breite von 5,50 m war die
Verstärkung der Dachscheiben durch das Verkleben mit den GFK-Profilen. Die ge-
vouteten GFK-Träger wurden aus im Pultrusionsverfahren hergestellten Doppel-T-
Profilen zugeschnitten. Die Verklebung von GFK und Glas erfolgte mit Zweikom-
ponenten-Silikon. Die GFK-Träger enden 25 cm vor den Wandauflagern. Durch die
schubfeste Klebefuge mit einer Dicke von 6 mm entstand ein Plattenbalkentrag-
werk aus Glasscheiben und GFK-Profilen, für dessen Tragfähigkeit und Steifigkeit
die Gesetze der Theorie des nachgiebigen Verbundes gelten. Klebeverbindungen
gewährleisteten auch die Horizontalaussteifung des Pavillons und wurden entsprechend dimensioniert. Die Klebeverbindungen wurden vor Ort unter Einsatz von temporären Abstützungen und einer mobilen Mischanlage hergestellt.

Die farblich hervorgehobenen GFK-Profile schienen, begünstigt durch die Tatsache, dass die ganze Konstruktion durch die konsequente Nutzung der Klebe-
technik ohne sichtbare mechanische Verbindungsmittel auskam, zu schweben und
prägten die innenräumliche Wahrnehmung. Ergebnis war ein in Detail und Erscheinungsbild bewusst reduziertes Musterbeispiel für eine neue Verbundbauweise
unter Einsatz von Kunststoffen mit großem Potenzial für innovative Anwendungen
im Fassadenbereich.

1 Perspektivische Darstellung des Pavillons.   2 Pavillon mit Messebesuchern.   3 Detail Verklebung GFK-Träger.

1

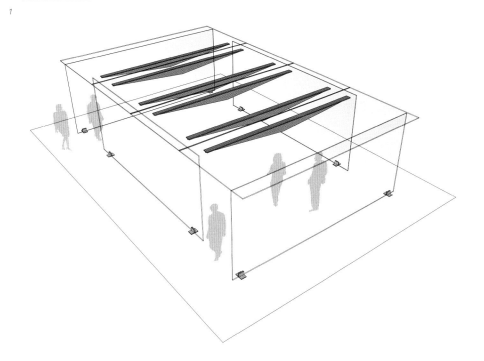

2

a VSG aus 2×TVG 10 mm, 6×2,50 m   *b* Silikonfuge 6 mm
c Silikonprofil 20×6 mm, einseitig selbstklebend   *d* GFK Doppel-T-Profil, 300 mm, Untergurt abgesägt, maximale Höhe 270 mm, Länge 5 m

3

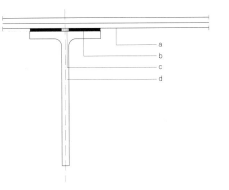

KUNSTSTOFF-FALTWERK

Standort Stuttgart, Deutschland
Material Polycarbonat-Sandwichplatten
(clear-PEP)
Fertigstellung 2008

Objektplanung und Ausführung Staatliche Akademie
der Bildenden Künste Stuttgart, Stephan Engelsmann,
Valerie Spalding, Melanie Fischer, Gerlind Baloghy
Tragwerksplanung Engelsmann Peters Beratende Ingenieure

Das Kunststoff-Faltwerk ist ein Prototyp für den Einsatz kostengünstiger platten-förmiger Halbzeuge für selbsttragende Gebäudehüllen. Ein hochleistungsfähiges Tragwerk, ein neuartiger Werkstoff und eine individuell entwickelte Fügetechnolo-gie sind die Kennzeichen des Objekts. Das Kunststoff-Faltwerk ist von der Thyssen-Krupp AG als Beitrag für den IdeenPark 2008 in Stuttgart ausgewählt worden.

Der Kunststoffpavillon besitzt im Grundriss einen Durchmesser von knapp 4 m und hat eine Hüllfläche von insgesamt ca. 23 m². Die Struktur des Pavillons besteht aus acht identischen Teilsegmenten, die rotationssymmetrisch um eine vertikale Achse durch den Mittelpunkt des Pavillons angeordnet sind. Das Faltwerk folgt dem Prinzip der radialen Rautenfaltung. Es besteht aus insgesamt lediglich vier verschie-denen Plattenformaten, die jeweils 16-mal eingesetzt werden.

Für die Einzelplatten der Teilsegmente wurden 19 mm dicke transluzente Kunst-stoff-Sandwichelemente aus Polycarbonat verwendet. Sie bestehen aus einem auf einer Kernziehanlage gefertigten Wabenkern und den Deckschichten. Tragwerks-typologisch handelt es sich bei der Kunststoffhülle um eine Faltwerkstruktur aus dünnwandigen Plattenelementen. Faltwerke bestehen aus ebenen Einzelkomponen-ten von begrenzter Steifigkeit, sie werden aber durch die räumliche Konfiguration zu hochleistungsfähigen Tragstrukturen, die gleichzeitig als Hülle fungieren können. Die Stabilisierung der vollständig aus Kunststoff bestehenden Struktur erfolgt über die Geometrie und eine kraftschlüssige Verbindung der Kanten. In der Mitte des Pa-villons befindet sich eine Öffnung, um den Innenraum zu belichten.

Für die Detailplanung bestimmend war die gestalterische und konstruktive Herausforderung, Sandwichplatten mit nur 19 mm Dicke flächenbündig zu fügen. Die Verbindung der Teilsegmente untereinander ist lösbar ausgebildet, um einen Rück- und Wiederaufbau einfach bewerkstelligen zu können. Die Einzelplatten der Teilsegmente sind in einer vorab festgelegten Reihenfolge teilweise fest und teilweise lösbar gefügt. Für die Fügung wurden Klebeverbindungen und Haftver-schlüsse eingesetzt. Eine Verklebung von Polycarbonat ist nur mit dünnflüssigen Lösungsmittelklebern möglich, die keinen Toleranzausgleich gestatten.

Für die lösbaren Verbindungen wurde eine neuartige Fügetechnologie mithilfe von Haftverschlüssen individuell entwickelt. Sie gewährleisten eine kraftschlüssige Verbindung ohne Verwendung von materialfremden Teilen. Die in Eigenarbeit reali-sierte Konstruktion ist ein Beitrag zur Weiterentwicklung des werkstoffgerechten Bauens mit Kunststoffen.

1 Kunststoff-Faltwerk als Teehaus auf dem Gelände der Staatlichen Akademie der Bildenden Künste.
2 Das Kunststoff-Faltwerk in der Ausstellung IdeenPark 2008 Stuttgart.   3 Schnitt, Ansicht und
Grundriss.

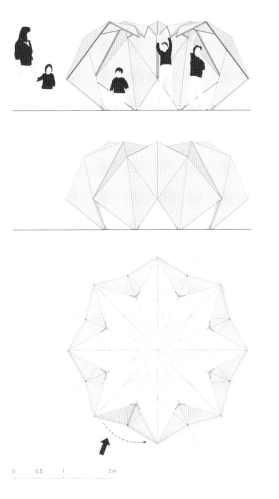

4 Geometrie und modulare Tragstruktur des Faltwerks.   5 Einzelsegment.   6 Ausschnitt der tragenden
Hülle.   7 Detail Fuge mit Haftverschluss.

4

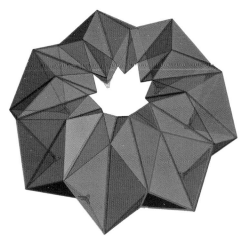

5

6

7   *a* Sandwichplatte   *b* Dichtungsband   *c* Klettband   *d* PMMA-Leiste, 3 mm

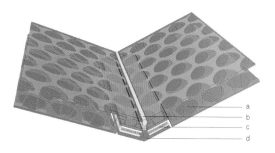

a
b
c
d

9 KUNSTSTOFF IN TRAGENDER UND HÜLLENDER FUNKTION

Für den Gebäudebau gilt im Unterschied zu den Ingenieurbauwerken, dass aus Gründen der Raumabgrenzung und Funktion in der Regel eine Hülle notwendig ist, Tragstrukturen ohne Hülle also vergleichsweise selten zu finden sind. Ein nahe liegender Gedanke ist es, Tragfunktion und Hüllfunktion zu verbinden, mit anderen Worten die Hülle tragend auszubilden. Es handelt sich bei diesem Gedanken nicht um eine Neuentwicklung, sondern um ein sehr altes und bewährtes baukonstruktives Prinzip, das wir beispielsweise auch bei der Mauerwerksbauweise finden.

Für Kunststoffe kann eine Anwendung des Prinzips durchaus ökonomisch und sinnvoll sein. Die meisten hier gezeigten Beispiele sind Prototypen wie MYKO und der Eiertempel, die nicht aus standardisierten Bauteilen gefertigt worden sind. Sie belegen die Vielfalt und Unterschiedlichkeit der Verwendung von Kunststoffen, insbesondere aber auch deren Potenzial in der Architektur. Es ist von Interesse festzustellen, dass wir in dieser Kategorie aber auch die seltenen Beispiele der seriellen Fertigung von Kunststoffgebäuden, etwa das Futuro oder das fg 2000, finden. Die realisierten Beispiele zeigen, dass es sich bei der Kombination von Tragen und Hüllen in einem Bauteil in der Regel um eine sehr anspruchsvolle Aufgabenstellung handelt. Dies gilt insbesondere dann, wenn bauphysikalische Anforderungen zu erfüllen sind, weil sich Tragfunktion und Wärmeschutzfunktion widersprechen können. Sandwichelemente, beispielsweise bestehend aus GFK-Deckschichten und einem PUR-Schaumkern, können diesen Widerspruch lösen und sind daher in hohem Maße für diese Aufgabe geeignet.

CLIP-ON

Standort Utrecht, Niederlande
Material GFK
Fertigstellung 1997

Objektplanung und Ausführung Atelier van Lieshout
mit Klaar van der Lippe

Der Name des Projekts Clip-On ist Programm: Eine GFK-Raumzelle ist von außen nachträglich an ein Gebäude angefügt. Clip-On schwebt kühn und provozierend über dem Innenhof des Utrechter Centraal Museum. Funktional bildet Clip-On eine räumliche Erweiterung des Direktorenraumes, ein Raum zum Arbeiten, Entspannen und Schlafen.

Den funktionalen Ausgangspunkt des Entwurfskonzepts bildeten die drei Innenraumelemente Bank, Tisch und Bett. In einem nächsten Schritt wurde die Raumzelle als umgebende Hülle für diese funktionalen Elemente konzipiert. Ein Entwurfsprozess im klassischen Sinne für das Erscheinungsbild außen hat bei diesem Projekt nicht stattgefunden. Form und Gestalt sind konsequent aus dem Innenraum heraus entwickelt worden. Ein Beispiel für die prozesshafte Gestaltung des Projekts ist der Formfindungsprozess für die Belichtungsöffnungen im Dach in der Form von Autoscheiben. Nachdem zunächst mit unterschiedlichen geometrischen Formen experimentiert worden war, dienten schließlich Fußmatten, die als einzige Teile einen Autounfall von Joep van Lieshout unbeschadet überstanden hatten, als Vorbild für die geometrische Form der Fenster.

Die Gebäudehülle ist aus PUR-Hartschaumplatten konstruiert, die beidseitig mit einer Haut aus glasfaserverstärktem Polyester überzogen wurden. Die Oberflächen verschmelzen zu einer Gesamtform, elektrische Leitungen sind in die Wände integriert. In statisch-konstruktiver Hinsicht nutzt das ungewöhnliche Konzept das geringe Eigengewicht von Kunststoffen. Die auskragende GFK-Raumzelle ist über vier Verankerungen am Gebäude befestigt. Ein Stahlband ist umlaufend in das GFK einlaminiert und an beiden Enden kraftschlüssig an Stahlplatten angeschlossen, die sich unmittelbar neben der Kunststoffzelle befinden. In diesen Punkten werden die Einwirkungen in das Mauerwerk eingetragen. Die beiden oberen Befestigungspunkte übertragen Zugbeanspruchungen, die beiden unteren Befestigungspunkte Druckbeanspruchungen.

1 Clip-On im Innenhof des Centraal Museum in Utrecht.　*2* Blick in den Innenraum: Alle Oberflächen sind mit GFK-Laminat überzogen.

1

2

EIERTEMPEL

Standort Bern, Schweiz
Material GFK
Fertigstellung 2008

Objektplanung groenlandbasel: Matthias Schnegg,
Teresa Flury, Conrad Staub
Herstellung GFK Rotaver Composites AG
Ausführung Zehnpfennig und Weber

Der Eiertempel im Naturhistorischen Museum von Bern ist Bestandteil der Ausstellung „C'est la vie – Geschichten über Leben und Tod". Die Skulptur ist Exponat und Ausstellungsraum in einem. Die Form der transluzenten GFK-Hülle ist einer sich teilenden Eizelle nachempfunden und beherbergt eine Sammlung exotischer Vogeleier und Präparate sowie Darstellungen zu Empfängnis und Geburt.

Der Eiertempel besitzt einen annähernd elliptischen Grundriss mit Achsmaßen von 4,70 × 4,09 m. Für die Formfindung wurde zunächst ein Arbeitsmodell aus Styroporkugeln erstellt, auf dessen Grundlage dann ein dreidimensionales Computermodell entwickelt wurde. Für die Realisierung wurde das 3D-Modell in zweidimensionale Planunterlagen übertragen. Die nur 5 mm dicke GFK-Hülle ist an fünf feinen Drahtseilen von der Decke abgehängt und über eine auf dem Boden stehende elliptische Ausstellungsvitrine gestülpt. Die GFK-Hülle ist zur Stabilisierung mit dem Vitrinenkorpus verbunden, um Schaukelbewegungen auszuschließen.

Das Harz wurde mit Flammschutzmitteln versetzt, um die hohen Sicherheitsanforderungen zu erfüllen. Die Negativform für die handlaminierten Halbschalen bildete eine Halbkugel aus Stahl mit einem Durchmesser von 2,20 m, die im Keller eines Tankanlagenbauers im schweizerischen Emmental als Relikt aus der früheren Kugeltankherstellung gefunden wurde. Nach dem Transport wurden die Halbschalen vor Ort von Hand präzise zugeschnitten. Für die Montage wurden die Segmente passgenau auf einer temporären Unterkonstruktion fixiert. Nach dem Vernähen der Kanten mit einem transparenten Nylondraht wurden die Fugen überlaminiert.

1

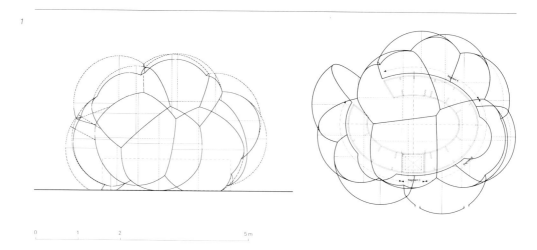

0   1   2   5 m

1 Ansicht und Grundriss.   *2* Eiertempel mit Innenbeleuchtung. Die weißlich transluzente Farbe wurde durch die Zugabe von Farbpigmenten erreicht.   *3* Eiertempel im Naturhistorischen Museum Bern.
4 Innenraum mit Ausstellungsvitrinen.

2

3

4

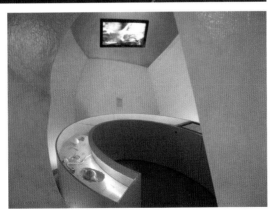

FÜNF BLASEN

Standort Wien, Österreich
Material GFK
Fertigstellung 2005

Objektplanung Arbeitsgemeinschaft Gillmann Schnegg:
Ursula Gillmann, Matthias Schnegg
Tragwerksplanung Swissfiber AG
Herstellung und Ausführung Chemowerk GmbH

Fünf GFK-Blasen sind Bestandteil der Dauerausstellung „Der Alltag" im Technischen Museum in Wien, in der Objekte aus den Bereichen Bau-, Alltags- und Umweltgeschichte gezeigt werden. Die GFK-Großformen sind im Ausstellungsbereich verteilt angeordnet und zeigen in ihrem Inneren Installationen, welche die Museumsbesucher assoziativ in ausgewählte Ausstellungsbereiche einführen sollen.

Die unterschiedlich großen, selbsttragenden Hüllen besitzen einen kreisrunden Grundriss mit einem maximalen Durchmesser von 5,50 m und einem tropfenförmigen Querschnitt mit einer maximalen Höhe von 4 m. Die Erschließung erfolgt über einen nachträglich anlaminierten Eingang.

Die Hüllen wurden als komplette Form im Handlaminierverfahren gefertigt. Als Formwerkzeug dienten aufblasbare Pneus, die durch Druck auf die Pole den unterschiedlichen Tropfenformen angepasst wurden. Die Verwendung von pneumatischen Formwerkzeugen ist aus anderen Bereichen des Bauwesens übernommen, beispielsweise werden entsprechende Techniken beim Bau von Tankanlagen angewendet. Die Stärke der transluzenten GFK-Hüllen beträgt 4–6 mm. Die Dicke des Laminats ist für eine Beanspruchung durch Personen insbesondere im unteren Bereich der tropfenförmigen Wölbung bemessen. Farbe und Lichtwirkung der GFK-Hülle wurden im Experiment festgelegt. Vier von fünf Blasen konnten in voller Größe transportiert und am Standort montiert werden, eine Blase musste geteilt werden.

1

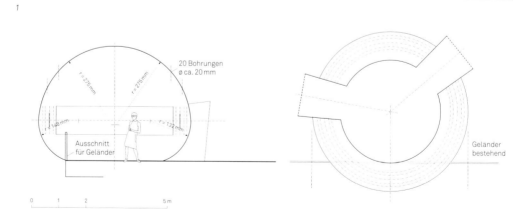

1 Schnitt und Grundriss einer der Blasen.   2 Blase im Technischen Museum Wien. Das Geländer wurde
für die Montage der Blase zerteilt und nachträglich wieder als Absturzsicherung eingesetzt, indem es
durch die Hülle geführt wurde.   3 Über eine Stahlkonstruktion an der Decke befestigte Blase. Sie kann
mithilfe eines Scharniers zu Revisionszwecken heruntergeklappt werden.   4 Die Türöffnungen sind
nachträglich in die Tropfenform geschnitten. Der Portalrahmen wurde anschließend anlaminiert.

2

3

4

FG 2000

Standort Altenstadt, Deutschland
Material GFK-PUR-Sandwich
Fertigstellung 1968

Objektplanung und Ausführung Wolfgang Feierbach
Tragwerksplanung Carsten Langlie

fg 2000 (fg = fibre glass) ist ein in einem Handwerksbetrieb konzipiertes und gefertigtes Kunststoff-Einfamilienhaus. Es ist ein bemerkenswertes Beispiel für modulares Bauen mit Kunststoffen. Das aus Kunststoff bestehende Obergeschoss befindet sich auf dem in konventioneller Bauweise errichteten Baukörper des Erdgeschosses. Die Grundrissabmessungen des über die Stahlbetondecke geringfügig auskragenden Obergeschosses betragen beim Prototyp ca. 10 × 16 m. Die beiden Stirnseiten des Obergeschosses sind verglast.

Der Kunststoffteil des Gebäudes besteht aus einer linearen Aneinanderreihung modularer Wand- und Dachelemente, die jeweils leicht gewölbt sind. Die Tragstruktur des Kunststoff-Obergeschosses ist einachsig gespannt und trägt die Einwirkungen über Rahmentragwirkung ab. Das Rastermaß von 1,25 m ist abgeleitet aus den handelsüblichen Breiten der Glasfasermatten.

Die Einzelteile sind als Sandwichelemente mit jeweils 4–6 mm dicken GFK-Deckschichten und einem 60-mm-PUR-Hartschaumkern aufgebaut. Wand- und Dachelement sind in den Eckbereichen biegesteif verbunden. Der Fügepunkt ist aus den Ecken nach innen verschoben. Die abgerundeten Ecken sind das Ergebnis einer materialgerechten Formgebung. Die für das Überspannen des Raumes erforderliche Konstruktionshöhe wird über die 40 cm hohen Randstege der Platten gewährleistet. Die Einzelelemente sind in den Bereichen dieser Randstege über Gewindebolzen miteinander verschraubt. Die Fugenabdichtung wird mit dreifachen Dichtungsbändern und einem Fugenverguss gewährleistet. Die Sandwich-Tragwirkung ist bei der Bemessung nicht berücksichtigt worden, weil die Verbundwirkung der im Handlaminierverfahren hergestellten Bauteile nicht mit ausreichender Genauigkeit kontrolliert werden konnte. Das Kunststoffgeschoss des fg 2000 kann innerhalb eines Tages ohne schweres Hebezeug montiert werden.

fg 2000 ist das einzige Kunststoffhaus mit einer Typengenehmigung. Das modulare Bausystem gestattet, gegebenenfalls unter Verwendung spezieller Eckmodule, eine weitgehend flexible Größen- und Grundrissanordnung. Der Prototypenbau und das Zulassungsverfahren mit Bauteilversuchen und geprüfter statischer Berechnung waren entscheidende Entwicklungsschritte auf dem Weg zur Serienfertigung. Es wurden bis 1979 insgesamt 35 fg 2000 hergestellt. Das fg 2000 ist einer der bedeutendsten Beiträge zur seriellen Fertigung von Kunststoffgebäuden.

1 Gesamtansicht des Prototyps. *2* Montage. *3* Badezimmer. *4* Fassadenschnitt.

1

2

3

a Dichtungsfuge *b* Dichtungsband *c* Deckenelement
d ⌀ 30 mm für Kabel *e* 5 mm GFK *f* 70 mm Schaumstoffdämmung
g Klemmplatte Stahl 60 × 100 × 12 mm *h* Ankerschiene 32 × 15 mm
i Stahlbetondecke 180 mm *j* U-Stahlprofil 35 × 35 × 2 mm
k Betonwand

4
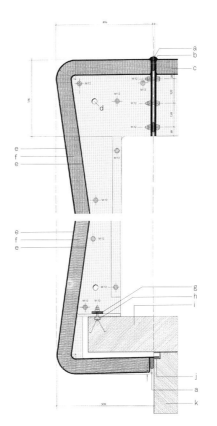

FUTURO

Standort weltweit mehrere Standorte
Material GFK, PUR, Polycarbonat
Fertigstellung 1968

Objektplanung Matti Suuronen
Tragwerksplanung Yrjö Ronkka

Das Einraumhaus Futuro ist eines der wenigen in Serie produzierten Kunststoffhäuser und gilt als Meilenstein in der Geschichte der Kunststoffarchitektur. Die Entstehungsgeschichte des Futuro begann mit einem Bauherrenwunsch nach einem Skihaus, das schnell zu heizen und in unwegsamem Gelände leicht zu errichten sein sollte. Das Gebäude sollte bei guten Wetterbedingungen innerhalb von zwei Tagen ab- und wiederaufgebaut und mit dem Helikopter an seinen Bestimmungsort transportiert werden können. Für die Konzeption des Futuro als modulares Kunststoffhaus waren diese Anforderungen von erheblicher Bedeutung.

Die Form des Rotationsellipsoids mit kreisförmigem Grundriss ist vor allem aus geometrischen und fertigungstechnischen Überlegungen abgeleitet. Futuro besteht aus acht oberen und acht unteren jeweils identischen Einzelsegmenten, um eine wirtschaftliche Fertigung sicherzustellen. Die Nutzfläche beträgt ca. 50 m² bei 7,80 m Durchmesser. Das Haus ist aufgelagert auf einem filigranen kreisrunden Stahlring, der von vier Stahlfüßen getragen wird. Der Prototyp wurde 1968 durch das Unternehmen Polykem Ltd. in Finnland realisiert. Neben zahlreichen anderen Kunststoffhäusern wurde auch das Futuro auf der 1. Kunststoffhaus-Ausstellung in Lüdenscheid 1971 präsentiert.

Die Kunststoff-Gebäudehülle kann die Einwirkungen über Schalentragwirkung und Biegebeanspruchungen abtragen. Sie besteht aus GFK-Sandwichelementen, um das Eigengewicht zu reduzieren und Anforderungen an den Wärmeschutz zu erfüllen. Das Gesamtgewicht des Kunststoffgebäudes beträgt 2500 kg bzw. 4000 kg mit der Einrichtung. Der PUR-Schaumkern ist außenseitig mit Rillen versehen, um das Abführen von Tauwasser zu ermöglichen. Die Einzelsegmente sind über Stabilisierungsrippen an den Elementrändern miteinander verschraubt. Die Erschließung erfolgt über eine nach unten aus der Außenwand herausklappbare Falltür, die im geschlossenen Zustand flächenbündig in die Gebäudehülle integriert ist.

Das Futuro erfuhr in der Praxis zahlreiche unterschiedliche Nutzungen. Für den Innenraum wurde eine von der Nutzung abhängige Serie von Komplettmöblierungen speziell entwickelt und angeboten. Standardmöblierung waren Sanitärzelle, Küchenzeile, sechs radial angeordnete Schlafsessel, ein Doppel- oder zwei Einzelbetten und ein Kamingrill. Herstellungslizenzen sind weltweit in 25 Länder verkauft worden. Nach Schätzungen wurden insgesamt ca. 60 Futuros hergestellt, genaue Angaben liegen nicht vor. Futuro entwickelte sich in kurzer Zeit zur avantgardistischen Kunstikone, stieß aber in der öffentlichen Meinung auf Unverständnis und konnte auch wegen des hohen Preises die Erwartungen in die Verkaufszahlen nicht befriedigen. Es war ein Experiment, konventionelle Wohnvorstellungen zu verlassen und über eine andere Materialität zu neuen Formen zu gelangen.

1 Futuro im Centraal Museum Utrecht.   2 Montage des Futuro aus vorgefertigten Modulen.
3 Innenraum mit radial angeordneten Schlafsesseln.   4 Schnitt und Grundriss.

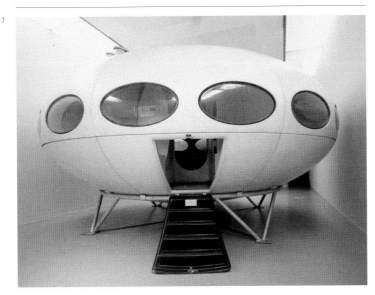

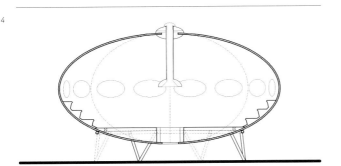

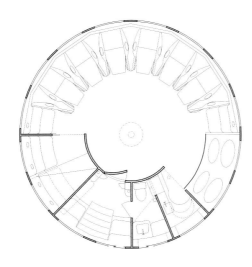

0   1   5 m

MYKO

Standort Weimar, Rostock, Deutschland
Material GFK
Fertigstellung 2004

Objektplanung und Tragwerksplanung
Forschungsgruppe FOMEKK: Rainer Gumpp,
Jürgen Ruth, Veit Bayer, Elke Genzel, Pamela Voigt,
Thoralf Krause, Stefan Linne, Christian Heidenreich

Der mobile Präsentationspavillon MYKO ist ein Versuchsbau der interdisziplinären Forschungsgruppe FOMEKK, Bauhaus-Universität Weimar, mit dem das gestalterische, konstruktive und räumlich-funktionale Potenzial faserverstärkter Kunststoffe für den Gebäudebau exemplarisch verdeutlicht werden sollte. MYKO ist konzipiert für wechselnde Nutzungen, beispielsweise Informationsstand, Lounge oder Freilichtkino. Er bietet Raum für 8 bis 10 Personen.

Der Pavillon erreicht eine Länge von 4,80 m bei einem Durchmesser von maximal 3 m. Er besteht aus einem Hauptkörper und einem in diesen eingeschobenen Türkörper. Die beiden Hauptbestandteile sind synklastisch gekrümmte, rotationssymmetrische Flächen, die aus jeweils vier gleichen Teilen bestehen. Der modulare Strukturaufbau ermöglichte eine ökonomische Herstellung mit vertretbarem Aufwand, weil der Formenbau auf lediglich zwei Grundtypen reduziert werden konnte. Die GFK-Sandwichstruktur ist Gebäudehülle, Tragwerk und Liegemöbel zugleich. Die Innenausstattung wird von einem wärmedämmenden Sitzpolster aus einer Verbundschaummatte gebildet. Über in die GFK-Hülle integrierte Innengewinde können verschiedene Einbauten und technische Geräte, beispielsweise Beleuchtung, Projektoren oder Lautsprecher, installiert werden.

Die 16 mm starken Elemente bestehen aus einem 10 mm dicken Kern sowie beidseitigen GFK-Deckschichten. Kernmaterial ist ein synthetisches Vlies, das mit Harz getränkt und der Form leicht angepasst werden kann. Die Teilelemente sind im Handlaminierverfahren hergestellt und haben mit maximalen Abmessungen von 380 × 215 × 80 cm ein Gewicht von ca. 130 kg ohne die Innenausrüstung. Sie sind ladefähig, stapelbar und mit einem herkömmlichen Fahrzeug transportierbar. Über Spannverschlüsse können sie kraftschlüssig und montagefreundlich ohne Werkzeug geschlossen werden. Die Krafteinleitung in den Knotenpunkten erfolgt werkstoffgerecht flächig mithilfe von einlaminierten Stahlanschlussblechen. Bauteilaufkantungen an den Fügekanten erzeugen die konstruktiv erforderliche Bauhöhe und ermöglichen das Einlegen von Fugenbandern.

Nach Montage des Hauptkörpers kann der halbkugelförmige Türkörper in die Öffnung des Hauptteils eingehoben werden. Eine Verbindung über zwei Lagerpunkte ermöglicht eine stufenlose Rotationsbewegung des Türkörpers um die vertikale Achse. Die Unterkonstruktion besteht aus Sandsäcken, die es ermöglichen, Bodenunebenheiten auszugleichen. MYKO ist ein Musterbeispiel für einen fertigungs- und werkstoffgerechten Umgang mit faserverstärkten Kunststoffen.

1 Ansicht von vorn.   2 Fertigung eines Schalensegments.   3 Verbindungsdetail Türkörper.
4 Der nach innen gedrehte Türkörper bietet Platz für eine Projektionsfläche.

EMPFANGSGEBÄUDE NOVARTIS CAMPUS

Standort Basel, Schweiz
Material GFK
Fertigstellung 2007

Objektplanung Marco Serra, Architekt
General- und Ausführungsplanung Dach
Ernst Basler + Partner AG
Submissionsplanung Dach Swissfiber AG mit Zürcher
Hochschule tur Angewandte Wissenschaften, Winterthur
Technisch-wissenschaftliche Beratung Dach
Thomas Keller, EPFL–CCLab, Lausanne
Ausführung Dach Scobalit AG

Die gläsernen Fassaden des Empfangsgebäudes der Novartis AG in Basel tragen ein 400 m^2 großes Kunststoffdach mit der Querschnittsform eines Flugzeugflügels. Kunststoff wurde gewählt, um das Eigenwicht der teilweise auskragenden Dachkonstruktion auf ein Minimum reduzieren und so die Glasfassade mit maximaler Transparenz ausbilden zu können. Das Kunststoff-Flächentragwerk ist in Sandwichbauweise hergestellt. Die Tragstruktur des fugenlosen Kunststoffkörpers mit Abmessungen von 18,50 × 21,60 m besteht aus GFK-Deckschichten und zweiachsig verlaufenden GFK-Stegen, die durch Stützkörper aus PUR-Schaum stabilisiert werden. Der Querschnitt des Daches erreicht in der Mitte eine Höhe von 60 cm und verjüngt sich zu den Rändern auf 7,5 cm. Bei einem durchschnittlichen Flächengewicht von ca. 70 kg/m^2 beträgt das Gesamtgewicht des Daches 28 t.

460 Schaumblöcke wurden auf der Grundlage eines Computermodells per CNC-Fräse zugeschnitten. In einem ersten Arbeitsschritt wurden jeweils vier der ca. 90 × 90 cm großen Kernblöcke, deren Höhe je nach Position im Dach unterschiedlich ist, einzeln umwickelt und anschließend mit einer GFK-Haut eingepackt, so dass GFK-Stege zwischen den Einzelblöcken entstehen. In einem nächsten Schritt wurden die so gefertigten Einheiten zu insgesamt vier 5,60 m breiten und 18,50 m langen streifenförmigen Teilelementen verklebt und mit einer GFK-Deckschicht überlaminiert. Deckschichten und Stege sind mit Stärken von 6–10 mm bzw. 3–24 mm sehr dünn. Die Kraftübertragung in den Stoßbereichen ist sichergestellt durch eine ausreichende Überlappung der GFK-Schichten.

Für die Montage wurden die Teilelemente auf einem Lehrgerüst positioniert. Nach dem Verkleben der Teilelemente zu einem Flächentragwerk wurden in einem weiteren Schritt die Fassadenelemente unter dem Dach eingebaut und über Zugstangen in der Fassadenebene eine hinreichende Vorspannung aufgebracht, um Dichtigkeit bei Sogbeanspruchungen sicherzustellen. Die Einwirkungen aus dem Kunststoffdach werden im Bereich der GFK-Stege punktweise über ein speziell entwickeltes Detail in die tragenden VSG-Scheiben der Fassade eingetragen. Für die Bemessung des Flächentragwerks wurden nur die GFK-Teile herangezogen. Tragfähigkeit und Gebrauchstauglichkeit der geklebten Kunststoff-Sandwichkonstruktion wurden zusätzlich in Bruchversuchen nachgewiesen. Das Kunststoffdach des Novartis-Empfangsgebäudes ist ein Beispiel für ein ingenieur- und fertigungstechnisch sehr anspruchsvolles GFK-Flächentragwerk.

1 Das GFK-Dach mit Schaumkern des Empfangsgebäudes Novartis Campus.   *2* Querschnitt des Gebäudes.   *3* Detail Dachanschluss zur Glasfassade.   *4* Schnitt durch Dachanschluss und Glasfassade.

1

2

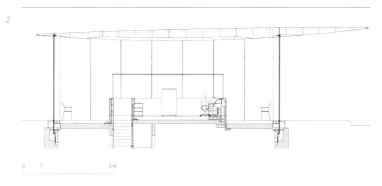

0   1   5 m

3   *a* Stahlwinkel, mit Glas verklebt   *b* GFK-Abdeckung, abnehmbar   *c* tragendes Decklaminat (GFK)   *d* Doppelsteg (GFK)   *e* Gleitlager (lokal)   *f* Stahlband, in Dach eingelegt   *g* Kunstharzinjektion, lokal   *h* Silikonverklebung, Klotzung lokal   *i* nichttragendes Laminat (GFK)   *j* Isolierglas   *k* Wassernase   *l* Schaumblock (PUR)   *4*

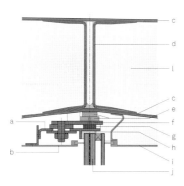

5 Überlaminieren eines Großelements.   6 Bruchversuch an der ETH Lausanne.

10 ENTWICKLUNGSTENDENZEN

Das Potenzial von hochleistungsfähigen Kunststoffen für architektonische Anwendungen bedarf einer Neubewertung. Hochleistungswerkstoffe, wie beispielsweise Materialverbunde, aber auch andere Kunststoffe, können im Gebäudebau intelligent und ökonomisch eingesetzt werden. Neben der Bereitschaft, sich mit den Eigenschaften und Besonderheiten der Kunststoffe auseinanderzusetzen, sind vor allem die weiterführende Forschung und Entwicklung Voraussetzung für eine Verbreitung der Kunststoffe. Eine Neubewertung ist aus diesem Grund eng mit der Weiterentwicklung von Konstruktionstechnologien, Gestaltungsprinzipien, Bemessungs- und Herstellungsverfahren verbunden. Nachfolgend werden ausgewählte Entwicklungstendenzen, aber auch Einschränkungen für die Verwendung von Kunststoffen im Bauwesen beschrieben.

HOCHLEISTUNGSWERKSTOFF FÜR TRAGSTRUKTUREN

Faserverstärkte Kunststoffe verfügen über hervorragende Festigkeiten. Die werkseitige Fertigung von Halbzeugen erlaubt eine witterungsunabhängige Herstellung und Montage. Faserverstärkte Kunststoffe weisen außerdem eine hohe Dauerhaftigkeit auf. Sie eignen sich aus diesen Gründen gut für einen Einsatz bei tragenden Strukturen. Ein vergleichsweise neues Produkt sind hochfeste und korrosionsbeständige Zugglieder aus CFK.

Einschränkend für den Einsatz von Kunststoffen bei Tragstrukturen ist insbesondere ihr Brandverhalten, das einen Einsatz für mehrgeschossige Gebäude bei den herkömmlichen Anforderungen an Feuerwiderstandsdauer und Baustoffklassen ohne zusätzliche Maßnahmen praktisch ausschließt. Einen erheblichen Nachteil im Vergleich mit anderen Baustoffen stellt auch der niedrige E-Modul von Kunststoffen dar. Er führt zu vergleichsweise großen Verformungen, die bei vielen Bauteilen nicht zugelassen sind und denen nur durch einen hohen Materialaufwand oder eine gestalterisch in der Regel nicht vorteilhafte große Bauhöhe entgegengewirkt werden kann. Tragstrukturen aus Kunststoff sind bei solchen Bauaufgaben möglich, bei denen Brandschutzanforderungen und Verformungsbeschränkungen von geringer Bedeutung sind, beispielsweise für Überdachungen. Neben anderen sind vor allem Stabtragwerke aus pultrudierten Profilen und Faltwerke aus plattenförmigen Halbzeugen geeignete Tragwerkstypen.

Ein sehr aktueller und vielversprechender Anwendungsbereich für faserverstärkte Kunststoffe ist der Brückenbau. Einen Schwerpunkt der Forschungs- und Entwicklungsanstrengungen bilden pultrudierte GFK-Profile für Fahrbahnplatten, die auf ein konventionelles Haupttragsystem, beispielsweise aus Stahlprofilen, montiert werden. Die Vorteile liegen in der hohen Dauerhaftigkeit von GKF, vor allem

10.1 Straßenbrücke mit GFK-Fahrbahnplatte, Friedberg, Hessen; Knippers Helbig Beratende Ingenieure, Institut für Tragkonstruktionen und Konstruktives Entwerfen (ITKE), Universität Stuttgart, 2009.

10.1

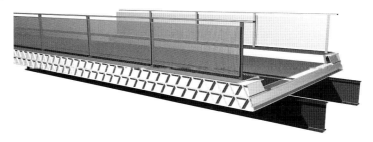

gegenüber Frost- und Tausalzbeanspruchungen, und im geringen Eigengewicht von GFK-Fahrbahnplatten insbesondere im Vergleich mit Betonfahrbahnplatten. Für Brücken spielt auch der Umstand, dass GFK-Fahrbahnplatten im Werk vorgefertigt werden können, eine Rolle. Ein realisierter Prototyp ist die Straßenbrücke über die B 455 in Friedberg in Hessen.

10.1

GFK-Brücken mit einem Haupttragsystem aus GFK sind selten. Ursache ist der niedrige E-Modul von GFK, der wegen der strengen Verformungsbegrenzungen bei Straßen- und Eisenbahnbrücken nur eine Verwendung bei kleinen Spannweiten sinnvoll erscheinen lässt. Nichtsdestotrotz spielen Kunststoffe im Brückenbau eine bedeutsame Rolle als Technologieträger und Katalysator für Entwicklungen im Bereich der tragenden Strukturen.

HOCHLEISTUNGSWERKSTOFF FÜR GEBÄUDEHÜLLEN

Für Gebäudehüllen geeignete Halbzeuge werden heute von der Kunststoffindustrie preisgünstig zur Verfügung gestellt. In architektonischer Hinsicht sind neben den vielfältigen Möglichkeiten der Gestaltung, beispielsweise durch die Oberflächentextur, die Farbgebung, Beschichtungen und Bedruckungen, aber auch durch Füllung von Hohlräumen, vor allem die Dauerhaftigkeit und Witterungsbeständigkeit vieler Kunststoffe von besonderem Interesse.

Eine in diesem Kontext interessante Eigenschaft ist die Transluzenz einiger Kunststoffe. Neben Glas sind diese Kunststoffe die einzigen Materialien, mit denen eine natürliche Belichtung von Innenräumen erreicht werden kann. Kunststoffhüllen eignen sich im Unterschied zu Glas nach dem heutigen Stand der Technik nicht für die Herstellung von Isoliereinheiten mit Vakuum- oder Gasfüllung, weil Kunststoffplatten infolge vergleichsweise großer temperatur- bzw. feuchtigkeitsbedingter Längenänderungen nicht zuverlässig luftdicht abgeschlossen werden können und die Funktionsfähigkeit der Isoliereinheit aus diesem Grund nicht dauerhaft gewährleistet werden kann. Sofern hohe Anforderungen an den Wärmeschutz bestehen, werden Kunststoffe in der Praxis aus diesem Grund überwiegend als Teile von Doppelfassaden eingesetzt, bei denen eine innen liegende Isolierverglasung den Wärmeschutz übernimmt. Einen bereits praktizierten Ansatz zur Problemlösung bilden transluzente Polycarbonat-Stegplatten mit vergleichsweise niedrigen U-Werten oder Kunststoff-Stegplatten mit einer Füllung aus Aerogelgranulat, die den Wärmedurchgang in erheblichem Umfang reduzieren kann. Prototypische Anwendungen sind erfolgt, jedoch liegen Praxiserfahrungen über einen längeren Zeitraum mit solchen transluzenten, vollständig aus Kunststoff bestehenden Fassadenaufbauten, die auch Wärmeschutzanforderungen erfüllen, noch nicht in ausreichendem Umfang vor.

Für transparente Gebäudehüllen mit geringen Anforderungen an den baulichen Wärmeschutz kommen auch pneumatische Strukturen aus Kunststoff-Folien infrage, eine preiswerte und technisch interessante Alternative zu steifen Konstruktionen. Eine nicht geringe Zahl realisierter Bauten zeigt das Anwendungsspektrum dieser Bauweise. Eine Sonderform der pneumatischen Strukturen bilden Unterdruckkonstruktionen, bei denen eine Folienhülle mithilfe von Unterdruck gegen eine innen liegende Tragstruktur stabilisiert wird.

Ein umfangreiches Experimentierfeld stellen auch die lichttechnischen Möglichkeiten von Kunststoffen dar. Neben der Verwendung von transluzenten oder transparenten Kunststoffen besteht prinzipiell auch die Möglichkeit, lichtleitende Fasern oder Lichtquellen in faserverstärkte Kunststoffe oder ETFE zu integrieren. Lichtleitende Fasern können beispielsweise in Fasergewebe eingewoben werden. Bei einer derartigen Verwendung von Lichtquellen ist darauf zu achten, dass der Kunststoff nicht durch deren Wärme in Mitleidenschaft gezogen wird. Es gibt auch Experimente mit der Integration von thermochromen oder photochromen Pigmenten, die sich in eine Harzmatrix einmischen lassen. Mit solchen Verfahren könnten Fassaden realisiert werden, die auf Umwelteinflüsse wie Temperatur oder Strahlung bestimmter Wellenlängen mit Farbwechsel reagieren.

Für tragende Teile von Gebäudehüllen, also Fassadenprofile, eignen sich in besonderem Maße GFK-Profile. Neben der hohen mechanischen Festigkeit sind eine gute Korrosionsbeständigkeit und das geringe Eigengewicht die Gründe. GFK-Elemente können wegen der niedrigen Wärmeleitung des GFK in derselben Ebene wie die thermische Gebäudehülle angeordnet werden oder diese durchdringen, ohne dass größere Wärmebrücken entstehen, weil sie im Unterschied zu metallischen Profilen nur eine geringe Wärmeleitfähigkeit besitzen und bauphysikalische Probleme vermieden werden können. GFK hat das Potenzial, im Fassadenbau in Konkurrenz zu anderen Werkstoffen wie beispielsweise Aluminium zu treten.

Einen Sonderfall für den Einsatz von Kunststoffen bei Fassaden bilden die selbsttragenden Gebäudehüllen. Für bautechnische Anwendungen von besonderem Interesse sind plattenförmige Halbzeuge. Tragwerkstypologisch sind Faltwerke, die aus ebenen Plattenelementen bestehen, sehr gut geeignete Tragstrukturen für selbsttragende Gebäudehüllen. Faltwerke sind räumliche Strukturen, die im Unterschied zu klassischen Skelettbauten kein zusätzliches Stabtragwerk benötigen. Die Einzelkomponenten verfügen nur über eine begrenzte Steifigkeit, werden aber bei einer geeigneten dreidimensionalen Konfiguration zu hochleistungsfähigen Tragstrukturen, die gleichzeitig als Hülle fungieren können. So können komplexe und vielfältige Räume mit einfachen, kostengünstigen Plattenelementen gebaut werden. Forschungsbedarf besteht bei der Entwicklung von geeigneten Fügetechnologien für eine kraftschlüssige sowie baukonstruktiven und architektonischen Anforderungen gleichermaßen Genüge tragende Verbindung von industriell vorgefertigten Platten.

10.2 GFK-Glas-Fassadenelement, bestehend aus einer Isolierverglasung und eingeklebten GFK-Profilen.

10.2

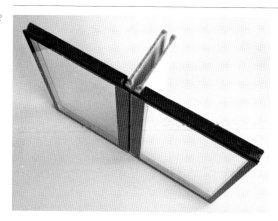

VERBUND MIT ANDEREN WERKSTOFFEN

Verbundwerkstoffe in Tragstrukturen haben eine große Bedeutung gewonnen. Sie ermöglichen es, die Eigenschaften von Werkstoffen gezielt und vorteilhaft miteinander zu kombinieren, und können so zu gleichermaßen intelligenten wie ökonomischen Lösungen führen. Die Kombination von glasfaserverstärkten Kunststoffen und Glas ist aus einer Reihe von Gründen interessant. Die Verbindung zwischen den beiden Werkstoffen erfolgt aus Gründen der Krafteinleitung am besten flächig. Der Umstand, dass die Temperaturdehnzahlen von Glas und pultrudierten GFK-Profilen wegen des hohen Glasfaseranteils vergleichbar ist, erlaubt es, die beiden Werkstoffe kraftschlüssig und näherungsweise starr miteinander zu verkleben, ohne dass Zwängungen von nennenswertem Umfang entstehen.

10.2   Eine sehr interessante Entwicklung sind nach dem Composite-Glazing-Prinzip gefertigte Fassadenelemente, die aus einer Isolierverglasung und einer tragenden Unterkonstruktion aus glasfaserverstärkten Kunststoffen bestehen. Isolierverglasung und Kunststoffprofile werden kraftschlüssig zu einem Verbundquerschnitt verklebt. Die aufgeklebten GFK-Profile können auch großflächige Verglasungen gegenüber Windeinwirkungen sehr effizient stabilisieren. Für die GFK-Profile können in Abhängigkeit von Geometrie und Windeinwirkungen Profiltypen entwickelt werden, die in großen Stückzahlen wirtschaftlich gefertigt werden können. Eine wirtschaftliche Ausnutzung der Querschnitte und gleichzeitig eine sichere Dimensionierung sind bei einem Verbundquerschnitt nur dann zu erreichen, wenn der nachgiebige Verbund über die Klebefuge bei der Bemessung der Fassadenelemente Berücksichtigung findet. Dies kann beispielsweise über die Theorie des nachgiebigen Verbundes oder über Finite-Elemente-Berechnungen erfolgen, die in der Regel an Modellversuchen zu kalibrieren sind. Architektonisch von Interesse ist vor allem der Umstand, dass auf diese Weise sehr schlanke Fassadenprofile erzeugt werden können.

GFK-Glas-Fassadenelemente eignen sich in besonderem Maße für große Geschosshöhen. Sie können werkseitig vorgefertigt werden. Elementfassaden aus Composite-Glazing-Elementen sind nicht nur im Aufbau sehr viel einfacher als Leichtmetallfassaden, sie können auch einfach und ökonomisch montiert werden. Pilotprojekte wurden beispielsweise in Birkerod und Middelfart in Dänemark realisiert. Für

10.3 Fiberwood-Fenster: Die Holz-GFK-Konstruktion bietet guten Wärmeschutz bei hohem Tageslichteinfall.

10.3

den Fensterbau ist die Kombination von GFK und Holz ein sinnvoller Verbund. Eine Industrieentwicklung durch das ITKE der Universität Stuttgart unter Leitung von Jan Knippers und weiterführend durch Engelsmann Peters Beratende Ingenieure ist das Fiberwood-Fenster. Das Prinzip des Fiberwood-Fensters sieht einen zweiteiligen feststehenden Rahmen aus einem Holzprofil und einem GFK-Profil vor. Das GFK-Profil enthält eine ausgeschäumte Hohlkammer zur Verbesserung des U-Wertes. Es wird von der Außenseite passgenau auf den fertig hergestellten Holzrahmen aufgesetzt und verschraubt und bildet einen hervorragenden Witterungsschutz. Der dreiteilige Flügelrahmen besteht aus dem Isolierglas, einem GFK-Adapterprofil und dem Holzrahmen. Die handelsübliche Isolierglasscheibe ist mit dem Adapterprofil kraftschlüssig verklebt, das dann wiederum mit dem Holzflügelrahmen verschraubt werden kann. Der gesamte Rahmenanteil eines Fensters der Standardprüfgröße mit Außenabmessungen von 123 × 148 cm liegt bei etwa 25 % – gegenüber ca. 35 % bei herkömmlichen Konstruktionen. Dies führt zu verbesserten U-Werten und bedeutet für den Anwender einen besseren Wärmeschutz bei gleichzeitig höherer Tageslichtausbeute.

10.4 Der Werkstoff Holz kann auch mit anderen Kunststoffen, beispielsweise PMMA, kombiniert werden. Eine Fußgängerbrücke über den Schlossgraben in Darmstadt ist die weltweit erste Brücke in Verbundbauweise aus Holz und PMMA. Das Bauwerk überquert den Schlossgraben und hat eine Spannweite von 26 m. Die beiden Hauptträger bestehen aus 70 mm dicken transparenten Plexiglasscheiben und Brettschichtholz-Profilen, die den Unter- und Obergurt bilden. In diesem Verbundquerschnitt übernehmen die Brettschichtholz-Elemente die Zug- und Druckbeanspruchungen. Die Plexiglasstege bilden eine schubfeste Verbindung von Unter- und Obergurt. Einen Nachteil von Verbundwerkstoffen, insbesondere von solchen mit Klebeverbindungen, stellen die in vielen Fällen noch ungelösten Probleme beim Recycling dar. Eine nachhaltige Betrachtungsweise muss diese grundlegenden Fragen klären, im Hinblick auf die Rezyklierbarkeit von Kunststoffen und Verbundwerkstoffen besteht Forschungsbedarf.

10.4 Fußgängerbrücke über den Schlossgraben, Darmstadt, TU Darmstadt, Evonik Röhm, 2007.
Die Brücke hat ein Verbundtragwerk aus Holz und PMMA.

10.4

NACHTRÄGLICHE ERTÜCHTIGUNG VON TRAGSTRUKTUREN

CFK-Verstärkungslamellen oder -gewebe zur Verstärkung von Tragwerken aus Kons-
truktionsbeton sind seit geraumer Zeit bauaufsichtlich zugelassen und in der Praxis
10.5   eingeführt. Anwendungsgebiete sind unter anderem die Ertüchtigung von Brücken-
bauwerken für höhere Einwirkungen oder die vorbeugende Erdbebenverstärkung von
Stützen. Die für die Bauwerksertüchtigung eingesetzten sehr dünnen Kohlefaser-
lamellen werden im Pultrusionsverfahren hergestellt, besitzen eine hohe Zugfestigkeit und korrodieren nicht. Ein Vorteil dieses Verfahrens besteht darin, dass die CFK-
Lamellen, in der Regel mit einem Epoxidharz, nachträglich auf eine Betonkon-
struktion, deren Tragfähigkeit oder Gebrauchstauglichkeit verbessert werden soll,
aufgeklebt werden können. Transport, Handhabung und Montage sind wegen des
geringen Eigengewichts einfach. Wird die CFK-Lamelle auf ein unter Eigengewicht
bereits vorgedehntes Tragwerk aufgeklebt, so führen nur die Nutzlasten zu Dehnungen in der CFK-Lamelle. Das Dehnvermögen der CFK-Lamellen wird so nicht
erschöpfend in Anspruch genommen. Eine bessere Ausnutzung der hohen Festigkeit der CFK-Lamellen kann durch Vorspannung erreicht werden. In der Forschung
beschäftigt man sich heute aus diesem Grund vor allem mit der Entwicklung von
Klemmverankerungen für CFK-Lamellen, um diese vorspannen und verankern zu
können.

Prinzipiell können Elemente aus hochfesten faserverstärkten Kunststoffen wie
GFK-Stäbe auch als Ersatz für eine konventionelle Betonstahlbewehrung beim Neu-
bau vorgesehen werden. Sie können aber im Unterschied zu dieser nicht gebogen
werden. Entsprechende Anwendungen sind daher und aus ökonomischen Gründen
Sondergebieten wie beispielsweise dem Tunnelbau vorbehalten.

MATERIALGERECHTE FÜGETECHNOLOGIEN

Die Fügetechnologien des Kunststoffbaus insbesondere bei lösbaren Verbindungen
sind zu erheblichen Teilen abgeleitet aus den Fügetechnologien des Stahlbaus. Eine
punktuelle Krafteinleitung wie bei Schraubverbindungen hat allerdings den Nach-

10.5 Einsatz von CFK-Lamellen in der Bauwerksertüchtigung. Bei dieser Brücke in Horgen, Schweiz, wurde die Fahrbahn verbreitert. Die auskragende Fahrbahnplatte musste oberseitig verstärkt werden, um die höheren Momentenbeanspruchungen aufnehmen zu können.

10.5

teil, dass die Lasteinleitung stark von der Faserrichtung und Faserkonzentration abhängt und lokal auftretende Spannungsspitzen aufgrund fehlender Plastizität des GFK nicht umgelagert werden können. Eine werkstoffgerechte Fügetechnologie für faserverstärkte Kunststoffe ist das Einlaminieren von Formteilen. Das Krafteinleitungsproblem kann auf diese Weise reduziert werden. Eine andere vielversprechende Weiterentwicklung der Schraubverbindungen sind die Reibschlussverbindungen. Mithilfe von sägezahnartigen Formstücken wird eine flächigere Kraftübertragung erreicht. Sie führt zu deutlich höheren Verbindungskräften.

Die Entwicklung von werkstoffgerechten Fügetechnologien für Kunststoffe ist noch nicht abgeschlossen. Eine besondere Bedeutung kommt hier den Klebeverbindungen zu. Klebeverbindungen sind insofern eine kunststoffgerechte Fügetechnologie, als die Beanspruchungen flächig eingeleitet werden. Sie eignen sich also in vielen Fällen hervorragend für kraftschlüssige Verbindungen, haben aber auch eine Reihe von Nachteilen. Nicht gelöste Probleme bei Klebeverbindungen sind vor allem die Dauerhaftigkeit über lange Zeiträume, das Tragverhalten im Brandfall und die Austauschbarkeit von Einzelteilen.

NEUE PRODUKTIONSMETHODEN

Die üblichen Produktionsmethoden zur Herstellung von Kunststoffprodukten und -bauteilen beruhen auf der Fertigung in großen Stückzahlen. Bauliche Anwendungen sind aber in der Regel Prototypen, es handelt sich in den meisten Fällen um Unikate. Der Formenbau für Bauteile aus faserverstärkten Kunststoffen ist vergleichsweise arbeitsaufwendig. Die Fertigung individueller Bauteile ist aus diesem Grund in der Regel sehr kostenintensiv, ein Hauptgrund für den geringen Marktanteil der Kunststoffgebäude. Bauteile aus Kunststoffen können in vielen Fällen nur dann mit konventionellen Werkstoffen wirtschaftlich konkurrieren, wenn die Formen mehrfach verwendet bzw. die Produkte in Serie gefertigt werden. Eine ökonomisch sinnvolle Vorgehensweise ist es also, entweder Gebäude in Serie zu fertigen oder einen modularen Strukturaufbau zu konzipieren, bei dem die Einzelelemente in einer Kleinserie wirtschaftlich hergestellt werden können. Modularität ist in diesem Sinne ein Schlüsselbegriff der Kunststoffarchitektur.

Eine bedeutende Rolle spielt dabei die Kostenreduzierung bei der Herstellung von Formen und Formwerkzeugen, ein Problem, das wir auch aus dem Betonschalenbau kennen. Eine Vereinfachung bildet bereits heute der kontinuierliche digitale Prozess vom Entwurf bis zur Produktion durch CNC-gesteuerte Herstellungsverfahren für den Formenbau, beispielsweise das Fräsen von Schaumformen. Fräsverfahren sind jedoch materialaufwendig. Der Weiterentwicklung von Rapid-Prototyping-Produktionsmethoden, die eine individuelle Herstellung größerer Bauteile ermöglichen, kommt dabei ein hoher Stellenwert zu. Eine andere Möglichkeit sind wandelbare Formen, die unterschiedlichen geometrischen Anwendungen angepasst werden können. Prinzipiell sind dafür hydraulisch ansteuerbare Formwerkzeuge denkbar, in der Praxis finden sie derzeit noch keine Anwendung. Für thermoplastische Kunststoffe ist die Fertigung von Kunststoffbauteilen mithilfe der additiven Rapid-Prototyping-Technologie eine interessante Option, entsprechende Verfahren existieren allerdings zurzeit nur für Bauteile von sehr begrenzter Größe. Für faserverstärkte Bauteile ist diese Technik nicht einsetzbar.

TECHNOLOGIETRANSFER

Kunststoffe haben heute im Flugzeugbau, Automobilbau und Schiffsbau im Unterschied zur Architektur eine weite Verbreitung. Ein Transfer des technologischen Wissens aus diesen Sparten in die Architektur erscheint grundsätzlich wünschenswert. Es ist aber festzustellen, dass Bauweisen und Sicherheitskonzepte nicht unmittelbar übertragen werden können, weil Funktion, Anforderungen und Einwirkungen grundsätzlich verschieden sind. Flugzeuge und Automobile sind im Gegensatz zu Gebäuden in der Regel Serienprodukte. Bei allen Unterschieden sind aber Fragestellungen wie beispielsweise die Gewichtsoptimierung von tragenden Strukturen auch für die Architektur relevant. Ein naheliegender Technologietransfer ist auch die Übertragung von Konstruktionsprinzipien und Erfahrungen aus dem Ingenieurbau auf den Gebäudebau. Eine interdisziplinäre Denk- und Herangehensweise hat in jedem Fall das Potenzial, dass leistungsfähige, wirtschaftliche und innovative Lösungen entstehen können.

GLOSSAR

Acrylglas
Praxisüblicher Begriff für Produkte aus transparentem PMMA, in Ausnahmefällen auch für opak durchgefärbte PMMA-Produkte.

Adhäsion
Bindungskräfte in einer Grenzflächenschicht zwischen zwei Stoffen.

Amorph
Ungeordnete Struktur von Molekülen eines Festkörpers im Gegensatz zu kristallinen Strukturen, die über eine geordnete Molekülanordnung verfügen.

Anisotropie
Richtungsabhängigkeit der physikalischen und chemischen Eigenschaften eines Stoffes, auf molekularer Ebene vor allem durch die Raumgitterstruktur bedingt. Die Anisotropie von Verbundwerkstoffen wie FVK entsteht durch die Anordnung der Verstärkungsfasern, die der Richtung der Beanspruchung angepasst werden kann. Gegenteil von → Isotropie.

Aromaten (Arene)
Kohlenwasserstoffverbindungen, die einen oder mehrere Benzolringe enthalten. Die Benzolringe sind für die steife Molekülstruktur der Aromaten verantwortlich, die eine verminderte Reaktivität und eine hohe thermische Stabilität zur Folge hat. Beispiel: Polycarbonat.

Baustoffklassen
Einteilung von Werkstoffen nach ihren brandtechnischen Eigenschaften, geregelt in der DIN 4102-1. Grundsätzliche Unterscheidung in nichtbrennbare (Baustoffklasse A) und brennbare Werkstoffe (Baustoffklasse B), die jeweils Untergruppen enthalten.

Bifunktionelle, trifunktionelle, mehrfunktionelle Gruppen
Reaktionsfreudige Bestandteile organischer Moleküle, z. B. −OH (Hydroxygruppe), −COOH (Carboxylgruppe), −NH$_2$ (Aminogruppe), welche die Molekülstruktur beeinflussen und gezielt zur Steuerung von Produkteigenschaften bei der Kunststoffherstellung genutzt werden können.

CFK
Kohlefaserverstärkter Kunststoff

Dielektrisch
Eigenschaft eines Stoffes, der ein Isolator ist, d. h. eines Stoffes, dessen elektrische Leitfähigkeit extrem gering ist.

Duktilität
Duktilität beschreibt das Vermögen eines Materials, vor dem Versagen plastische Verformungen zu erfahren, ohne seine Tragfähigkeit zu verlieren. Entsprechend der Sicherheitstheorie des Bauwesens ist Versagensankündigung durch Verformungen erwünscht. In statisch unbestimmten Systemen erlauben duktile Materialien die Umverteilung der Schnittgrößen. Stahl und Stahlbeton sind Beispiele für Werkstoffe, die ein duktiles Verhalten aufweisen.

Duromer
Oberbegriff für engmaschig vernetzte Kunststoffe, die nicht lösbar oder schweißbar sind. Verwendung in der Architektur in der Regel mit Verstärkungsfasern als faserverstärkte Kunststoffe für Bauteile mit hoher Festigkeit.

Elastizitätsmodul
Der Elastizitätsmodul (abgekürzt E-Modul) beschreibt als Werkstoffkenngröße das Verhältnis von Spannung zu Dehnung bei überwiegend linearem Werkstoffverhalten. Ein hoher E-Modul bedeutet, dass ein Werkstoff der Verformung einen hohen Widerstand entgegensetzt. Der E-Modul wird angegeben als Quotient aus Spannung und Dehnung mit $E = \sigma/\varepsilon$ mit σ = Spannung (F/A) und ε = Dehnung ($\Delta l/l$).

Elastomer
Oberbegriff für weitmaschig vernetzte Kunststoffe, die nicht lösbar oder schweißbar sind und ein ausgeprägtes elastisches Verhalten aufweisen. Anwendung im Bauwesen vor allem in Form von Abdichtungen oder Lagern.

Endotherme Reaktion
Unter Wärmeaufnahme verlaufender chemischer Prozess. Endprodukte einer endothermen Reaktion sind energiereicher als die Ausgangsprodukte und zersetzen sich daher leichter. Gegenteil von → *exotherm*

Epoxidharz
Duromerer Kunststoff, dessen flüssige Ausgangskomponenten durch chemische Reaktion (Polyaddition) miteinander vernetzt werden. Epoxidharze (EP) werden als Matrix von faserverstärkten Kunststoffen für Bauteile mit hohen Anforderungen an Maßgenauigkeit und Festigkeit verwendet.

ETFE
Ethylen-Tetrafluorethylen ist ein thermoplastischer Kunststoff, der insbesondere in Form von transparenten Folien zum Einsatz gelangt.

Exotherme Reaktion
Chemische Reaktion unter Freisetzung von thermischer Energie. Gegenteil von → *endotherm*

Extrusion
Produktionsprozess für elastomere, thermoplastische und duromere Kunststoffhalbzeuge mit konstantem Querschnitt.

FVK
Faserverstärkter Kunststoff

Gelcoat
Unverstärkte Oberflächenharzschicht für Formteile aus GFK zur Erhöhung der Witterungsbeständigkeit

GFK
Glasfaserverstärkter Kunststoff

GMT
Glasmattenverstärkter Thermoplast

Glasübergangstemperatur Tg
Temperaturbereich amorpher Stoffe, der den Übergang vom festen zum viskosen bzw. flüssigen Zustand (Schmelze) kennzeichnet. Die Glasübergangstemperatur unterscheidet sich durch einen breiteren Temperaturbereich von der genau definierten Schmelztemperatur kristalliner Stoffe, die für den jeweiligen Stoff charakteristisch ist.

Handlaminierverfahren
Verfahren zur manuellen Herstellung von faserverstärkten Bauteilen. Erfordert einen hohen Arbeitsaufwand und eignet sich beispielsweise zur Herstellung von Prototypen oder Bauteilen mit unterschiedlichen Wandstärken. Der Fasergehalt von im Handlaminierverfahren hergestellten Bauteilen ist mit ca. 25 % vergleichsweise gering.

Hauptvalenzbindung
Hauptvalenzbindungen sind eine Form der Bindung zwischen den Einzelbestandteilen eines Moleküls. Beispiele für Hauptvalenzbindungen sind Atombindung und Ionenbindung. Hauptvalenzbindungen besitzen eine stärkere Bindungskraft als → *Nebenvalenzbindungen*.

Integralschaum
Schaumstruktur mit zelligem Kernbereich und einer geschlossenen Oberfläche. Häufig werden Polyurethane als Integralschäume hergestellt, aber auch andere thermoplastische Kunststoffe wie Polypropylen.

Isotropie
Richtungsunabhängigkeit der stofflichen Eigenschaften. Gegenteil von → *Anisotropie*.

Kalandrieren
Produktionsprozess zur Herstellung von thermoplastischen Kunststoff-Folien, die über eine Walzenanlage, die sogenannte Kalanderstraße, in mehreren Schritten zu dünnen Folien ausgewalzt werden.

Kohäsion
Bindungskräfte zwischen Atomen oder Molekülen innerhalb eines Stoffes

Laminat
Faser-Kunststoff-Verbund

Makromolekül
Molekül mit hoher molekularer Masse, das aus einer Vielzahl sich wiederholender Monomere aufgebaut ist. Der Begriff wurde von Hermann Staudinger zur Erklärung der chemischen Struktur von Kunststoffen eingeführt. Natürliche Makromoleküle sind beispielsweise Zellulose oder Stärke; die Mehrzahl der Kunststoffe hingegen besteht aus synthetisch hergestellten Makromolekülen.

Matrix
Kunststoff, der durch Fasern verstärkt wird. Prinzipiell können alle Kunststoffe als Matrix verwendet werden, in der Praxis werden zur Verbesserung der mechanischen Eigenschaften vor allem Kunstharze als Matrixwerkstoffe eingesetzt.

Monomer
Reaktionsfähiges Molekül, das durch Syntheseverfahren mit anderen Monomeren zu langkettigen Polymeren verbunden wird. Grundbaustein jedes Kunststoffs.

Nebenvalenzbindung
Nebenvalenzbindungen beruhen auf elektrostatischen Wechselwirkungen der beteiligten Bindungspartner. Die Bindungskraft wird durch die Anziehung zwischen zwei Atomen mit ungleichen elektrischen Ladungen erzeugt. Nebenvalenzbindungen besitzen eine geringere Bindungskraft als → *Hauptvalenzbindungen*.

Orthotropie
Der Begriff kombiniert die Wörter orthogonal und anisotrop und beschreibt ein richtungsabhängiges Trag- und Verformungsverhalten von Werkstoffen bzw. Strukturen. Da es sich um ein richtungsabhängiges Verhalten handelt, ist die Orthotropie immer auf ein bestimmtes Koordinatensystem bezogen. Ein besonderes Kennzeichen ist der Umstand, dass Dehnungen und Schubverzerrungen bei der Orthotropie nicht gekoppelt sind. Die Orthotropie ist eine Sonderform der → *Anisotropie*.

Phenolharz
Duromerer Kunststoff mit hoher Hitzebeständigkeit, dessen flüssige Ausgangskomponenten durch Kondensation miteinander vernetzt werden.

Photopolymer
Polymer, das unter UV-Licht aushärtet. Einsatz bei Rapid-Prototyping-Verfahren.

Plexiglas
Handelsname der Firma Evonik Röhm GmbH für Produkte aus PMMA. Wird umgangssprachlich häufig mit transparentem PMMA gleichgesetzt.

PMMA
Polymethylmethacrylat ist ein spröder thermoplastischer Kunststoff, der sich durch eine hohe Transparenz und Witterungsbeständigkeit auszeichnet. PMMA wird häufig als Ersatz für Glas verwendet.

Polycarbonat
Polycarbonat ist ein thermoplastischer Kunststoff mit hoher Transparenz und im Vergleich zu PMMA hoher Schlagfestigkeit. PC wird anstelle von PMMA als Ersatz für Glas verwendet, vor allem bei höheren mechanischen Beanspruchungen oder höheren Anforderungen an den Brandschutz.

Polyester
Oberbegriff für eine Kunststoff-Familie innerhalb der Gruppe der Thermoplaste. Polyester besitzen aufgrund ihrer chemischen Struktur eine vergleichsweise hohe Schmelztemperatur. Beispiele sind Polycarbonat und Polyethylenterephthalat (PET).

Polyethylen
Thermoplastischer Kunststoff, der in verschiedenen Modifizierungen für untergeordnete Bauteile der technischen Gebäudeausstattung und für Abdichtungsfolien verwendet wird.

Polyesterharz
Duromerer Kunststoff, dessen flüssige Ausgangskomponenten durch Polymerisation miteinander vernetzt werden. Polyesterharze sind im Vergleich zu anderen Harzsystemen einfach zu verarbeiten und verfügen über gute Allzweckeigenschaften.

Polymer
Verzweigte oder unverzweigte Molekülketten, die durch chemische Reaktion aus Monomeren gebildet werden. Polymer wird häufig auch als Oberbegriff für Kunststoffe verwendet.

Polymerisation
Syntheseverfahren unter Verwendung von Reaktionsmitteln. Die Produkte werden als Polymerisate bezeichnet. Als Polymerisation bezeichnet man aber auch allgemein die Verknüpfung von Monomeren zu Polymeren.

Polypropylen
Vielseitig einsetzbarer thermoplastischer Kunststoff mit begrenzter Festigkeit, aus dem Formteile oder Kunststoffplatten in diversen Profilen hergestellt werden können.

Polystyrol
Polystyrol in Reinform ist ein amorpher, spröder Thermoplast, der eine hohe Transparenz besitzt. Häufigste Anwendungsformen sind jedoch Schäume (EPS, XPS), die als Wärmedämmstoffe verwendet werden.

Prepreg
Gängige Kurzform für „pre-impregnated", d. h. mit duromerem Kunststoff imprägnierte Fasern, die als formbares Halbzeug verwendet werden können. Die Aushärtung der Kunststoffmatrix wird durch gekühlte Lagerung des Prepregs verzögert, die Aushärtung erfolgt unter Einwirkung von Hitze und Druck. Ein hoher Fasergehalt des Bauteils wird mit dem Vorteil der einfachen Verarbeitbarkeit kombiniert.

PTFE
Polytetrafluorethylen besitzt durch das chemische Element Fluor eine sehr hohe chemische und thermische Beständigkeit. Verwendung als Gewebe ode Beschichtung im Membranbau.

Pultrusion
Industrielles Herstellungsverfahren für Profile aus faserverstärktem Kunststoff, bei dem die in einem Harzbad getränkten Glasfasern durch ein Formwerkzeug gepresst werden und so ihr endgültiges Profil erhalten. Pultrudierte FVK-Produkte besitzen einen sehr hohen Fasergehalt und eine entsprechend hohe Festigkeit.

PUR
Polyurethane bilden eine Gruppe von Kunststoffen, deren Namensgebung auf der gemeinsamen chemischen Komponente der Urethan-Gruppe basiert. In der Regel sind für die Eigenschaften jedoch andere Molekülbausteine maßgebend, die für die große Bandbreite der Eigenschaften verantwortlich sind. Häufigste Verwendung im Bauwesen ist als Schaum für Abdichtungen und in Form von Wärmedämmplatten.

PVC
Polyvinylchlorid ist ein thermoplastischer Kunststoff, der industriell zu Halbzeugen und Produkten, beispielsweise Fenster- und Türprofilen, Rollläden, Rohren und Folien, verarbeitet wird.

Radikale
Reaktionsfreudige Atome oder Molekülgruppen mit mindestens einem ungepaarten Elektron. Radikale entstehen häufig bei photochemischen und thermischen Reaktionen als kurzlebige Zwischenprodukte.

Rapid Manufacturing
Oberbegriff für Herstellungsfahren für Bauteile und kleine Serien, die auf der Verwendung digitaler Datensätze beruhen.

Rapid Prototyping
Oberbegriff für Verfahren zur Herstellung von Musterbauteilen unter Verwendung digitaler Datensätze.

Rezyklat
Kunststoff, der zum Teil oder vollständig aus rezykliertem Kunststoff besteht.

Schnecke
Schraubenförmiges, lineares, um seine Längsachse rotierendes Knetwerkzeug in einem liegenden Metallzylinder zum Mischen und Verschmelzen von Kunststoff-Formmassen, bevor diese in einem angeschlossenen Werkzeug ihre endgültige Form erhalten.

SFK
Durch Synthesefasern (Aramidfasern) verstärkter Kunststoff

Stegplatte
Im Extrusionsverfahren hergestellte Platte, die aus zwei ebenen Deckschichten und verbindenden Stegen besteht. Herstellung vorwiegend aus → *Polycarbonat* oder → *PMMA*.

Styropor
Markenname der Firma BASF für expandiertes Polystyrol (EPS), das vorwiegend in Form von Wärmedämmplatten verwendet wird.

Synthese
Chemischer Prozess zur Herstellung eines → *Polymers* aus → *Monomeren*. Beispiele sind → *Polymerisation*, Polyaddition, Polykondensation.

Thermoplaste
Die weitaus größte Gruppe der Kunststoffe. Thermoplaste sind unvernetzt und besitzen lineare oder verzweigte Polymerketten. Sie sind schmelzbar und schweißbar und von geringerer Festigkeit als Duromere.

Ungesättigte Doppelbindungen
Doppelbindung zwischen zwei Kohlenstoffatomen in einem Molekül. Durch die relativ instabile Bindung ist das Molekül sehr reaktionsfreudig.

Urformen
In der Kunststoffindustrie Oberbegriff für Arbeitsprozesse, bei denen aus Rohstoffgemischen in flüssiger oder fester Form Kunststoffprodukte oder -halbzeuge hergestellt werden.

U-Wert
Wärmedurchgangskoeffizient in W/m^2K. Der U-Wert gibt an, wieviel Energie (Watt) pro Zeiteinheit durch eine Bauteilfläche von 1 m^2 fließt, wenn die Temperaturdifferenz zwischen Innen- und Außenseite 1 Kelvin beträgt. Der U-Wert dient der Beurteilung des Transmissionswärmeverlustes durch ein Bauteil: Je kleiner der U-Wert, desto höher die Wärmedämmung. Bei der Ermittlung des Wärmedurchgangskoeffizienten eines Fensters (U_w-Wert) werden die unterschiedlichen Werte für Verglasung (U_g-Wert) und Rahmen (U_r-Wert) berücksichtigt. Für Produkte aus transparentem Kunststoff, die als Glasersatz verwendet werden können, ist der U_g-Wert von Interesse.

Vulkanisation
Vernetzung des Rohkautschuks durch Schwefel unter Temperatur und Druck. Die dabei entstehenden langkettigen Kautschukmoleküle sind durch sogenannte Schwefelbrücken miteinander verbunden: Der Stoff geht vom plastischen in einen elastischen Zustand über und wird widerstandsfähiger gegen chemische Einflüsse sowie gegen mechanische Beanspruchung. Entwicklung 1839 durch Charles Goodyear.

Vinylesterharz
Duromerer Kunststoff mit hoher Schlagfestigkeit sowie Wärme- und Chemikalienbeständigkeit.

Wellplatte
Einschichtige Platte mit wellenförmigem Querschnitt

BIBLIOGRAPHIE

1 DER WEG ZUR KUNSTSTOFFARCHITEKTUR

Balkowski, F. D.: „Das Kunststoffhaus", *Deutsche Bauzeitung*, Nr. 1, 1988, S. 68f

„Bauen mit Kunststoffen", *Werk, Bauen und Wohnen*, Nr. 11, 1978

Burgard, R. (Hrsg.): *Kunststoffe und freie Formen. Ein Werkbuch*, Springer Verlag, Wien/New York, 2004

Doernach, R.: *Bausysteme mit Kunststoffen*, Deutsche Verlags-Anstalt, Stuttgart, 1974

Ehrenstein, E. W.: *Faserverbund-Kunststoffe. Werkstoffe – Verarbeitung – Eigenschaften*, Carl Hanser Verlag, München/Wien, 1992

Genzel, E.; Voigt, P.: *Kunststoffbauten. Teil 1: Die Pioniere*, Bauhaus-Universität Weimar, Universitätsverlag, Weimar, 2005

Genzel, E.: „Zur Geschichte der Konstruktion und der Bemessung von Tragwerken des Hochbaus aus faserverstärkten Kunststoffen 1950–1980", Dissertation, Bauhaus-Universität Weimar, 2006

Home, Marko; Taanila, Mika: *Futuro. Tomorrow's House From Yesterday*, Desura, Helsinki, 2002

Institut für das Bauen mit Kunststoffen e. V. (Hrsg.): *Kunststoffhäuser und Raumzellen*, IBK-Verlag, Darmstadt, 1973

Plastic Design, daab, Köln, 2007

Quarmby, Arthur: *The Plastics Architect*, Pall Mall Press, London, 1974

Saechtling, Hansjürgen: *Bauen mit Kunststoffen*, Carl Hanser Verlag, München/Wien, 1973

Tschimmel, U.: *Die Zehntausend-Dollar-Idee. Kunststoff-Geschichte vom Celluloid zum Superchip*, Econ Verlag, Düsseldorf/Wien/New York, 1989

Uffelen, Chris van; Steybe, Sophie: *Pure Plastic. New Materials for Today's Architecture*, Verlagshaus Braun, Berlin, 2008

Voigt, P.: „Die Pionierphase des Bauens mit glasfaserverstärkten Kunststoffen (GFK) 1942 bis 1980", Dissertation, Bauhaus-Universität Weimar, 2007

2 MATERIALEIGENSCHAFTEN VON KUNSTSTOFFEN

Kunststoffe im Brandschutzkonzept: Tagung Würzburg, 27.–28.9.1999, VDI Gesellschaft Werkstofftechnik, VDI Verlag, Düsseldorf, 1999

Kramer, E.: „Langzeitverhalten von thermoplastischen Kunststoffen im Außeneinsatz. Ursachen und Auswirkungen des photooxidativen Abbaus polymerer Werkstoffe", Burgard, R. (Hrsg.): *Kunststoffe und freie Formen. Ein Werkbuch*, Springer Verlag, Wien/New York, 2004

Ludwig, C.: „Brandverhalten von Bauteilen aus FVK. Tagungsband Faserverbunde in der Architektur", Symposium Bauhaus Dessau, 9.–10.12.2008

Troitzsch, J.: *Plastics Flammability Handbook*, Carl Hanser Verlag, München/Wien, 2004

3 WERKSTOFFTECHNISCHE GRUNDLAGEN

Cowie, J. M. G.: *Chemie und Physik der synthetischen Polymere*, Vieweg Verlag, Braunschweig/Wiesbaden, 1997

Erhard, Gunter: *Designing with Plastics*, Carl Hanser Verlag, München/Wien, 2006

IBK Darmstadt (Hrsg.): *Bauen mit Kunststoffen. Jahrbuch 2002*, Ernst & Sohn Verlag, Berlin, 2001

Oberbach, K.; Baur, E.; Brinkmann, S.; Schmachtenberg, E.: *Saechtling Kunststoff Taschenbuch*, Carl Hanser Verlag, München/Wien, 2004, 29. Auflage

Stoeckhert, K.: *Kunststoff-Lexikon*, Carl Hanser Verlag, München/Wien, 1997, 9. Auflage

4 KUNSTSTOFFARTEN UND HERSTELLUNG

Curbach, Manfred u. a.: „Sachstandsbericht zum Einsatz von Textilien im Massivbau", DAfStb (Deutscher Ausschuss für Stahlbeton), Heft 488, 1998

Ehrenstein, E. W.: *Faserverbund-Kunststoffe. Werkstoffe – Verarbeitung – Eigenschaften*, Carl Hanser Verlag, München/Wien, 1992

Fiberline Composites A/S: Fiberline Design- & Konstruktionshandbuch, 1995

Habenicht, Gerd: *Kleben*, Springer Verlag, Wien/New York, 2002

Hellerich, W.; Harsch, G.; Haenle, S.: *Werkstoff-Führer Kunststoffe*, Carl Hanser Verlag, München/Wien, 1996, 7. Auflage

Hufnagl, F. (Hrsg.): *Plastics + Design*, Ausstellungskatalog, Neue Sammlung, Staatl. Sammlung für angewandte Kunst München, Arnoldsche Verlagsanstalt, Stuttgart, 1997

Jeska, S.: *Transparente Kunststoffe. Technologie und Entwurf*, Birkhäuser Verlag, Basel/Berlin/Boston, 2008

Kaltenbach, F. (Hrsg.): *Detail Praxis: Transluzente Materialien*, Edition Detail, München, 2003

Michaeli, Walter: *Einführung in die Kunststoffverarbeitung*, Carl Hanser Verlag, München/Wien, 1992

Michaeli, Walter; Wegener, Martin: *Einführung in die Technologie der Faserverbundwerkstoffe*, Carl Hanser Verlag, München/Wien, 1990

Moser, Kurt: *Faser-Kunststoff-Verbund*, VDI Verlag, Düsseldorf, 1992

5 HALBZEUGE UND PRODUKTE

Rahlwes, K.; Maurer, R.: „Lagerung und Lager im Bauwesen", *Beton-Kalender 1995*, Ernst & Sohn Verlag, Berlin, Teil 2, S. 631–737

6 KONSTRUIEREN MIT KUNSTSTOFFEN

Bauüberwachungsverein e. V. (BÜV): Empfehlung „Tragende Kunststoffbauteile im Bauwesen [TKB], Entwurf, Bemessung und Konstruktion", Diskussionsentwurf, Fassung Oktober 2002

Clarke, John L.: *Structural Design of Polymer Composites, EUROCOMP Design Code and Handbook*, E & FN Spon, London, 1996

DIN 18 820 Teile 1–3: „Laminate aus textilglasverstärkten ungesättigten Polyester- und Phenolacrylatharzen für tragende Bauteile" (GF-UP, GF-PHA)

DIN EN 13706 Teile 1 und 2: „Spezifikationen für pultrudierte Profile"

Einsfeld, Ulrich: „Kunststoffe im Bauwesen – Werkstoffe der Zukunft: Eigenschaften – Anwendungen – Brandverhalten", Institut für das Bauen mit Kunststoffen e. V., Darmstadt, das bauzentrum, Nr. 12, 2000, S. 4–5

Gruber, Werner: *Hightech-Industrieklebstoffe*, verlag moderne industrie, Landsberg, 2000

Habenicht, Gerd: *Kleben – erfolgreich und fehlerfrei*, Vieweg Verlag, Braunschweig/Wiesbaden, 2003

Keller, Thomas: *Use of Fibre Reinforced Polymers in Bridge Construction*, International Association for Bridge and Structural Engineering IABSE, Zürich, 2003

Kloft, H.; Mähl, F.; Kling, S.: „Bauen mit Kunststoffen", tek-Themenheft Nr. 7, Seminarumdruck des Fachgebietes Tragwerksentwurf und Konstruktionen, Technische Universität Kaiserslautern, 2005

Lotz, Stefan: „Untersuchungen zur Festigkeit und Langzeitbeständigkeit adhäsiver Verbindungen zwischen Fügepartnern aus Floatglas", Dissertation, Universität Kaiserslautern, Fachbereich Maschinenwesen, 1995

Peters, Stefan: „Kleben von GFK und Glas für baukonstruktive Anwendungen", Dissertation, Universität Stuttgart, 2006

Schürmann, Helmut: *Konstruieren mit Faser-Kunststoff-Verbunden*, Springer Verlag, Berlin/Heidelberg, 2005

Trumpf, Heiko: „Stabilitätsverhalten ebener Tragwerke aus pultrudierten faserverstärkten Polymerprofilen", Dissertation, RWTH Aachen, 2006

Verein deutscher Ingenieure, VDI 2014 Blatt 1–3, „Entwicklung von Bauteilen aus Faser-Kunststoff-Verbund", VDI-Richtlinie

7 KUNSTSTOFF IN HÜLLENDER FUNKTION

„Flagship Store und Firmenzentrale in London", *Detail*, Nr. 5, 2008, S. 498–502 (Reiss Headquarters)

„Omnibus-Bahnhof in Emsdetten", *Detail*, Nr. 12, 2002, S. 1566–1569 (Bahnhof Emsdetten)

Pawlitschko, Roland: „Mobiler Pavillon für zeitgenössische Kunst in Hongkong", *Detail*, Nr. 5, 2008, S. 450 (Chanel Mobile Art Pavilion)

Schmal, Peter Cachola (Hrsg.); Bollinger, Klaus; Grohmann, Manfred: *Workflow. Struktur – Architektur*, Birkhäuser Verlag, Basel, 2004, S. 72–77 (BMW Bubble)

8 KUNSTSTOFF IN TRAGENDER FUNKTION

Birk, Stephan: „GFK-Glas-Pavillon", *Ingenieurbaukunst in Deutschland. Jahrbuch 2003/2004*, Junius Verlag, Hamburg, 2003 (GFK-Glas-Pavillon)

Engelsmann, Stephan; Spalding, Valerie: „Ein prototypisches Kunststoff-Faltwerk mit neuartiger Fügetechnologie", *Stahlbau*, Nr. 78, 2009, S. 227–231 (Kunststoff-Faltwerk)

Engelsmann, Stephan; Spalding, Valerie: „Eine geometrisch komplexe Plastik-Skulptur mit modularem Tragwerk", *Bautechnik*, Nr. 85, 2008, S. 345–348 (Plastik-Turmskulptur)

Knippers, Jan; Peters, Stefan: „GFK-Glas-Verbundsysteme", Kaltenbach, F. (Hrsg.): *Detail Praxis: Transluzente Materialien*, Edition Detail, München, 2003, S. 36–38 (GFK-Glas-Pavillon)

Peters, Stefan: „Kleben von GFK und Glas für baukonstruktive Anwendungen", Dissertation, Universität Stuttgart, 2006 (GFK-Glas-Pavillon)

9 KUNSTSTOFF IN TRAGENDER UND HÜLLENDER FUNKTION

„Empfangsgebäude in Basel", *Detail*, Nr. 5, 2008, S. 488–491 (Empfangsgebäude Novartis Campus)

Forschungsgruppe FOMEKK, „Abschlussbericht", Bauhaus-Universität Weimar, 2004 (MYKO)

Genzel, Elke; Voigt, Pamela: *Kunststoffbauten. Die Pioniere*, Bauhaus-Universität Weimar, Universitätsverlag, 2005, S. 133–160 (Futuro)

Henckel, Peter; Kurath, Josef: „Flügeldach auf Glasstützen", *Der Bauingenieur*, Nr. 7/8, 2008, S. 36–45 (Empfangsgebäude Novartis Campus)

Home, Marko; Taanila, Mika; *Futuro, Tomorrow's House From Yesterday*. Desura, Helsinki, 2002 (Futuro)

10 ENTWICKLUNGSTENDENZEN

Burtscher, Stefan: „Vorspannen – nicht kleben!", *Deutsches Ingenieurblatt*, Nr. 7/8, 2005, S. 22–26

Knippers, Jan; Gabler, Martin: „Faserverbundwerkstoffe im Bauwesen". *Stahlbau-Kalender 2007*, Ernst & Sohn Verlag, Berlin

Park, Don-U.: „Materialgerechte lösbare Fügeverbindungen bei glasfaserverstärkten Kunststoffen", Forschungsbericht 29, Institut für Tragkonstruktionen und Konstruktives Entwerfen, Universität Stuttgart, 2007

Betz, Holger; Peters, Stefan: „Fiberwood – Ein innovatives Konzept im Fensterbau", *Glaswelt*, Nr. 1, 2008

AUTOREN

Stephan Engelsmann ist Bauingenieur. Er studierte Bauingenieurwesen an der TU München und Architektur an der University of Bath. Nach der Promotion bei Jörg Schlaich und Kurt Schäfer an der Universität Stuttgart arbeitete er bei Werner Sobek Ingenieure, Stuttgart. Er ist Professor für konstruktives Entwerfen und Tragwerkslehre an der Staatlichen Akademie der Bildenden Künste Stuttgart sowie Partner und geschäftsführender Gesellschafter von Engelsmann Peters Beratende Ingenieure in Stuttgart.

Valerie Spalding studierte Architektur an der RWTH Aachen. Sie arbeitete in verschiedenen Architekturbüros im In- und Ausland, darunter James Carpenter Design Associates in New York. Sie ist akademische Mitarbeiterin an der Staatlichen Akademie der Bildenden Künste Stuttgart und forscht zum Thema Bauen mit Kunststoffen.

Stefan Peters ist Bauingenieur, studierte an der Universität Stuttgart und war für verschiedene Ingenieurbüros tätig, darunter Werner Sobek Ingenieure, Stuttgart. Er war wissenschaftlicher Mitarbeiter bei Jan Knippers an der Universität Stuttgart und promvierte über Klebeverbindungen zwischen Glas und faserverstärkten Kunststoffen. Er ist Partner und geschäftsführender Gesellschafter von Engelsmann Peters Beratende Ingenieure in Stuttgart.

DANKSAGUNG

Wir danken den Architekten und Ingenieuren, die uns bereitwillig Informationen zu den von ihnen geplanten Projekten gegeben sowie Abbildungen für diese Publikation zur Verfügung gestellt haben. Weiter danken wir allen Unternehmen, die uns über ihre Produkte informiert und Einblick in die Herstellungsverfahren gestattet haben. Ein besonderer Dank gilt Herrn Gerhardt Spalding für viele sehr hilfreiche Hinweise zum Abschnitt über die chemischen Grundlagen der Kunststoffe. Frau Ria Stein danken wir für ein sehr gewissenhaftes Lektorat.

NAMENS- UND BAUTENREGISTER

A
ABB Architekten   98, 99
Allmann Sattler Wappner
   Architekten   122, 123
Arbeitsgemeinschaft Kunsthaus   19,
   100, 101
Architektur Consult ZT   100, 101
Artevetro Architekten   19
ARUP   06, 07
Atelier van Lieshout   144, 145
B
Bahnhof Emsdetten   102–105
Baloghy, Gerlind   140–142
Bär + Knell   112, 113
Bayer, Veit   154, 155
BMW Bubble   98, 99
Bollinger + Grohmann Ingenieure
   98–101, 130, 131
Bulle Six Coques   11, 13
Busstation Hoofddorp   77, 132–135
C
Camus et Cie.   11
Casoni & Casoni   11, 13
Chanel Mobile Art Pavilion   96, 97
Château, Stéphane du   12, 14
Clip-On   144, 145
Coulon, René-André   10, 11
Cox Architects & Planners   120, 121
Craig-Martin, Michael   114, 115
D
Dietrich, Gerhard   11
Dietz, Albert   11, 13
Dornier Museum   122, 123
D-Turm   130, 131
Dworzak, Hugo   116, 117
E
Eiertempel   143, 146, 147
Empfangsgebäude Novartis
   Campus   156–158
Engelsmann Peters Beratende
   Ingenieure   140–142, 163
Engelsmann, Stephan   128, 129,
   140–142
Engiplast   132–135
Ernst Basler & Partner AG   156–158
Evonik Röhm GmbH   34, 61, 63, 67, 78,
   164, 168
Eyecatcher-Gebäude, Basel   17, 19
F
Farben des Konsums   112, 113
Feierbach, Wolfgang   11, 150, 151
fg 2000   11, 13, 143, 150, 151
Fhecor   124–126
Fischer, Melanie   140–142
Fluid Structures   108, 109
FOMEKK   154, 155
Forum Soft   118, 119
Franken, Bernhard   98, 99
Fuller, Richard Buckminster   10
Fünf Blasen   148, 149
Fußgängerbrücke über den
   Schlossgraben, Darmstadt   164
Futuro   11, 13, 143, 152, 153
G
Ganns, Franciska   128, 129
Genzel, Elke   154, 155

GFK-Glas-Pavillon   127, 138, 139
Gillmann, Ursula   148, 149
Goody, Marvin   11, 13
groenlandbasel   146, 147
Gumpp, Rainer   154, 155
H
Hamilton, Richard   11, 13
Heidenreich, Christian   154, 155
Herzog & de Meuron   114, 115
Hossdorf, Heinz   12, 14
I
Idee Workstation   106, 107
Ingenieurgemeinschaft Führer-Kosch-
   Jürges   102–105
Institut für das Bauen mit Kunst-
   stoffen   12
Institut für Tragkonstruktionen und
   Konstruktives Entwerfen (ITKE)
   138, 160, 163
K
Klein Dytham architecture   106, 107
Knippers Helbig Beratende
   Ingenieure   160
Knippers, Jan   138, 139, 163
Knobel, Felix   19
Krause, Thoralf   154, 155
Kunsthaus Graz   19, 100, 101
Kunststoff-Faltwerk   140–142
L
Laban Creekside   114, 115
Langlie, Carsten   11, 150, 151
Les échanges   12, 14
Linne, Stefan   154, 155
M
Magnant, Yves   10, 11, 13
Maneval, Jean Benjamin   11, 13
Markthalle Argenteuil   12, 14
Michailidis, Apostolos   128, 129
Mobile Hotelkabine   10, 11
Monsanto House of the Future   11, 13
Moshe Safdie Architects   136, 137
MYKO   143, 154, 155
N
NIO architecten   132–135
NOX Architects   130, 131
O
Octatube Engineering   136, 137
OX2architekten   102, 103
P
Peters, Stefan   138, 139
Plastik-Turmskulptur, Stuttgart   16,
   127–129
Polymer Engineering Centre   120, 121
Polyvilla   12
R
Reiss Headquarters   108, 109
Rondo   11, 13
Ronkka, Yrjö   11, 13, 152, 153
Ruth, Jürgen   154, 155
S
Schein, Ionel   10, 11
Schneckenhaus   11
Schnegg, Matthias   146, 148, 149
SelgasCano   124–126
Serafijn, Q.S.   130
Serra, Marco   156–158

Spalding, Valerie   128, 129, 140, 141
Spuybroek, Lars   130, 131
Squire and Partners   108, 109
Staubli, Kurath & Partner AG   118, 119
Strunge & Hartvigsen   110, 111
Suuronen, Matti   11, 13, 152, 153
Swissfiber AG   148, 149, 156–158
T
Tagungs- und Verwaltungszentrum,
   Badajoz   124–126
TBM-Engineering   116, 117
Terminal V   116, 117
TU Darmstadt   164
U
Universität Stuttgart   138, 160, 163
V
van der Lippe, Klaar   144, 145
Vehovar & Jauslin Architektur   118, 119
Verwaltungs- und Produktionsgebäude
   Fiberline   110, 111
Voigt, Pamela   154, 155
W
Walther, René   11, 13
Warren and Rowe   120, 121
Werner Sobek Ingenieure   122, 123
Whitby Bird & Partners   114, 115
Y
Yitzhak Rabin Centre   136, 137
Z
Zaha Hadid Architects   96, 97
Zonneveld   132–135

SACHREGISTER

3D-Drucken   44
A
Abreißgewebe   92
Abstandsgewebe   52, 74
Additive   16, 18
Adhäsion   88
Adhäsionsbruch   90
Aerobe Klebstoffe   83
Aerogel   75, 160
Aluminiumhydroxid   20
Amorph   23, 24
Anaerobe Klebstoffe   83
Anisotropie   50, 87
Aramidfasern   51
Atlasbindung   52
Autoklav   54 f.
B
Baustoffklassen   18
Benetzbarkeit   83
Benzolring   32
Beschleuniger   48
Betonkonstruktionen,
   Ertüchtigung   14, 160
Bindungskräfte   21 ff., 24, 89
Blend   21
Bor   21
Brandklassen   18
Brandschutz   17 ff.
Brennbarkeit   17 ff., 59 f.
Brom   20

C
Carpet Plots   93
Chlor   21
CFK → Kohlefaserverstärkter Kunststoff
CNC-Verfahren   15, 43, 109, 130, 132,
   156
Coextrusion   40
Copolymer   21
Cyanacrylate   83
D
Dämmelemente   36
DDM → Direct Digital Manufacturing
Delamination   59
Dichroitisch   62
DIN 4102   18
DIN 18820   92
DIN EN 13501   18
DIN EN 13706   92
Direct Digital Manufacturing   42 f.
Dispersionsklebstoffe   83
Doppelbindung   27
Duromere   15, 24, 26, 48 ff.
   Bearbeitung   57
   Eigenschaften   58
   Fügetechnik   86 ff.
   Herstellung   51
   Kennwerte   58
   Verarbeitung   52 ff.
E
Einkomponenten-Klebstoffe   83
Elastizität   24
Elastomere   15, 24, 29
Elastomerlager   79
Endlosprofile   57
Entformbarkeit   54
EPDM   31
EPM   31
Epoxidharz   49, 71, 130
EPS → Expandiertes Polystyrol
ETFE   37 f., 66, 96
Ethylen-Propylen-Dien-Kautschuk
   → EPDM
Ethylen-Propylen-Kautschuk → EPM
Ethylen-Tetrafluorethylen → ETFE
EUROCOMP Design Code and
   Handbook   92 f.
Expandiertes Polystyrol   36, 76, 132
Extrudieren   39
Extrudiertes Polystyrol   36, 76
F
Farbmittel   20
Fasergehalt   58
Faserverstärkte Kunststoffe   51 ff., 159
   Bemessung   93
   Dauerhaftigkeit   94
   Dimensionierung   92
   E-Modul   59
   mechanische Eigenschaften   58 f.
   Normung   92
   Prüfverfahren   92
Feuerwiderstand   17 f.
Finite-Elemente-Berechnung   93 f.
Flammschutzmittel   18, 20
Flechtverfahren   56
Fluor   21
Fluorpolymer   37

Folien 66
  ETFE 38
  Herstellung → *Kalandrieren*
  PTFE 37
  PVC 35
Folienkissen 38
Fügeteilbruch 90
Füllstoffe 18 f.
Funktionalität 21
Fused Deposition Modelling 44
FVK → *Faserverstärkter Kunststoff*

G
Garne 51, 53
Geflechte 51, 53
Gelcoat 49, 54, 102
Gelege 51, 53
Generative Fertigung → *Direct Digital Manufacturing*
Geodätische Kuppel 10
Geokunststoffe 80
Gestricke 51, 53
Gewebe 51, 53
Gewirke 51
GFK → *Glasfaserverstärkter Kunststoff*
GFK-Profile 77 f., 110, 124, 138, 161
GFK-Roste 79
Gießen 41
Glasfasern 49 f.
Glasfaserstapelgewebe 52
Glasfaserverstärkte Kunststoffe 51 ff.
  Anwendungen 10, 96, 102, 110, 116, 118, 120, 128, 130, 132, 136, 138, 144, 146, 148, 150, 152, 154, 156
  elektromagnetische Strahlung 10
  Formbarkeit 10, 52 ff.
  Prototypen 10
  Witterungsbeständigkeit 16, 54
Glasfilamentgewebe 52
Granulat 32, 39
Grenzschicht 88

H
Haftvermittler 20
Handlaminierverfahren 52, 96, 118, 128, 130, 146, 148, 154, 156
Hartschaumstoffe 37, 76
Harzinfusionsverfahren 54
Hauptvalenzkräfte 22 f.
Heizelementschweißen 85
Homopolymer 21

I
Injektionsverfahren 56
In-Mould-Skinning 42
Integralschaum 42, 72
Intumeszierende Beschichtung 20
Isolationseigenschaften 17

K
Kalandrieren 40
Klebstoffe 82 f.
Klebeverbindungen
  Duromere 88 f.
  Thermoplaste 82
  Vorbehandlung 83 f., 92
Klemmen 81
Knäuelstruktur 24
Kohäsion 88
Kohäsionsbruch 90

Kohlefasern 50
Kohlefaserverstärkte Kunststoffe 14, 70 f., 164
Kohlenstoff 21
Kohlenwasserstoffverbindung 21
Konfektionierung 9, 15
Kontaktklebstoffe 83
Körperbindung 52
  Kriechen 59, 94
Kristallin 23, 24
Kristallisation 23
Kunststoffhäuser (Geschichte) 10 ff.
  bauaufsichtliche Zulassung 13
  Bauphysik 12, 13
  industrielle Serienfertigung 11, 12, 150, 152
  Prototypen 11, 12
  Schalenkonstruktionen 12
  Vorfertigung 11
  weitgespannte Überdachungen 12
Kunststoffmatrix → *Matrix*
Kuppelschale, segmentiert 12
Kurzzeichen 29 f.

L
Laminat 54
Laminattheorie 93
Laserschweißen 85
Lasersintern 44
Layer Laminated Manufacturing 43
Leinwandbindung 52
Lochleibungsversagen 87
Lösungsmittelklebstoffe 82, 85, 140

M
Magnesiumhydroxid 20
Makromolekül 21
Matrix 15, 19, 48
Mehrfachstegplatten 68
Mehrkomponenten-Klebstoffe 83
Mehrschichtextrusion → *Coextrusion*
Mischpolymer → *Copolymer*
Molekularstruktur 15, 21 ff.
Monomer 21

N
Nassklebstoffe 82
Nebenvalenzkräfte 22 f.
Negativform 52

P
PAN → *Polyacrylnitril*
PC → *Polycarbonat*
Phosphor 20
Photopolymer 42
PMMA 33 f., 61 ff., 78, 98, 100, 102, 108, 124, 163
PMMA-HI 34
PMMA-GS 41, 61
Polyacrylnitril 50
Polyaddition 26, 27
Polyaddukte 27
Polyamide, aromatische 51
Polycarbonat 32, 67, 60 f., 72, 100, 114, 122, 124, 140
Polyester, gesättigt 32
Polyesterharz 48 f.
Polykondensation 26, 27
Polymergemisch → *Blend*
Polymerketten 21 ff., 24

Polymerisation 21, 26, 27
Polymerstruktur 21
Polymethylmethacrylat → *PMMA*
Polystyrol 35 f., 73, 76
Polytetrafluorethylen → *PTFE*
Polyurethan → *PUR*
Polyvinylchlorid → *PVC*
Positivform 52
Prepregs 41, 55
Pressen (Thermoplaste) 41
Pressverfahren (Duromere) 55
Prototypenherstellung 15, 42, 52
PS → *Polystyrol*
PTFE 37
Pultrusionsverfahren 57
PUR 11, 36 f., 136, 144, 150, 152, 156
PVC 34 f.
PVC-Profile 77

Q
Querzugversagen 87

R
Rapid Manufacturing 42 ff.
Rapid Prototyping 15, 42 f., 166
Rapid Tooling 42 ff.
Reaktionsklebstoffe 83
Recycling 46 ff.
Regranulat 46
Resin-Transfer-Moulding 56, 58
Rezyklat 46, 112
Rovings 51, 53
RTM-Verfahren → *Resin-Transfer-Moulding*

S
Sandwichbauweise 11, 96, 136, 144, 150, 152, 154, 156
Sandwichmatten 52
Sandwichplatten 70 ff.
Sandwich-Spritzgießen 39 f.
Schälbeanspruchungen 92
Schäume 36, 37, 42
Scherbeanspruchungen 92
Schlagzähigkeit 17, 22
Schmelzklebstoffe 83
Schnittmatten 51 f.
Schraubverbindungen 81 f., 87
Schwefelbrücken 31
Schweißen 85
Selbsttragende Gebäudehüllen 11, 161
Selektives Lasersintern 44
Shore-Härte 29 f., 31
Silikone 83
Silizium 21
Solid-Ground-Curing 42
Spannungsrissbildung 22, 34, 81
Spritzgießen 39
Stabilisatoren 19
Standardkunststoffe 32
Stegplatten 66, 106, 114, 122, 160
Stereolithographie 42
Synthese 21
Syntheseverfahren 27

T
Tapelegeverfahren 56
Technische Kunststoffe 32
Teilkristallin 23, 24

Temperaturausdehnungskoeffizient 17, 38
Temperaturübergangsbereich 24
Textilglasmatten 51 f.
Thermoplaste 15, 24, 32
  Fügetechniken 81 ff.
  Herstellung 39 ff.
  Materialkennwerte 38
  Recycling 46 f.
  spanende Bearbeitung 45
  thermisches Umformen 44 f.
  Werkstoffe 32 ff.
Thermoplast-Schaum-Gießen 42
Thermoplastische Elastomere 15, 24, 27
Thermoplastische Kunststoffe → *Thermoplaste*
Tiefziehverfahren 44
TPE → *Thermoplastische Elastomere*
Treibmittel 20, 36, 37
TSG → *Thermoplast-Schaum-Gießen*

U
Ultraschallschweißen 85
Umformprozess, thermischer 44
Ungesättigtes Polyesterharz 48 f.
UP → *Ungesättigtes Polyesterharz*
Urethan 36
Urformprozess 39
UV-Beständigkeit 16, 19

V
Vakuumverfahren 54
VDI-Richtlinie 2014 92
Verbundwerkstoffe 9
Vernetzung 15, 24
Versprödung 17
Verstärkungsfasern 49 ff.
Verstärkungsstoffe 18, 19, 49 ff.
Verzögerer 48
Vibrationsschweißen 85
Vinylesterharze 49
Vorfertigung 11, 15
Vulkanisation 170

W
Wärmeformbeständigkeit 23, 24
Warmgasschweißen 85
Weichmacher 34
Wellplatten 66
Wickeln 56
Witterungsbeständigkeit 16, 19
Witterungsschutz (FVK) 54, 94

X
XPS → *Extrudiertes Polystyrol*

Z
Zellulose 21
Zwangbeanspruchungen 81
Zweikomponenten-Klebstoffe 83, 138

BILDNACHWEIS

1 DER WEG ZUR KUNSTSTOFF-ARCHITEKTUR

1.1 Carl Hanser Verlag; *1.2* Buckminster Fuller Institute; *1.3* aus: Arthur Quarmby, *The Plastics Architect*, Pall Mall Press, London, 1974; *1.4* Monsanto Company Records, University Archives, Department of Special Collections, Washington University, St. Louis; *1.5, 1.6* Institut für das Bauen mit Kunststoffen e.V., Darmstadt; *1.7* Pamela Voigt; *1.8* aus: *Heinz Hossdorf – Das Erlebnis Ingenieur zu sein*, Birkhäuser Verlag, Basel, 2002

2 MATERIALEIGENSCHAFTEN VON KUNSTSTOFFEN

2.1, 2.2 Valerie Spalding; *2.3* Fiberline Composites A/S; *2.4* Bollinger + Grohmann, Foto: Gernot Stangl

3 WERKSTOFFTECHNISCHE GRUNDLAGEN

3.1–3.14 Valerie Spalding

4 KUNSTSTOFFARTEN UND HERSTELLUNG

4.1–4.32 Valerie Spalding; *4.33* Arbeitsgemeinschaft PVC und Umwelt e.V., Foto: Bettina Koch; *4.34–4.36* Valerie Spalding; *4.37* Engelsmann Peters; *4.38–4.43* Valerie Spalding; *4.44–4.46* Engelsmann Peters; *4.47* Fiberline Composites A/S; *4.48–4.50* Engelsmann Peters

5 HALBZEUGE UND PRODUKTE

5.1–5.14 Valerie Spalding; *5.15* Wacotech GmbH & Co. KG; *5.16–5.26* Valerie Spalding; *5.27* NIO architecten; *5.28* Iso-Massivhaus; *5.29* Valerie Spalding; *5.30* Fiberline Composites A/S; *5.31* Arbeitsgemeinschaft PVC und Umwelt e.V., Foto: Bettina Koch; *5.32* Evonik Röhm GmbH

6 KONSTRUIEREN MIT KUNSTSTOFFEN

6.1–6.9 Valerie Spalding; *6.10, 6.11* Engelsmann Peters; *6.12* Valerie Spalding; *6.13* Engelsmann Peters; *6.14* Valerie Spalding; *6.15–6.18* Engelsmann Peters

7 KUNSTSTOFF IN HÜLLENDER FUNKTION

CHANEL MOBILE ART PAVILION *1* John Linden, *2* Virgile Simon Bertrand, *3, 4* Zaha Hadid Architects; BMW BUBBLE *1–3* Franken Architekten; KUNSTHAUS GRAZ *1* Arge Kunsthaus, *2* Bollinger + Grohmann, Foto: Matthias Michel, *3* Bollinger + Grohmann, *4* Bollinger + Grohmann, Foto: Matthias Michel; BAHNHOF EMSDETTEN *1–8* OX2 Architekten; IDEE WORKSTATION *1–3* Katsuhi-sa Kida; REISS HEADQUARTERS *1, 2* Will Pryce, *3–5* Squire and Partners; VERWALTUNGS- UND PRODUKTIONS-GEBÄUDE FIBERLINE *1* Fiberline Composites A/S, Foto: Poul Elmstrøm, *2* Fiberline Composites A/S, *3* Fiberline Composites A/S, Foto: Poul Elmstrøm, *4* Fiberline Composites A/S; FARBEN DES KONSUMS *1, 2* Bär + Knell, LABAN CREEKSIDE *1* Christian Fischer-Wasels, *2* Herzog & de Meuron, *3* aus: *Detail*, Nr. 7/8, 2003; TERMINAL V *1, 2* Craig Kuhner, *3, 4* Hugo Dworzak; FORUM SOFT *1–3* Beat Widmer, *4* Valerie Spalding; POLYMER ENGINEERING CENTRE *1–4* Cox Architects + Planners; DORNIER MUSEUM *1, 2* Allmann Sattler Wappner, Foto: Jens Passoth, *3* Valerie Spalding, *4* Allmann Sattler Wappner, Foto: Jens Passoth; BADAJOZ TAGUNGS- UND KONGRESS-ZENTRUM *1* SelgasCano, *2* Roland Halbe, *3* SelgasCano, *4, 5* Roland Halbe, *6* SelgasCano

8 KUNSTSTOFF IN TRAGENDER FUNKTION

PLASTIK-TURMSKULPTUR *1–3* Valerie Spalding, *4* Valerie Spalding, Franciska Ganns; D-TURM *1, 2* Valerie Spalding, *3, 4* NOX Architects, Lars Spuybroek; BUSSTATION HOOFDDORP *1* Gerhardt Spalding, *2* NIO architecten, *3* Gerhardt Spalding, *4* NIO architecten, Foto: Radek Brunecky, *5* Gerhardt Spalding, *6–8* NIO architecten; DACH YITZHAK RABIN CENTRE *1–3* Octatube; GFK-GLAS-PAVILLON *1* Valerie Spalding, *2* Nigel Young, *3* Engelsmann Peters; KUNST-STOFF-FALTWERK *1–7* Valerie Spalding

9 KUNSTSTOFFE IN TRAGENDER UND HÜLLENDER FUNKTION

CLIP-ON *1* Valerie Spalding, *2* Atelier van Lieshout; EIERTEMPEL *1–4* groenland-basel; FÜNF BLASEN *1–4* Arbeitsgemeinschaft Gillmann Schnegg; FG 2000 *1–4* Wolfgang Feierbach; FUTURO *1* Boijmans Museum, Rotterdam, © Centraal Museum, Utrecht, *2* Finnisches Architekturmuseum, Helsinki (Suomen Rakennustaiteen Museo), © Matti Suuronen, *3* Boijmans Museum, Rotterdam, © Centraal Museum, Utrecht, *4* Valerie Spalding; MYKO *1–4* FOMEKK; EMPFANGSGEBÄUDE NOVARTIS CAMPUS *1* Jörg Päffinger, *2* Novartis, Marco Serra, *3, 4* Ernst Basler + Partner AG, *5* Ernst Basler + Partner AG, Christoph Haas, *6* Novartis, Marco Serra

10 ENTWICKLUNGSTENDENZEN

10.1 ITKE, Universität Stuttgart; *10.2* Valerie Spalding; *10.3* Fenster Betz GmbH, Albstadt; *10.4* Evonik Röhm GmbH; *10.5* Sika Deutschland GmbH

IMPRESSUM

Grafisches Konzept und Gestaltung: Muriel Comby, Basel
Satz: Stephan Schinkel, Leipzig/Basel
Lektorat: Ria Stein, Berlin

Dieses Buch ist auch in englischer Sprache (*Plastics in Architecture and Construction*, ISBN 978-3-0346-0322-5) sowie französischer Sprache (*Plastiques en Architecture et Construction*, ISBN 978-3-0346-0670-7) erschienen.

Bibliografische Information der Deutschen Bibliothek
Die Deutsche Bibliothek verzeichnet diese Publikation in der Deutschen Nationalbibliografie; detaillierte bibliografische Daten sind im Internet über http://dnb.ddb.de abrufbar.

© 2010 Birkhäuser GmbH
Postfach 133, CH-4010 Basel, Schweiz

Gedruckt auf säurefreiem Papier,
Hergestellt aus chlorfrei gebleichtem Zellstoff. TCF &
Gedruckt in Spanien

ISBN 978-3-0346-0321-8
9 8 7 6 5 4 3 2 1

www.birkhauser.ch